U0471145

教育家精神与进阶之路

吴再柱——著

济南出版社

图书在版编目（CIP）数据

教育家精神与进阶之路 / 吴再柱著 . -- 济南 : 济南出版社 , 2024. 8. -- ISBN 978-7-5488-5366-4

Ⅰ . G632.0

中国国家版本馆 CIP 数据核字第 2024YJ2791 号

教育家精神与进阶之路
JIAOYUJIA JINGSHEN YU JINJIE ZHI LU
吴再柱　著

出 版 人　谢金岭
责任编辑　张慧敏
装帧设计　李冉冉

出版发行　济南出版社
地　　址　山东省济南市二环南路 1 号（250002）
总 编 室　0531-86131715
印　　刷　济南乾丰云印刷科技有限公司
版　　次　2024 年 9 月第 1 版
印　　次　2024 年 9 月第 1 次印刷
开　　本　170mm × 240mm　16 开
印　　张　18
字　　数　250 千字
书　　号　ISBN 978-7-5488-5366-4
定　　价　56.00 元

如有印装质量问题　请与出版社出版部联系调换
电话：0531-86131736

版权所有　盗版必究

序

素养时代教学研究的困境与出路

自《中国学生发展核心素养》公布以来，我国教育正式迈进素养时代。人文底蕴、科学精神、学会学习、健康生活、责任担当、实践创新，逐渐成为基础教育领域普遍关注的热词。

随着《普通高中课程方案及课程标准（2017 年版 · 2020 年修订）》《义务教育课程方案和课程标准（2022 年版）》（以下简称新版《课程方案和课程标准》）的先后发布，各个学科的核心素养随之而来。“学科本位”“知识本位”的教学研究，随之或快或慢地转移到“育人本位”“素养本位”的教学研究上。

党的二十大报告对教育提出了新要求，教学研究的视野将越发开阔，比如“教育强国与学校高质量发展”“教育强国与育人方式创新”“教育强国与教师作为”“拔尖创新人才的培养路径探索”“‘五育并举’如何融合”“立德树人与学科教学”“人工智能与教育改革”“‘教—学—评’一体化的理论建设”“课程思政的实践与探索”“义务教育新教材、新课标的解读与落地”“基于核心素养的课堂教学变革”“大概念、大单元、项目化教学的实践路径”“‘双减’背景下的作业设计”“跨学科学习的创新实践”等，这些问题都亟需我们来回答。

素养时代，是一个重视综合素质、强调终身学习的时代。在这样的背景下，教学研究面临着一系列的困境。

从学生的角度来看，素养时代要求学生具备更高水平的自主学习、创新思维和社会实践能力。然而，传统的教学模式往往过于注重知识的灌输，而忽视学生的主体地位和个性化需求。如何构建以学生为中心的教学模式，激发学生的学习兴趣和主动性，是教学研究的一个重要方向。

在素养时代，教师不仅需要掌握丰富的学科知识，还需要具备较高的信息素养、跨学科整合能力以及合作沟通能力。这意味着教师需要不断地更新自己的知识和技能，以适应时代的变化。如何加强教师的专业修养、提高教师的综合素质，也是教学研究的一项重要议题。

从功利角度来看，一线教师发表文章，特别是在知名的专业期刊上发表文章，似乎越来越“卷”，越来越难。其原因大体如下：一是专家教授的文章比重逐渐增加，二是课题研究的成果发布越来越多，三是单篇文章的字数、页码逐渐增加，四是教育（包括学科）的热门话题变换频率越来越快。因此，一线教师唯有激流勇进、百折不挠，才可能登上“大雅之堂”。

随着信息技术的发展，数字化教学逐渐成为教学的新形态。这些新的教学方式为学生提供了更加灵活、更具个性化的学习方式，但同时也带来了诸如学习效果难以保障、信息素养参差不齐等问题。因此，如何有效地利用信息技术提高教学质量和效果，也是素养时代教学研究的一个重要课题。

随着社会的发展和技术的进步，课程内容需要不断地更新和优化，以适应时代的发展和变化。如何根据时代的需求和学生的特点构建科学、合理的课程体系，有效地培养学生的核心素养，应对教育技术的快速变化对教育的影响，平衡知识传授、能力培养、人格完善之间的关系，是教学研究的重要任务。

对于这些困境，我们的教学研究需要寻找出路。这包括但不限于以下几个方面：一是深入研究核心素养的内涵和培养方式，以适应社会发展的需要；二是加强教师培训和教学研究，提高教师的专业素养和教学能力；三是注重学生的个性化发展，根据学生的兴趣、特长和需求制定课程方案和教学计划；四是加强校际合作，加强家校社融合，提高学生的实践能力和综合素养。

素养时代教学研究的困境与出路，是一个值得深入探讨的问题，需要我们以教育家精神为指引，从多个角度进行深入的研究和实践，以推动教师的专业成长和教育的改革发展。本书将围绕教研情怀、教研内容、教研选题、文章写作、发表出版等实际问题，为读者提供一定的理论支撑和实操支持，希望能针对读者的不同需求提供不同层面的思考和借鉴。

由于个人视野狭窄、水平有限，书中难免会有一些谬误或浅薄之处，敬请批评指正。

吴再柱

目录

第一章　教研情怀

培根铸魂

培根铸魂，启智润心，此乃教育之使命与价值。“育人者先育己”，作为一名教师，若要做好教学研究，首先需要主动培养和塑造自己的民族根基和文化自信，不断完善自己的世界观、人生观和价值观，并通过勤学苦练、长期实践，打牢教书育人之坚实基础，方能为新时代教育做出更大的贡献。而这些，恰好是教育家精神的具体体现。

本节中，笔者用《教育家精神点燃了我》《做一名践行教育家精神的教师》两文，简要谈谈个人对“培根铸魂”的理解。

教育家精神点燃了我

“教育不是灌输，而是点燃火焰。”苏格拉底的这句名言，同样适合教师的专业成长。乡村教师的专业成长很难，学历不高、学识浅薄的我，有幸被几位具有教育家精神的人“点燃”，以至于几十年来一直燃烧着青春火焰，而不知老之将至。

敢于突破，勇于创新

四十多年前，我读小学三年级。那时，我们班的语文老师因病住院。学校临时安排余老师教我们语文。

余老师的作文教学与众不同。印象中，他常常先让我们“看”，再让我们“想”，之后让我们“说”，最后才让我们“写”。这样下来，无论是写片段，还是写整篇，我们的写作大多能动笔、能成文。

印象最深的是，有一天，余老师直接把我们带到距离学校三四里远的太白湖堤坝上，指导我们如何观察、如何描写、如何叙述。这对于当时的我们来说，可谓是大开眼界、大饱眼福。因为我们许多孩子在此之前还没有见过那么大的湖面，总以为村里的大塘就是最大的水面了。

余老师教我们语文，只有一两个月。我和余老师再次近距离接触，已是二十年后的事情了。那时，我刚从小学调任到初中。在学校，他是语文泰斗，我是语文新手。

一次，为了讲一堂作文教学公开课，我特意写了一篇《慈母泪》的下水文。一个周末的下午，我把这篇小文章送到了余老师的宿舍里。余老师二话没说，便戴起老花眼镜，拿起红笔，勾勾画画，写写顿顿，旁批尾批。

经余老师修改后的下水文，在课堂上几乎赢得了满堂彩。也在那天下午，余老师告诉我，作文教学要敢于突破常规，比如，每个傍晚的“读报”时间，可让学生看会儿新闻，或读点散文小说，以此开阔学生的视野，丰富学生的情感；可定期给学生布置“劳动作业”，周末同父母干一场农活，来校后再写一篇“劳动日记”；可适当组织学生到学校食堂、附近企业去实地调查，获取一手材料，让学生写出名副其实的调研报告；等等。

这些突破常规的教学方式，对于当时的我来说真是脑洞大开，让我受益匪浅。在之后的许多年里，我也常常不走寻常路，给学生创造了许多惊喜。

比如，某年中考前两个月里，为减缓学生的焦虑情绪，调动学生的学习积极性，我想了一招——为本班45名学生每人写一篇小文章。我不时地在课堂上朗读其中一两篇。这一方面能为学生提供一些可借鉴的写作范例，另一方面也激发了学生朴素的内驱力，他们都希望能在老师的文中、同学们的心中留下好印象。

到了临考前的两周，我又以这些文字材料为基础上了一堂“猜猜他是谁”的作文公开课。这堂课上，我先读片段，让学生去猜老师写的是谁；

然后，学生当场写作，读给大家听。如果有人很快猜出来了，说明学生的描写抓住了人物特点。在这种寓教于乐的写作方式指导下，同学们一个个“笑语盈盈，佳作频频”。

余老师出身书香门第，初中肄业后，干了18年的农活，1977年被本村小学招为民办教师，1980年在“民转公”考试中凭借优异成绩成为一名中学语文教师。2022年，余老师因病去世，享年78岁。

克制欲望，不断开掘

“甲申造访正仲春，从此尽享知遇恩。万忙作序寄鞭策，百度修文显匠心。护花且作长青树，摆渡只因不老情。吾辈今生何以报，唯有勤勉尽晨昏。”

这是我2009年写的一首名曰《题赠不老》的七律，以此表达对叶主编（网名“不老的老人”）的感恩之心。

2004年3月，校长让我到武汉办事。临行前，我多了个心眼，带上了自己的一篇文章——《用良好的心态进行校本教研》。办完事后，我们直奔《湖北教育》编辑部。我误打误撞地把这篇文章交给了叶主编。叶主编很客气地接待了我们，并说：“你们跑了这么远，亲自到我们编辑部投稿，很让我感动，我会好好地看看这篇稿子。”

一两个月后的一天，学校传达室送来了一封邮件——我的文章发表了。即便是对于学校而言，这也是破天荒的事情。我真有点欣喜若狂！我自知该文是在叶主编及众多编辑的“关照”下发表的。我认为，这不仅是对我个人的关照，也是对我们乡村教师的关照。

享受到这次“关照”之后，我对论文写作的信心逐渐有了一些。我逐渐养成了一些习惯，比如，每天都要阅读教育报刊，浏览互联网上的教育信息，并且喜欢一边阅读，一边摘抄。许多个夜深人静时，如果突然想起了一个好的观点、一个好的语句，我便迅速翻身坐起，记下那昙花一现的“灵感”。

2005年12月，县教育局、教研室要为我这个“魅力教研人物”举办“个人教研成果汇报会”。当时，我有点虚荣心，鼓起勇气给叶主编发了一则短信，请他为我的材料汇编作序。叶主编欣然同意。

没过几天，序言寄过来了，句句敲打在我的心坎上。这里摘录一段：

> 他研究的内容植根于农村学校，只有在这块土地上，他才能收获别人难以得到的成就，才能达到别人难以企及的高度。欲成大家，必排除杂念，克制欲望，坚守阵地，不断开掘，方能成就一番大事业。

我诚惶诚恐，知道我终其一生，也无法成长为叶主编所期望的“大家”样子；然而在一些浮躁之际、消极之时，我总是不由自主地默念着那几句：“排除杂念，克制欲望，坚守阵地，不断开掘。”所幸的是，因为那次造访、那次发表，我的写作热情和信心如同火种，一经点燃，便经久不息。

个人认为，一名教师要想走得更远，既要教好书、育好人，还要作好文，甚至是出专著。在这方面，教育媒体人可以助我们一臂之力。因为他们站得更高，看得更远，想得更透彻。

叶主编原本是教育人出身，在本市教育局曾工作过许多年，对乡村教育、乡村教师有更多的了解和更深的感情。他本身就是一位极具教育情怀和教育思想的教育人。

成就他人，超越自我

2004 年秋季期末，县教研室黄主任来校，给我出了一个“话题作文”：教研室计划在春季召开一个教育干部校本教研培训会，安排我发言，谈谈教研主任在学校校本教研中怎样发挥作用。

这个作文，在当时对于我来说，很有挑战性。我翻阅了许多教育报刊，浏览了许多教育网站，搜索了许多相关词语，但几乎是一无所获。这也好，我只有向内挖潜，向深求索。

我曾经，“上下协调，和谐气氛”；我曾经，“先行求索，亲尝滋味”；我曾经“注重培训，攻克壁垒”；我曾经，“争取制度，吸引眼球”；我曾经，“发现火种，帮助点燃”……

整个寒假，我都在思考这个问题。后来，我终于找到了“牛鼻子”：营造和谐的校本教研氛围，点燃老师们参与校本教研的激情，这应该是一个教研主任或教导主任的职责与使命。

2005 年 4 月的培训会上，我的报告《浅谈初中教研主任在校本教研中的作为》赢得了与会者的一致好评。

也是在这次培训会上，黄主任提出一个观点，让我茅塞顿开。他说，无论是教研主任，还是学校校长，最重要的是“成就他人，超越自我”。

这意味着，学校行政人员不但要种好自家的田，还要管好人家的地。要做好教研主任，就必须有人梯精神，要敢于向跨学科挑战，要善于“借舟楫渡江海”，要乐于“把金针度于人”。

曾记得，我校江老师到市里、省里参加政治课比赛。这时候又有老师笑着说我：“你自己得了市级二等奖，是学校目前最高级别的奖，要是人家拿了市级一等奖，不把你的‘光辉’给掩盖了？何况语文与政治‘隔行如隔山’呀!”是的，我不懂政治学科，也不懂“政治”，但是我有我的良知，我有我对职业的热情，我有我对学校的使命，我有我对事业的追求。

我凭着一腔热情和对新课程的理解，坚信“文道不分家”，陪着教研室政治教研员和江老师一起下小池、上城关、到黄冈、去武汉，前后历时一月有余；从课题的选定到理念的确立，从课堂模式的敲定到教学环节的衔接，从课件的设计到评价语言的预设，我都一一提出自己的见解，供江老师参考……当时的我，就如同一个陪练员沉浸在运动员获金牌时的喜悦之中。

也是在学校担任教研主任期间，经过深思熟虑后，我向校长提出一个建议——为老师们的交流和成长搭建一个《研修平台》。校长很开明，并答应老师们每登出一篇文章，就发给 10 元稿费，以资鼓励。此举较大程度上激发了老师们的教研和写作积极性。后来，有许多老师在各级教育报刊上纷纷发表文章，也有一些老师一二十年后依然念叨着这个《研修平台》。需要说明的是，每月一期的《研修平台》，都是我利用早晚时间或周末节假日一字一字地敲打出来的。因为在那时，大多数老师无电脑可用。

近年来，我先后组建“读写大队”“三磨战队”，为志同道合、积极上进的老师们搭建平台、营造氛围。曾经的读写大队队员中，至今被评为特级教师、正高级教师的各有五六人次，队友们在各级报刊上发表了许多文章，而我自己也在辛勤劳作之际获得了长足的进步。

黄主任也是乡村教师出身，他的数学教学和班主任工作很有特色，也很有成效。在他担任教研室主任期间，本县教研文化生机勃发、闻名遐迩。

有大视野，有大境界

“作为一名教育干部，阅读面一定要广。既要‘深挖洞’，又要‘广积粮’。我每年都要读三四十本。”2012 年春季的一天，县教育局何局长在全县教育后备干部培训会上，语重心长地和“70 名”后备干部交流读书心得。

会上，何局长给大家开出了一些书单。书单包括哲学、历史、国情、学校教育、家庭教育等方面的书。

何局长说，哲学是一切学科之父，具备了哲学思想，办教育便不会迷茫；一部《中国通史》，便是一部民族战争史，读《中国通史》便可深切感受到民族团结、国家稳定是多么重要；一部《中国近代史》，便是一部中华民族的屈辱史，读《中国近代史》，我们将进一步增强社会责任感，明确科教兴国是多么重要……

局长开书单，寄托着殷切期望。如他所说，他期待着校长、副校长们能够逐渐具有一种教育家情怀，有大视野，有大境界，能真办教育，办真教育。

自我认为，在乡村学校里，我算是一个比较爱看书的人，但阅读面有一定的局限性。后来，我把阅读视野逐渐扩大，比如哲学类、文化类、公民教育类的书，我都读了不少。

本着日进一寸、日拱一卒的朴素思维，我也终有所获。比如，《公民教育与现代学校》一书，我就是在读了许多本公民教育一类的书后，加上自己对教育的理解完成的。我几乎用了一整年的时间阅读哲学一类的书，并写下了 4 万字的读书笔记。《特级教师陪你读名著》一书，则是我在把初中学段必读、选读的 36 部名著一本不落地读完读懂了后写成的一本著作。在《义务教育语文课程标准（2022）》（以下简称《语文课程标准（2022）》）发布之前，我读了《于漪全集》21 本作铺垫，加上多年来的专业阅读和教学感悟，最后写成了《从语文课标到语文课堂》一书。

对于阅读的意义和阅读的方法，我也略有所悟。在《一位乡村语文教师的阅读报告》《重拾阅读：亦初心，亦使命》等文章里，我就谈到了这些。我所认为的阅读意义，包括“四个需要”：“生存”的需要，“生活”的需要，“生命”的需要，“大事”的需要。这里的“大事”，即陶行知先生所说的“勠力同心，使中华放大光明于世界”。我的阅读主张包括“十个相结合”：读书与读屏相结合、闲读与典读相结合、兴趣与强迫相结合、读书与研究相结合、读书和时代相结合、散读与群读相结合、学科和通识相结合、读书与读报相结合、读书与读人相结合、读书和作文相结合。

从何局长的教育履历中，我们可以看到他的教育家精神：高中生物教师出身，曾担任本县五中校长、一中校长，在担任县教育局局长后，又先后担任市教科院院长、黄冈中学校长、市教育局局长。

在我看来，余老师、叶主编、黄主任、何局长以及与之类似的人们，都从不同侧面具有教育家精神。他们用他们所具有的理想信念、道德情操、育人智慧、躬耕态度、仁爱之心、弘道追求点燃了我，也点燃了更多的教师，让我们一个个胸怀报国之志，坚守乡村讲台，深爱乡村儿童，不断追求卓越。

愿你我都是“可燃物”，愿你我都能被“点燃”，愿你我都能去“自燃”，愿青春之火、理想之火、奋斗之火永远燃烧在你我心中。

做一名践行教育家精神的教师

2023 年教师节前夕，习近平总书记以书信的形式慰问全国优秀教师代表。信中，习近平总书记从理想信念、道德情操、育人智慧、躬耕态度、仁爱之心、弘道追求六个方面，指引全国广大教师，大力弘扬教育家精神，为强国建设、民族复兴伟业做出新的更大贡献。

对照教育家精神，自我感觉相距甚远，但似乎也一直隐隐约约地朝着这个方向努力。“高山仰止，景行行止，虽不能至，然心向往之”，说的大概就是这个样子吧。

理想信念：明确使命，报效祖国

我在整理旧物时，无意中发现华中师范大学2005年“农村教师素质提高工程培训”的几张《培训简报》，第8期上有我的一篇《我所经历的开班典礼》短文。里面这样写道：

“《义勇军进行曲》那熟悉的旋律响起。这旋律我不知感受过多少遍，这歌词我不知唱过多少遍，但这一次，我全身热血沸腾。我在心里呐喊着：‘我是人民教师！’我有什么理由不当好‘人民教师’？”

在这次培训结业典礼上，省教育厅厅长拨冗参会，给优秀学员颁发证书，并作了讲话。其中的一句令我终生难忘：“有1个好教师，就有500个好家庭！”1比500，一个教师的使命何其神圣，肩上的担子又何其沉重！

培训结束回家后，我很快完成了一篇培训心得，并投稿发表在《湖北教育》杂志上。文末，我这样写道：“用生命存在的一种形式，去诠释着‘教师’这个名词的含义，将是我们一生的事业。”

转眼之间，已将近20年过去。当好一名人民教师，以这样的方式报效国家，早已成为我最朴素的理想信念。

道德情操：潜心教研，辛勤付出

或许是因为我的思想品质、道德情操、教研教改、教学业绩等方面做得不错，2005年12月19日，县教育局、教研室、镇中心学校为我隆重举办“魅力教研人物——吴再柱个人教研成果汇报会”。在本县一线教师队伍中，我首次享受这种待遇。

关于举办报告会的《决定》，这样肯定我：“吴再柱同志多年来奋战于濯港镇中小学教学一线，潜心于教研，致力于教改，取得了丰厚的教研成果；带领濯港一中全体教师更新教育观念，转变教学方法，探索教学模式，走出了一条具有濯港一中特色的教研教改之路，为学校教育教学质量的提高付出了辛勤劳动；同时，他通过主讲示范课、编辑教育简讯等方式，引领、推动了全镇教研教改工作，为濯港镇教育事业的发展做出了较大贡献。”

2007 年春季，我代表本乡镇参加全县中小学教师“师德报告演讲比赛”。比赛中，我以“教育，我的理想”为题，讲述了我在农村学校如何教书育人、如何教研教改、如何以校为家。很幸运的是，这次演讲比赛，我获得了“特别优秀奖”。暑期，县教育局组织师德报告团，我有幸参与其中。冒着酷暑高温，我们做了 20 余场巡回报告。“在淡泊中读书”“在尝试中追求”“在责任中成长”，是我报告的三个主题，而“致力校本教研”“搭建研修平台”“致力骨干培植”，便是当时作为教研主任的我的责任所在。

认识职业特点，明确社会责任；注重言传身教，勤于反思纠错；关注行为细节，养成良好习惯；乐于帮助他人，积极服务社会——这便是我所理解的作为教师的道德情操。

育人智慧：换位思考，上下求索

我常想，假如我是一名学生，一名成绩不太好的学生，我一定最需要得到老师的关注、信任和欣赏。

2012 年，我在本县独山中学教九年级语文。其时，班上绝大部分学生都是留守孩子。到了中考前两个月，学生的焦虑感越来越重。在这种情况下，我想了一个妙招。我尝试为本班每一位同学写一篇小文章，取名为《这群少男少女》。

这次爬格之旅，历经一个月的时光。其间，我有过身体不适，有过心绪不佳，有过事务繁忙，但我从来没有动摇过，没有推延过，更没有放弃过。

我把本班每一名学生在我这个老师眼里的印象、心中的期望，都用文字的形式表达出来，并放在我的博客里，让他们自己去阅读，有时也在课堂上让大家一起分享。于是，同学们一个个都努力朝着“好”的方向发展，总希望能把自己最好的一面留在文字中，留在博客里。同时，我还把其中的《一日三餐都要吃》《最有气质的科代表》《他有点“慢镜头”》等文章作为范例，上了一节“让他（她）鲜活起来”的作文辅导课。听课老师们说这节课是“绝版璞玉，无以复加”，同学们在课堂上则“笑语盈盈，佳作频频”。无论是师生之间的情感交融，还是写作兴趣的激发、写作方法的训练，都达到了一个不可复制的境界。

我认为，一名教师，如果能站在“学习”的角度来实施教学，他的教学一定富有针对性和有效性；如果能站在“学生”的角度来改善教学，他的学生一定充满着安全感和幸福感；如果能站在“人的发展”的角度来思考教育并改造教育，他的教育教学一定最有人性，最有爱的味道。这样，“减负”与“增效”的问题便自然迎刃而解了。这是不是一种育人智慧呢？

躬耕态度：埋头苦干，拼命硬干

“活到老，学到老，读写到老”，这是我的一种生活方式。2022 年 4 月 22 日，新版《课程方案和课程标准》正式发布。我第一时间便将《语文课程标准（2022）》下载、打印出来，然后迅速投入语文新课标的学习之中。

一边阅读，一边写作，2023 年 3 月底，一本 16 万字的《从语文课标到语文课堂》书稿全部完成。该书已正式出版。

此书中，我围绕“语文教师与核心素养”“中华文化与语文教育”“学习任务群与语文教育”“学业质量与教学评价”等四个主题，结合个人理解和原创案例，进行了通俗易懂的解读。

《语文教学通讯·初中刊》主编彭笠老师欣然为此书作序。在序言中，她这样写道：“他从村小民办教师，到乡镇初中老师，到副校长，一步一个脚印地输入与输出，最终成就了今天的学者型教师”“他的双脚与信仰一直踩实在坚实的土地上，为此他才能一直生长抽枝，直至茁壮如斯”“而中国，正是因为这许许多多‘埋头苦干’且‘拼命硬干’的柱子老师，教育才不断奔向希望，中华民族才不断奔向愈加光明的未来”。

“勤学笃行、求是创新的躬耕态度”——自我认为我是大体符合的。至今已出版的7本著作、已发表的近200篇文章、已做过的百余场讲座，都来自我的语文课堂，来自我所在的学校，来自我的读读写写，来自我的不断求索。

仁爱之心：滋润学生，发展学生

2017年元旦前夕，我在班上宣布了一个决定：全班52名学生，和我这位语文老师一起来写一本书。教室里一下子沸腾了。有人觉得新奇，有人感到喜悦，有人有些担忧。

我告诉同学们，大家只要按照老师提供的话题，如实地写出各自成长的经历，如实地表达各自的心声就行。

从那一天起，同学们正式投入这本《乡村少年成长密码》书稿的创作中来。我们按照“说课业”“说课外”“说师友”“说家庭”“说成长”“说梦想”六个板块、八十多个子话题，分组来“说”。

就这样，2017年春季期末，上述话题都已写完，然后由我慢慢整理。在这一过程中，我付出了大量心血，也承担了不菲的费用。但是，我毫无怨言，因为这一写作过程既解决了同学们“无话可说”的写作问题，还解决了青春期与“初二现象”的叠加问题，比如代沟障碍、留守心病、青春叛逆等。这是不是一种别样的“仁爱之心”呢？

于学生而言，该书是一座温馨的连心桥，一本别样的作文选；于教师而言，该书是一套鲜活的教育学，甚至是一本常翻常新的案头书；于我而言，最大的收获，是“读懂”了这个时代的初中学生。因为，教育是有规律的，成长是有密码的。“你今天怎么问起我的成绩”“这么好的家庭，为什么就变得支离破碎了”“你打你的工吧，我读我的书”“发呆时，还想着玩‘英雄联盟’的快乐”……这一些心病，在大家的吐槽中，都无一例外地得以真实呈现。

尊重学生，关爱学生，滋润学生，发展学生，在我看来，这就是教师的仁爱之心。

弘道追求：道不远人，以文化人

道不远人，不待外求，以身弘道，以文化人。这是中华民族的优秀传统文化，也是吾辈文化人应坚守的职责使命。

曾记得，我在村小教书时，每到腊月二十四，村里人便陆续送来了红纸，让我写春联，我常常一直写到大年三十吃年夜饭时才停歇。那时虽然年轻，但腰酸背痛却也时常有之。大年初一，在村里四处拜年时，每每看到自己手写的春联，我总有一份小小的成就感。现在想来，大概从那时起，我便开始了校园生活以外的文化传承。

曾记得，我的第一本书《我教语文的感觉》出版后，因为手头有书，我连续几年无偿地给本班学生分发一本；《乡村少年成长密码》出版后，我给苦竹乡小学捐献了100本。看到师生们阅读我的作品，我的心里美滋滋的。

近年来，对于防汛救灾、抗疫防控、精准扶贫、乡村振兴、人居环境整治、美丽乡村建设等公益活动，我总是主动请缨，参与其中，以志愿者的身份巡堤巡坝、走村串户、对话乡亲、填写表格、打扫卫生，把党的温暖落实到乡村的家家户户，把社会主义的优越性不断发扬光大。在这些公益事业中，我的心灵一次次得到洗礼，人格一次次得以升华。

作为一名语文教师，我有义务挖掘黄梅文化，开发乡土课程。于是，我查阅大量资料、实地考察多处，开发出一套八九十分钟的《黄梅文化黄梅人》课程。我以中华优秀传统文化、革命文化、社会主义先进文化为经线，以典型事例、卓越人物为纬线，把国家历史、地方故事、国际环境等材料有机地串联在一起，形成了一部“黄梅文化大片”，同学们在课堂上如沐春风、如饮甘露。

2023年寒假期间，黄冈师范学院“薪火行动”调研队的仇同学、邱同学、望同学等人把我作为新乡贤对象，进行多次访谈。她们撰写的《扎根乡土三十八载，教研达人助力乡村振兴》一文，荣获该校“寻找新乡贤活动”一等奖。同时，她们这个小组被评为“竞赛先进团队”。仇同学等人兴高采烈，我则与有荣焉。

至于自2017年以来我长年累月地经营“读写大队”“三磨战队”（均为教师读写团队），平日里帮助认识和不认识的教师修改文章、整理书稿，这里就不一一细说了。我只觉得，因为性格原因，我太“宅”了、太“闷”了，在“以身弘道，以文化人”上做得并不是很好。

官方认定的“人民教育家”称号，作为乡村教师，我们几乎是百分之百无缘获得的，但“教育家精神”却可成为我们心中的地平线——迈开腿，迎上前，日复一日，锲而不舍，虽难以抵达，却可成就一段美丽的教育人生。

固本强基

固本强基，即加固本体、强化基础。从教师成长的角度来看，固本强基意味着注重基础教学能力和个人专业素养的提升。它包括强化教学基本功、持续学习与进修、深入研究和探索、着力提高自己的职业素养和教育智慧等。其中，有意识、有节奏、有耐力的阅读至关重要。

本小节中，笔者结合个人成长实际，通过《书中自有智慧树》《寻找阅读的“最大公约数”》两篇文章，简要谈谈“教育阅读”的意义与方法。

书中自有智慧树

阅读之于人生，宛若食物之于身心。从来者不拒到挑肥拣瘦，从聊以充饥到营养均衡，从油盐酱醋到色香味形。这一切，便是潜移默化、持续不断的成长。

宋真宗诗语，“书中自有黄金屋”“书中自有颜如玉”“书中自有千钟粟”。而今，我想再添一句——“书中自有智慧树”。

从文学阅读到专业阅读

“二十读红楼，读的是儿女情长；三十读红楼，读的是功名奔忙；四十读红楼，读的是家长里短；五十读红楼，读的是兴衰存亡。”这是前几年重读《红楼梦》时，我有感而发，写下的一段话。

最初接触《红楼梦》时，我在一所村小教书。因为学校其时正在搞基建，饭后课间，老师们挤在一间办公室里。我不喜欢闲聊，便埋头练钢笔字。字帖的内容是《红楼梦》诗词。写着写着，我竟然把其中的大部分诗词给背下来了。“花谢花飞花满天，红消香断有谁怜？”二十岁的我，每次写到《葬花吟》，都忍不住黯然神伤。但那时，我并没有阅读原著，对许多诗词的理解都是一知半解。

到今天，家中书柜里的《红楼梦》有三个版本。第一个版本，还是我骑着自行车跑到离家十里远的区供销社买回的，12元的定价，着实不菲。但那时我的想法很简单：要读书，要增补知识。

一本《红楼梦》，一段好回忆。女儿初中毕业，中考成绩不错。我灵机一动："女儿，你何不趁着这个暑假，好好读两本书，补补文学课?"女儿从当时藏书并不丰裕的书柜里选出了一本《红楼梦》。两三个星期后，她说《红楼梦》看完了。我又趁势诱导："你可以写一写读后感啊!"女儿说不知从何写起。我说："你可以从某个人物写起呀，比如，最喜欢的某某，最不喜欢的某某。"没想到，她最喜欢的红楼人物，竟然是刘姥姥。女儿连续写了十多篇，我也跟着重温了《红楼梦》。现在想来，这一段指导女儿阅读、写作的经历，为后来解读名著、创作《特级教师陪你读名著》书稿埋下了伏笔。这当然都是后话。

等我调到乡镇初中教语文时，我忽然倍感惶恐，我根本不知道初中语文怎么教。

一个周末，我终于在县城里的一家个体书店里找到了一套"全国著名特级教师教学艺术与研究"丛书，其中包括魏书生、颜振遥、宁鸿彬三位老师的作品。我花了20多元钱，一次性买下。那位个体书商似乎有些惊讶，因为这套书在书架的最上层，布满灰尘，无人问津。在这偏远的小县里，我可能是个"另类"。

我如获至宝，我狼吞虎咽。后来，我自主尝试的"改课"，大多是依托这三本书。比如，让学生自学课文，让学生闭目冥想，让学生日记接龙，让学生互改作文，让学生互出试题，让学生小组合作，还包括我原创的"5·3·1"语文课堂教学模式（每节课45分钟，分为三个阶段：5分钟的说话训练，30分钟的导读点拨，10分钟的巩固质疑），这些都得益于我的这些"专业阅读"。

我那时的教学成绩一直不错，有时还遥遥领先。老师们百思不得其解，哪知道我是"站在巨人的肩膀上"，尽管我只是学得皮毛。这让我尝到了订刊读报、购书作文的甜头。

从管理情绪到管理人生

工作中，生活中，难免会遇到沟沟坎坎。曾记得三十岁出头时，因为一次职称落选，我和自己别扭了好几天。茶不思，饭不想，辗转反侧，意志消沉。

说来也巧，一位年轻的同事刚好看完了《路遥全集》，我便借了过来。废寝忘食，通宵达旦，仅用一个周末，我就把这本厚厚的书囫囵吞枣地读完了。到了周一，我心中的抑郁之气一扫而空。孙少安、孙少平身上的那种永不服输、永不放弃的精神，深深地打动了我。这是路遥的力量，也是文学的力量，当然也是自我调节的力量。前几年，为写《特级教师陪你读名著》一书，我又重读了《平凡的世界》。虽然前后境况有了许多差别，但我依然心潮澎湃，依然心急火燎，青春的火焰依然在心中燃烧。

一次出差，我在机场看到一本《俞敏洪管理日志》。一翻目录，我就被这本书征服了。行李不轻，价格不菲，但我还是毫不犹豫地买下了它。

就当时而言，新东方校训“追求卓越，挑战极限，从绝望中寻找希望，人生终将辉煌”，成为我的奋斗动力。每每遇到烦心事，我总是默念着这句校训。“用理想和信念支撑自己的精神，用平和和宽容看待周围的人与事，用知识和技能改善自己的生活……”俞敏洪用以自省自励的话，我也深以为然。

俞敏洪关于教育的论述，使我深受启发。比如，“真正的知识教育，首先是一种人文情怀的教育，使人懂得做人做事的道理，使人产生超越自我利益的普遍价值观”，我认为，这句话诠释了教育的本质。

四十岁出头，我又陷入一段低谷：调动少不了，职务动不了，职称上不了，名师评不了。这个阶段，我便把阅读放在两个人身上，一个是老子，一个是苏轼。读老子，我读的《道德经的智慧》；读苏轼，我读的是他的诗词，以及林语堂的《苏东坡传》。

“上善若水”“水善利万物而不争”“夫唯不争，故天下莫能与之争”“见素抱朴，少私寡欲”“常德不离，复归于婴儿”……每天早读晚诵，体悟人生真味。这些充满道家智慧的哲言，让我宁静，让我豁达，让我默默向上。

“回首向来萧瑟处，归去，也无风雨也无晴”“试问岭南应不好，却道：此心安处是吾乡”，读着苏东坡的诗词，看着《苏东坡传》，我不禁觉得自己太过矫情。也是在这个时段，我无意间读到余秋雨的《苏东坡突围》一文，“成熟是一种明亮而不刺眼的光辉，一种圆润而不腻耳的音响，一种不再需要对别人察言观色的从容，一种终于停止向周围申诉求告的大气……”我忽然想到，唯有“突围”，才能“成熟”。

此时，“突围”一词频频在我脑海中蹦跳。是的，我要“突围”，我需要“心灵突围”“理念突围”“课堂突围”，进而推动“学校突围”。就在这样的思想作用下，我的第二本著作《乡村教师突围》很快诞生了。此书一经出版，便引起较大的反响。因为，需要突围的，不仅仅是我这名乡村教师。

阅读，它给予人的并非只有知识。在一些特定时刻，作品中的经典语句、人物故事、作者感悟等，一经和读者碰撞出思想火花，往往能让我们学会管理情绪，乃至管理人生。这便是智慧，一种由间接经验和直接经验融合而成的智慧。

从教育理想到教育哲思

2009 年暑期，我有幸在武汉大学参加校长岗位培训。培训中，一些专家讲到了办学理念和教育理想。当时，我问自己：“如果你能成为一名校长，你的办学理念是什么？你的教育理想是什么？”在武汉，我想了好几天，朦朦胧胧地产生了一个想法，无论是办学理念还是教育理想，我都可这样表达——“为美丽中国培养合格公民”。

后来，在本县教育后备干部培训班上，教育局给大家发了几本书，其中一本是朱永新的《我的教育理想》。“教育因为有了理想而更有目标，教育因为有了理想而更有理性”，“理想因为有了教育而薪火相传，理想因为有了教育而色彩斑斓”，读着这样的诗句，我热血沸腾，我浮想联翩。

那次培训会后，我写了一篇文章《从局长开书单到不用开书单》，发表在《中国教育报》上，里面有这样的一段话：“在我看来，读古贤美文，能让人长一些大气；读教育专著，能让人减一些匠气；读诗歌散文，能让人多一些灵气；读报纸杂志，则能让人少一些腐气。现在听局长这么一说，忽然觉得自己的阅读面还是太窄，至少作为一个教育干部还真需要常读一些文史哲政。这好比一个人，只有多吃五谷杂粮，才能身强体健，才能青春常在。”

我得沿着自己的教育梦想继续深耕潜读。很长一段时间里，我把阅读的焦点放在公民教育上。其中，就有一本王小庆编写的《如何培养好公民》。

阅读这本书，我仿佛置身于20世纪初，感受着贾丰臻、曾在干、天民等陌生而高大的仁人志士，在那风起云涌、动荡不安的非常时期，构建并力行着以公民教育来救亡图存、兴国安邦的教育梦想。

阅读的同时，我不禁想到，当下的教育该如何改良？循着这样的思路，我又阅读了檀传宝等人的《公民教育引论》、刘铁芳的《公共生活与公民教育：学校公民教育的哲学探究》等著作。“一个梦想，三十万字，五易其稿，七年求索”，2017年1月，我的《公民教育与现代学校》一书正式出版了。

我曾经用了一年的时间，阅读哲学一类的书籍。我主攻的是《哲学的故事》。该书约45万字，叙述了柏拉图、亚里士多德、培根、斯宾诺莎等16位哲学“大咖”的故事。之后，我又拓展阅读了《理想国》《40堂哲学公开课》《作为教育家的叔本华》《人的问题》等哲学著作，以及《中国哲学简史》《中国哲学史大纲》。我用了最笨的办法：作圈点勾画，写读哲笔记。比如《柏拉图的“核心素养”：正义之辩》《亚里士多德的“核心素养”：中庸之道》《培根的“核心素养”：求真向善》《斯宾诺莎的“核心素养”：理性之光》《伏尔泰的“核心素养”：道法自然》等读哲笔记，一共12篇，约有5万字。

我采用“核心素养”这一词来提炼，就是希望能把这些哲学“大咖”的思想与自己的做人做事、教育教学进行适当联结，以求学以致用。

比如，在21世纪的今天，阅读柏拉图，对于我们完善道德人格仍然有着积极的时代意义。它启示我们，心灵应该给理性、激情和欲望安排一个合理的、和谐的伦理秩序，要善于用理性来制衡我们的欲望；对于幸福的一切追求，都应该用道德原则来加以衡量。

比如，读伏尔泰，我忽然想到了苏东坡。苏东坡的一生，历经三起三落，做过“三部尚书”，也曾被无数小人中伤，被关进监狱，险些丧命，但他却说“眼前见天下无一个不好人”；一生频遭贬谪，历典八州，四处漂泊，但他却说“此心安处是吾乡”“问汝平生功业，黄州惠州儋州”；一生遭三次亡妻之痛，“千里孤坟，无处话凄凉”，但是他总能振作精神，造福百姓。苏东坡虽然曾说“心似已灰之木，身如不系之舟”，但是他总能够“谁道人生无再少？门前流水尚能西！休将白发唱黄鸡”。道法自然，自强不息，这一点，苏东坡和伏尔泰有点像。

比如读叔本华，读他的“意志之力”，我想到我们在教育中常说的“成为你自己”。成为你自己，就意味着要回归简单和诚实，服从正义和怜悯；成为你自己，会让我们发现自己身上都有一种具有创造力的独特性；成为你自己，就意味着要学会舍弃，下定决心，“守住自己”；成为你自己，就一定要深入存在的底蕴，追问“为何活着”的问题；成为你自己，意味着要终身学习，为自己树立一个个新目标，不断地与时俱进……成为你自己，尽管一开始也只是为了自己，但最终则是为了一切人，包括整个民族乃至整个人类的最高命运。

阅读，有时的确很奇妙。它在某一时刻，让你在不经意之间忽然变得高大起来：希望能通过改变自己，改变身边的小环境，进而推动这个世界朝着更美好的方向迈进。

从解析名家到解读课标

从 2021 年秋季开始，网上便陆续有专家在谈论新课标，这很是吊人胃口。“这一版课标出台后，我得有所作为”，我常常这样想。2022 年开年后，我便网购了一整套《于漪全集》。我想将它作为参照，作为铺垫，以便更好地理解最新版的课标。

对于这套《于漪全集》，我用了一种很笨的办法来阅读：做索引。也就是用一些关键词作为不同的话题，将相关文章或片段相应集中在笔记本的一个页码上，然后将其卷次、页码、标题或观点记载下来。比如，在我的这个笔记本的首页，就有“目标”“素质”“环境”“习惯”“质量”“学科德育”等话题。在“学科德育”这个话题下，则有相应的内容，比如：

“卷1·P30：经师易做，人师难为”；

“卷1·P32：课堂是德育的主要阵地，熔知识传授、能力培养、智力发展和思想情操陶冶于一炉”；

“卷1·P32：文科，爱国主要精神，高尚的道德情操，历史唯物主义；数理，辩证唯物主义”……

于漪老师最打动我的，一是炽热的爱国主义精神，这种精神几乎遍布她的每一个人生阶段，她一直都把“国家的要求、人民的嘱托”作为从教的“格”（合格）。二是强烈的历史使命感，她长期在呼吁、在践行，“中国教育要有自己的话语权”“教语文，须站在文化的平台上；讲语言，必然与文化血肉相连”。三是严谨的治学、治教作风，这种作风贯穿于她从教的七十多年间，“一辈子做教师，一辈子学做教师”，一辈子勤勤恳恳、兢兢业业。四是博大的语文教育观，比如，在她的推动下“人文性”写进了《义务教育语文课程标准》；坚持“教文育人”的语文教学观；坚持走向广阔天地的大语文观；营造“磁力效应”，发展语文学习兴趣观；等等。

于漪老师的语文教育观，对于我解读新课标有一定的指引作用。2022年谷雨时节，新版《课程方案和课程标准》正式公布。我第一时间从网上下载了《语文课程标准（2022）》，从此开启了新课标的学习之旅。

在将近一年的时间里，我马不停蹄地阅读、思考、写作，完成了16万字的《从语文课标到语文课堂》书稿，从“语文教师与核心素养”“中华文化与语文教育”“学习任务群与语文教育”“学业质量与教学评价”4个方面，对新课标进行了较为全面的解读。当然，其中包括我的大量原创课例。

该书于2023年9月正式出版。但我对语文新课标的学习，并未终止。之后，我尝试以“单元整体教学设计”的形式，将课标与教材、解读与教学予以打通互联。在此期间，我提炼出一个“融语文”的教学理念：“文本解读：与课标融合”“教案设计：把课标融入”“课堂教学：将课标融化”“学习评价：将课标融汇”。一言蔽之，这便是“把课标‘融’进课堂”。

阅读，它有时让我们站在巨人肩膀上，让我们看得更远；它有时又能唤醒我们心中的那个“小我”，让我们能够做出一些意想不到的大事情。

从教三四十年来，我这样的一个学历低微、学识浅薄的乡村教师，竟然也能发表一两百篇文章、出版七八本著作，这与我的有意识、有节奏、有耐力的阅读密不可分。

我确信，书中自有智慧树。只要你信赖它，亲近它，深入它的灵魂，它总能给你大大小小的惊喜。

寻找阅读的“最大公约数”

教育需要情怀，需要常识，需要智慧。通往这三者之间最便利的方式，就是读书。

教师需要规划教育人生，需要重构精神坐标，需要建构教育哲学。最聪明的办法，就是读书。

经验告诉我：教师阅读，便是站在先哲、大家、大师、名师的肩膀上，看教育，看世界，看人生，看未来。

阅读是一种个性化的行为，适合自己的，就是最好的。但我认为，教师阅读应在“浪漫”与“精确”之间寻找一个“最大公约数”。

教师阅读的“公约数”有哪些呢？这里，我想用“有益”“有用”“有味”三个词来表达。

有益：像健身锻炼，能为我们提供健康与活力

“有益”的阅读就像健身锻炼，它能够为我们提供身心健康和思维活力。通过阅读，我们可以摄取各种知识和思想，为自己的专业成长提供坚实的基础和持久的能量。

“有益”的阅读是能够拓宽视野、丰富知识储备、提升个人素养的阅读。它强调的是知识和思想的积累，以及对个人成长和发展的积极影响。

这种阅读通常涉及社会科学、人文艺术、自然科学等，可以帮助我们更全面地了解世界和人类文明的发展。

比如，阅读《中国共产党历史》，我认为有这些好处：

一是丰富历史知识。通过阅读《中国共产党历史》，我们可以更深入地了解中国共产党的历史、新中国的历史以及中国近现代史的发展脉络。这些历史知识可以让我们建立良好的历史观，真正体会到“艰难困苦，玉汝于成”的朴素道理。

二是增强政治素养。通过学习党史，我们可以更好地理解党的路线、方针、政策，提高政治素养。这对于教师的职业发展非常重要，因为教师的政治态度和思想观念既影响自己的成长和发展，也影响学生的成长和发展。

三是培养民族自豪感。通过阅读《中国共产党历史》，我们可以更深刻地感受到中国共产党领导中国人民取得的伟大成就，从而增强民族自豪感和自信心。这种情感对于我们培养自己的教育责任感和使命感非常有益。

四是指导教育工作。我们可以从《中国共产党历史》中汲取经验教训，指导自己的教育工作。例如，我们可以学习党的群众路线、革命精神等，将这些元素融入课堂教学中，帮助学生树立正确的世界观、人生观和价值观。

“读史可以明智，知古方能鉴今。”一部《中国共产党历史》，就是一部中国共产党领导下的中国人民的斗争史、奋斗史。每一次阅读，总能给我们以力量、以警醒、以鞭策。

《理想国》这本书很难读，但读下去很有益处。比如，其中的洞穴隐喻对于从教者有着多方面的好处：

首先，洞穴隐喻可以帮助我们更好地理解教育的本质和目的。在洞穴中，人们被束缚住，只能看到洞穴内的投影，而无法看到真实的世界。这意味着，只有通过教育和学习，人们才能挣脱束缚，看到真实的世界，成为理性、智慧和自由的人。作为教师，我们的任务就是帮助学生挣脱束缚，看到真实而全面的世界，成为理性、智慧和自由的人。

其次，洞穴隐喻可以帮助我们更好地理解学生的认知过程和成长规律。在学习的过程中，学生们也需要逐渐挣脱旧有的认知束缚，看到真实的世界。作为教师，我们需要耐心地引导学生逐步拓展自己的认知领域，培养学生的批判性思维和创新能力。

最后，洞穴隐喻可以帮助我们更好地理解教育的困难和挑战。在洞穴中，人们需要不断地挣扎和努力才能挣脱束缚，看到真实的世界。同样地，在教育领域中，教师也需要不断探索新的教育方法，帮助学生更好地成长。同时，我们还需要面对各种挑战和困难，如学生的学习能力、家庭背景、环境影响等。只有不断地学习和思考，我们才能更好地应对这些挑战和困难。

“如果得到的是不适合的培养，那么最好的天赋就会比差的天赋所得到的结果更坏”“善比真和知识更美，善包含了正义和最伟大的道德”……《理想国》的一些话语尤为深刻。

《万物简史》是一本介绍科学知识的科普读物，教师阅读此类书，也是好处多多：

一是丰富知识储备。比如，书中介绍了暗物质和暗能量的概念，这些是当前天文学和物理学研究的热点问题。通过阅读这部分内容，我们可以在课堂上适时向学生介绍这些前沿科学概念。

二是增强教学能力。例如，作者在书中描述了地质学的发展史，包括地球的演变和化石的形成等。通过学习这些内容，我们可以更好地理解地球科学的知识体系，将其转化为易于学生理解的语言，并应用于课堂教学。

三是培养科学素养。例如，书中介绍了人类对宇宙的探索历程，包括望远镜的发明、太空探测器的发射等。通过阅读这些内容，我们可以培养自己的科学思维和科学精神，从而更好地引导学生探索科学世界。

四是促进跨界融合。例如，书中描述了生物学中基因编辑技术的发展和应用，及其在医学、农业等领域的应用。通过阅读这些内容，我们可以了解生物学与其他学科之间的联系和融合点，从而更好地进行跨学科教学和课程设计。

五是树立榜样作用。书中介绍了科学家们的探索精神和创新精神，这些科学家们为了追求科学真理而废寝忘食、不知疲倦。通过阅读这些内容，我们可以学习到科学家们的榜样作用，引导学生养成良好的学习习惯和学习态度。

总而言之，“有益”的阅读可以帮助我们不断扩展自己的知识面和视野，激发我们的好奇心和求知欲，从而更好地促进自己的专业成长，让自己成为一名与时俱进的好教师。

有用：像工具箱，能提供实用的工具与方法

“有用”的阅读就像工具箱，它为我们提供各种实用的教学工具和方法。通过这种阅读，我们可以了解到各种有效的教学策略和技巧，就像拿到许多工具一样，更好地应对实际教学工作中的问题和挑战。这种阅读通常涉及教育心理学、教育技术、课程设计等领域。

比如，阅读教育心理学，如果我们能活用“元认知”这一概念，将对教育教学有很大帮助。

元认知，简单来说就是对自我思考过程的认知和理解，即自我感知、自我反思、自我完善的能力。在教育教学中，元认知可以帮助我们更好地理解自己的教学方式和策略，以及根据学生的反馈和表现来调整自己的教学。

元认知可以帮助我们更好地理解学生的学习过程。比如，教师在讲解一个复杂的概念时，若发现学生的反应普遍比较困惑，就必须适时改变教学策略，从简单的例子入手，帮助学生建立理解的基础，再逐渐引入复杂的案例。通过这样的反思和调整，我们可以更好地理解学生的学习难点和困惑，从而改变教学策略，提高教学效果。

元认知可以帮助我们更好地了解学生的需求和兴趣。根据学生的反馈和表现，我们可以为学生创设合适的生活情境，提供更符合学生需求的教学实践活动，比如，从学生的生活实际出发，用学生经历过的、体验过的、能听得懂的事例，激发学生的学习兴趣。

元认知可以助力培养学生的自我管理能力。比如，当我们发现学生在完成作业方面存在困难时，我们可以让学生了解自己的学习特点和风格，然后帮助他们制订适合自己的学习计划，并定期检查和调整，以此培养学

生的自我管理能力。

元认知可以帮助我们提高自我认知能力。如果我们能经常性地反思自己的决策和行为，更好地了解自己的优点和不足，便能制订更有效的个人成长计划，不断提高自己的专业素养和教育水平。

总之，元认知是教师提升自身专业素养、提高教育教学质量的重要工具。通过培养元认知能力，不断反思和调整自己的教学方式和策略，我们可以更好地理解学生，满足学生的需求和兴趣，同时也可以提高自己的自我认知能力，为个人成长和发展打下坚实的基础。

“大概念教学”是比较符合当前教育改革方向的一种教学方式。它强调以学生的发展为中心，注重培养学生的创新思维和解决问题的能力。阅读此类著作，我们可以了解最新的教学理念和思想，更新自己的教育观念，提升教学水平。

以语文学科为例，从“深度学习”这一角度出发，可有以下这些好处：一是增强文本理解能力，大概念教学强调对文本的深度理解和分析，这可以帮助教师更好地引导学生理解课文的深层含义和思想主题，提高学生的阅读理解和分析能力；二是提升思维品质，大概念教学注重培养学生的思辨能力和创新思维，这可以帮助教师引导学生对文本进行批判性思考和创造性解读，提高学生的思维品质和语言表达能力；三是增强情感体验，大概念教学强调与人类文化和情感经验的紧密联系，这可以帮助教师引导学生深入体验文本的情感和思想，增强学生的情感体验和情感表达能力；四是促进知识迁移，大概念教学注重知识迁移和实际应用，这可以帮助教师引导学生将所学知识应用到实际生活中，提高学生的知识迁移和应用能力；五是增强文化素养，大概念教学强调对人类文化的传承和理解，这可以帮助教师引导学生了解和欣赏不同文化背景下的文学作品，提高学生的文化素养和跨文化交流能力。

阅读此类著作，可以帮助我们更新教育观念，提升创新思维能力，增强问题解决能力，促进个人专业成长。同时，大概念教学也是当前教育改革的重要方向之一，这对于推进教育改革和提高教育质量具有重要的意义。

总之，“有用”的阅读可以帮助我们更好地应对时代给教育提出的新挑战、新机遇，并提供实用的教学策略和方法。

有味：像享用美食，能提供精神的愉悦与享受

“有味”的阅读就像享用美食，是为了放松身心、享受阅读过程的愉悦型阅读。它强调的是阅读的娱乐和审美价值，以及对于情感和想象力的激发。这种阅读通常涉及文学作品领域，比如，小说、散文、诗歌、人物传记等。它可以帮助我们从繁忙的工作中暂时抽离出来，放松心情，为教学工作带来更多的灵感和思路。

这里先以《瓦尔登湖》为例。这部作品记录了亨利·梭罗在瓦尔登湖畔独居两年多的所见、所闻和所思。

《瓦尔登湖》的文字就像湖中的水，纯净而深邃。作者以细腻的笔触描绘了大自然的美丽风光，从湖水的微妙变化到季节的交替，每一处都充满了生命力。这种生命力不仅体现在自然景观上，也体现在梭罗的思考和感悟中。他的文字就像一道道美味佳肴，让人品尝到了生活的丰富多彩。

梭罗在湖畔的小木屋中渔猎、耕耘、沉思和写作，过着一种简单而充实的生活。这种生活方式不仅让他的心灵得到了净化，也让他的思想更加深邃。对于教师来说，我们同样需要崇尚简朴和自力更生。在教育的道路上，我们面临着诸多挑战和困难，但只有不断地学习和努力才能实现自我提升和成长。

梭罗对自然、人生、宇宙等问题的探索，体现了他对人类文明的关注和思考。他通过自己的经历和观察，向我们展示了一个和谐、平衡的自然世界，也让我们看到了人类文明的进步与自然环境的冲突。这些思考对于教师来说，同样具有启示意义。在教育工作中，我们需要关注学生的个体差异和发展需求，尊重自然规律和教育规律，努力实现人与自然的和谐共处。

这部作品不仅是一个故事，更是一次心灵的启迪和思想的升华。在阅读过程中，我们不仅会沉浸在美丽的文字和生动的场景中，更会被梭罗的思考所震撼。他的文字像一面镜子，让我们看到自己的内心世界，也让我们更加清晰地认识自己。

通过阅读这部作品，我们不仅可以提高自己的文学素养和审美能力，

更可以获得心灵的净化和思想的升华。“善良是唯一永远不会失败的投资”，我确信如此。

再比如阅读《小王子》。《小王子》是一部以小王子为主角的童话。小王子在自己的星球上与玫瑰花闹别扭后，动身前往其他星球游历。他先后访问了六个行星，遇到各种奇怪的人和事。

小王子离开玫瑰花后，在空中飘荡，思念着玫瑰花。在阅读这些情节时，我们可能会产生这样的联想：学生也有自己的内心世界和情感需求，我们需要关注学生的情感变化，理解他们内心的渴望，从而更好地引导学生健康成长。

小王子与狐狸的对话是书中的重要部分。狐狸告诉小王子，只有用心去看，才能真正看清事物的本质。这个情节可能引发我们对于思考能力和批判性思维的思考。比如，我们应培养学生的批判性思维和创新能力。

《小王子》是一部优秀的文学作品，语言简单纯洁而又哀婉惆怅，写出了令人感动而富有哲理的韵味。比如，“这些星星闪闪发亮，大概是要让每个人总有一天能找到自己的那颗星星吧”，“所有的大人起先都是孩子”，“那些大人就喜欢数字”，“最重要的东西是看不见的”……这些话语，让人深思，让人五味杂陈。

总之，类似《小王子》的童话中蕴含着很多教育价值，它可以激发我们深入反思自己的思维、思想，帮助我们更好地理解学生，关注学生的情感发展，培养学生的思考能力和创造力。

“读经味如稻粱，读史味如肴馔，诸子百家味如醯醢。”读书三味，其乐无穷；凡有所读，皆有所获。“有益”“有用”“有味”的阅读，都是教师成长道路上不可或缺的一部分。

需要说明的是，“有益”“有用”“有味”并非各自独立、相互分离，它们两两之间甚至是三者之间相互依存、相得益彰。若要单论，大概是所站的角度不同，抑或侧重点不同而已。

如果说“有益”“有用”“有味”是阅读的“公约数”，那么它们的最大公约数便是“有益”。因为，无论是“有用”还是“有味”的阅读，其本身也都是“有益”的阅读。

启智养慧

智慧，通俗地说，是指聪明才智。从更抽象的层面理解，智慧是生命所具有的基于生理和心理的一种高级创造思维能力。它涵盖了对自然与人文的感知、记忆、理解、分析、判断、升华等所有能力。如果说智慧是“形而上者谓之道”，那么，智力则是“形而下者谓之器”。

在日常生活中，智慧体现为更好地解决问题的能力，使我们能够做出走向成功的决策。做教学研究，写教研文章，需要智慧做支撑。这里，笔者选用《教师专业成长容易忽视的“十个一”》《叙教育之事，扬梦想之帆》两篇文章，但愿能起到“启智养慧”之效。

教师专业成长容易忽视的“十个一”

在那懂与不懂之间

人常说，花半开、月半圆，是至美时刻。笔者深以为然。

“花未全开月未圆，寻花待月思依然。”此时的观者：眼，切切状；心，怦怦然，真有些追而未至、恋而未得之感。

美好的事物，既不是尚未开垦的土地，也不是已然成熟的果实。尚未开垦，往往让人不知何去何从；已然成熟，意味着毫无悬念、即将下架。

美好的事物，往往在半生不熟之间，在充满期待之时，在渴望征服之际。

教育亦然。教学内容太浅太熟，学生大多会缺乏征服的欲望；教学内容太深太远，学生大多会望而生畏、敬而远之。

所以，教学内容的选择，教学时机的把握，教学弹性的设置，最好是能让大多数学生处于懂与不懂之间、会与不会之际。

教学内容可以选择吗？答案是肯定的。对于教材规定的教学内容，教者可根据本班学情进行适度改造，比如给它“绕个弯”（增加思维跨度）、给它“调个头”（调换已知未知）、给它“换个道”（变换内容场景）等。如此这般，学习内容便有了一些难度、多了一些趣味，学生的挑战欲、征服欲便会逐步增高。而那种完全属于教者本人开发的个性化课程，如果能加强教材与生活之联系，搭建已知与未知之桥梁，打通知识与实践之壁垒，学生的求知欲和征服欲便更不用说了。

教学弹性需要设置吗？答案也是肯定的。十个指头有长短，个性学情有差异。尊重个性，尊重差异，这是教学的基本原则。教者该如何设置教学弹性呢？大体而言，可从三个方面着手。一是教学内容保持弹性，由易到难，循序渐进，各学所能，各取所需；二是组织方式保持弹性，按“组内异质、组间同质”的原则设置学习小组，通过组内互动让“先进者”既能“用得来”还能“讲得清”（这也是一种挑战），让“后进者”逐步“学得懂”“做得来”；三是作业布置保持弹性，按照“认知”“理解”“应用”“综合”等难度差异布置作业，让不同层次学生有不同收获。通俗地说，设置教学弹性，便是既让胖子吃得饱，又让瘦子吃得好。

教学时机如何把握呢？孔子早在两千多年前就说过：“不愤不启，不悱不发。”这说的便是教学时机——“启发”时机的把握。宋代理学家朱熹曾这样注解：“愤者，心求通而未得之意；悱者，口欲言而未能之貌。启，谓开其意；发，谓达其辞。”用我们今天的话来说，便是学生已经懂得的，教者不用讲；学生将懂而未懂的，教者要善于点拨；学生不想听时，教者无需口若悬河；学生很想听时，教者就得认真地讲，并给他们讲个透彻。从这个角度出发，“先学后教，以学定教”便至关重要。

懂与不懂，不懂到懂，这既是学习成绩方面的差异与进步，也是基本需求方面的层级与满足，即从心理安全到情感寄托，从得到尊重到自我实现。学生的学习兴趣和生活状态，便在这样的进步与满足中日胜一日、年胜一年。

懂与不懂，过犹不及，事关教学契机的把握；不懂到懂，学以致用，此乃教学智慧的体现。教者若能比较成熟地选择教学内容、设置教学弹性、把握教学时机，一切都将“刚刚好”。

教师专业成长容易忽视的“十个一”

前段时间，笔者在自媒体推出一篇《三年磨砺方案，逼你青春灿烂》的文章，没想到，有不少教师乐意以手写合约的形式申请加入“战队”。其中，有多位特级教师、正高级教师、全国模范教师获得者，还有一位博士。

之后，笔者按照“方案”制定了一份《战队公约》和一份《每月研修情况自查清单》，将其在“战队群”里公开后，队友们称公约和清单“最专业、最精准、最磨人、最暖心”。

为何如此呢？笔者以为，在这几份材料中，有几个“一”拨动了他们敏感的神经。或者说，这几份材料让他们意识到以往都疏忽了这几个“一”，而这几个“一”又恰恰是最有助于教师专业成长的。这几个“一”具体如下：

签订一份合约。签订合约的目的在于克服懒散毛病，杜绝半途而废，防止消极应付。这一点，我们战队许博士说得好：“合约不是写在字面上，签字画押的最重要的意义，就是你应该将这份内容与你自己融为一体。在这三年时间，甚至更长远的时间里，你应该把它作为一种习惯。这就是程序的价值、合约的意义。还有，程序的仪式感会给你的内心带来很多无形的收获。”这份合约，可以和某个团队签订，跟自己的家人签订，也可以跟自己签订。用契约的力量逼自己前进，久而久之，便习以为常，合约的内容终将成为自己的一种生活方式。

订阅一些报刊。报刊不在多，而在精、在读、在用。一份专业报刊，便是一条流动的河。这条河有源头活水，总有一些时鲜的信息，一些专精的做法，一些名师专家的思想结晶。经常阅读、浏览，便可以不断刺激自己的大脑，激活自己的思维，鞭笞自己的惰性。同时，没有读报研刊，你又如何定向作文、精准投稿呢？实践证明，报刊只有自己订，才会珍惜，才有保障。专业阅读，既要手不释卷，又要读书有方。最好是围绕教育、学科、岗位，包括文学、史学、哲学、教育学、心理学、管理学等，来购阅一些专著。既要保证阅读的数量，每月两至三本；又要保证阅读的质量，手中无笔莫翻书，圈点勾画不可少。

做好一些索引。这几乎是被大家全都忽视的一点。索引包括书名、刊名、期数、页码、作者、标题等。阅读报刊、专著时，我们要按照自己习惯的方式，围绕不同的关键词，比如，“核心素养”“校本课程”“学习任务群”“跨媒介阅读”，还有某个名家等，及时地、分门别类地做好索引。日积月累，博采众长，这样能为自己建立一个不断叠加的资源库。这样，便于分析比较，便于写作参考，便于丰厚自我。

确保一定写作。严格地说，没有专业写作，便没有教学研究，更不可能成为“专家型教师”。要把阅读和写作作为一种生活常态。围绕教育教学、教研教改，围绕课程标准、学科建设，围绕学校管理、班级管理，围绕成长自我、成就学生，勤读写，细研究，深挖洞，广积粮。关于写作，要给自己一个定量，比如平均每天不少于600字，每月不少于1.8万字，每年不少于20万字。眼力、脑力、笔力、耐力，将会在这种长年累月的磨砺中与时俱进、臻于至善。需要说明的是，这种定量写作并非要求我们每天“记流水账”，而是能够围绕某个教研主题进行“深耕式”写作。通过细水长流的方式，我们获得一种长足的进步和发展。

积累一些课例。学科教学中，要有“课例”意识。也就是说，教案设计要坚持原创，要敢于突破，要大胆创新，要力求精美。这就意味着，作为教师，要对本学科的教材、课标，对本班、本学段的学生有足够的了解和理解；也意味着，在日常工作学习中，能够用教育之眼看世间之事。从生活中发现好的素材，用生活的源头活水去浇灌我们的教育教学，这能让我们的课堂丰富多彩、充满活力。每个学期，积累的精品课例要有一定的数量，比如不少于5个。三年下来，便有了30个优秀课例，这便为你成为“专家型教师”奠定了一定的课例基础。

做好一些选题。问题即课题，梦想即选题。当发现自己在“某一点”有困惑或是有发现时，便及时记录下来，并不断地发掘、丰满，把它形成一两篇文章。当发现自己在“某一块”有兴趣、有心得时，便有意识地进行系统化的分析和论证，日积月累，深耕细作，也许能形成一本不错的著作。这便是在做“小课题”和“大选题”。开弓没有回头箭，自己挖坑自己填。只要功夫深，铁杵磨成针。投入到位，水到渠成。

确立一个意识。无论是写文章，还是写课例，抑或做课题，都要有一种“作品意识”，最好是有一种“精品意识”。“成品”，随时准备将其投稿或是参赛；“半成品”，时刻准备着某一天在写作一篇大文章或是完成一个大选题时，能够将其作为一个个鲜活的小案例、小论据、小片段。意识先行，行动跟进，假以时日，精品必成。

定期一个展示。无论是哪项成果，抑或哪项不太成熟的作品，都要敢于亮相，敢于接受大众的审视和批评。比如，写好的文章、案例，应定期通过某个平台以实名制的方式呈现出来。有什么征文、赛课之类的活动，要大胆地投稿、参赛。有人邀请讲课、讲座，要敢于“亮剑”。通过这些方式，以展示激励自我，以参赛磨砺自我，以“亮剑”提升自我。

形成一种风格。风格，既是一种不同于他人的个性，也是一种相对稳定的行为范式。无论是写作还是上课，如果抱有一种“风格意识”，往往能别出心裁、出奇制胜。从模仿到选择，从定向到创新，从提炼到完善，日积月累，不断优化，风格形成之日，亦是品牌形成之时。

瞄准一些目标。有目标，便有方向；有方向，便有动力。在文章发表上，可给自己定这样的目标，比如，第一年4篇，第二年6篇，第三年8篇。在著作出版上，力争三年下来，出版一本不错的文集。还有其他的，诸如征文、赛课，教师可根据实际情况而定。其实这个目标并非高大上。因为经过三年的磨砺，你可读七八十本著作，可阅七八十期刊物，可写六七十万字的原创文字，可积累三四十个优秀课例。有了量的累积，必有质的飞跃，一切都是顺理成章、自然而然的。

要完成以上“十个一”，特别是其中的读写训练，你一定会觉得很苦很累，有一些时刻你也许想哭想吐。刚开始的几个月里，尤其是与本职工作发生冲突时，付出的艰辛、受到的煎熬，可能会远远超过你的预想。但经历三五个月、一两年的磨砺之后，你一定会发现自己竟然有这么强的韧劲、这么大的爆发力。三年下来，或更长时间后，你会发现青春是如此灿烂，奋斗是这么美好。

“骐骥一跃，不能十步；驽马十驾，功在不舍。”坚持到底，死磕不停，你所收获的，必将大大超过你的预期。因为，那时的你已经成了一个知识丰富、作品丰厚的学者，你已经把奋斗和磨砺当作了一种正常的生活方式。这样，你将披荆斩棘，你将乘风破浪，你将一往无前。

附1： 每月研修情况自查清单

姓名：　　　　月份：

序号	内容	要求	完成情况
1	订阅报刊	建议订阅2份期刊，1份综合类，1份学科类	订的情况： 阅的情况：
2	阅读专著	保证数量，每月不少于2本，且保证质量	书名：
3	做好索引	包括书（刊）名、页码、作者、标题等	关键词：
4	确保写作	每天不少于600字，每月不少于1.8万字	篇数： 字数：
5	积累课例	原创课例，每月不少于1个，每期不少于5个	完成情况：
6	做好选题	对“某一块”逐步进行系统化的分析和论证	选题方向：
7	确立意识	写文章有“作品意识”，最好是“精品意识”	比较满意的文章： 不太满意的文章：
8	保持互动	经常性地阅评推文，每周一次研修简要报告	完成情况描述：
9	定期展示	每月需在“吴再柱教育坊”公众号推出2篇原创文章	推文标题：
10	瞄准目标	发表文章，三年目标分别为4、6、8篇	完成情况：
11	总体评价	需要完善的： 做得不错的：	

叙教育之事，扬梦想之帆

教育叙事是一种基于真实教育背景和情境的故事性写作，它通过叙述、描绘、反思和分享教育事件和教者经历，展现教育的复杂性和丰富性。它不仅关注具体的教学实践，还关注教育过程中的情感、意义和价值观，以引发读者的共鸣和思考。

教育叙事以教师的视角，真实地记录和呈现教育教学实践中的经验、思考和感悟。它既包括成功的教学案例，也包括遇到的挫折和困惑。通过反思和总结，教育叙事可以帮助教师深入理解教学过程，发现和解决教育问题，提高教学质量，促进教师专业发展和职业成长。

下面，笔者从教育叙事的内容、意义、写法三个方面，结合具体案例，略作阐释。

叙教育之事

从教师视角来看，笔者认为，教育叙事可分为“叙教”“叙育”“叙研”“叙修”四个方面。当然，在许多情况下，它们可能两两相通，难以区分。这里，笔者将结合苏霍姆林斯基的一些教育叙事，作简要说明。

叙教：教天地人事。教育叙事在“教”的方面，关注的是如何传授知识和技能，培养学生的综合素质。这包括对教学内容的选择、组织和呈现，以及采用一定的教学方法和手段来促进学生的学习。

比如，苏霍姆林斯基在《关于获取知识》一文里，通过对“光合作用”这一教学内容的叙述，阐释了一种教学观点：“教给学生能借助已有的知识去获取知识，这是最高的教学技巧之所在。”

叙育：育生命自觉。教育叙事在“育”的方面，关注的是如何培养学生的自我认知和自我管理能力，帮助学生建立积极的人生观和价值观。这包括对学生的个性、兴趣、需求和心理状态的关注与理解，以及通过教育和引导来促进学生的自我发展与成长。我们可以通过叙述和反思学生的成长经历与心路历程，探究学生的内心世界和成长规律，以提供更有个性化的教育支持，培养学生的自主性和创造性。

在《要保持“水源的清洁”》一文中，苏霍姆林斯基讲述了一个教育“任性的、胡闹的、一点也管束不住自己的”男孩子罗曼的故事。作者既给罗曼讲道理，同时还和罗曼一起尝试“不使用右手而生活”，让罗曼认识到，如果有一天真的失去了自由，生活将是一种什么滋味。作者进而指出，在学校里，不应当搞空洞词句和空洞思想；真正的爱是不必声张的，应当教会学生去爱，而不是教他们去谈论爱；等等。

叙研：研教材教法。教育叙事在“研”的方面，关注的是如何研究与分析教材和教学方法，探究教育的本质和规律。这包括对教材内容的选择、组织和呈现，以及采用何种教学方法和手段来促进学生的学习。我们可以通过反思和分享教学经验，探究有效的教学策略和教学方法，提高教学质量，帮助学生更好地掌握知识和技能，培养学生的综合素质和学业成绩。同时，我们还可以通过研究和分析教育问题，提出建设性的解决方案和建议，为教学改革提供有益的思考。

苏霍姆林斯基在《思考新教材是上课的一个阶段》中讲到一种教育现象：头天上课时，学生都能很好地理解所学的知识；但到了次日，班上大半学生对学过的知识就变得模糊了。针对这种现象，作者指出，懂得还不等于已知，理解还不等于知识。因此，教师需要毫不犹豫地在每一节课上尽量留出时间，让学生看出、理解各种事实、现象、真理、规律性之间相互交接的那些“点”，让学生真正地掌握新教材。

叙修：修慧眼慧心。教育叙事在“修”的方面，关注的是如何修炼自己的教育眼光和教育智慧。这包括对自身教学实践的反思和总结，以及对新知识、新技能的学习和应用。我们可以通过反思自身的教学实践和其他教师的成功经验，深入理解教育的本质和规律，提高自身的专业素养和教育智慧。同时，我们还可以通过学习和应用新知识、新技能，不断更新和拓展自身的教育视野，为教育事业做出更大的贡献。

劳动教育，是苏霍姆林斯基一贯重视的一种教育方式。在《用劳动的爱好来教育学生》一文中，作者讲述了15名学生（其中有3人学习较差）通过参加少年植物栽培家、育种学家、生物化学家、农业技术家小组活动，把动手与动脑有机结合，以此获取知识、增长智慧，得出一个教育哲理："儿童的智慧在他的手指尖上。"

教育叙事在教、育、研、修四个方面都发挥着重要的作用。通过反思和总结教学实践，我们可以不断提高专业素养；通过研究和探讨教育问题，我们可以为教学改革提出一些建设性的解决方案；通过修炼自己的教育眼光和教育智慧，我们可以更好地应对复杂多变的教育教学情境和挑战，为教育事业做出更大的贡献。

扬梦想之帆

对于教师而言，写好教育叙事有哪些意义或好处呢？明确了这些，我们在写作教育叙事文章时便有了动力和信心，在方法技巧方面也就自然得以提升。因为，热爱和投入，是最大的技巧。

记录与反思。教育叙事是教师记录和反思自身教学经验的有效方式。通过写作，我们可以深入思考自己的教学方法、策略和态度，从而更好地理解自己的教学行为，提高教学质量。教育叙事要求我们对教学实践中发生的事件进行观察、记录和分析，这有助于增强我们的观察力和洞察力。通过观察、研究和探讨，我们可以对自己的教育教学进行不断完善。

比如，笔者在《教学反思：求真·向善·唯美》（载于《语文教学通讯·初中刊》）一文中，记录和反思了自己的一些教学策略和教学行为，以此催促自己不断向真善美的教育境界迈进。

积累与提升。关于教育叙事写作，通过对细节的捕捉和深入思考，我们可以更好地理解学生的需求、心理状态和学习特点，为改进教学方法和策略提供重要依据，也为教育研究和学术发展提供丰富的素材和案例，以此推动教育教学研究的深入发展。教育叙事写作也关切教师的精神生活和文化素养。通过写作，我们可以表达自己的文化价值观，提升自己的文化素养，丰富人文精神，建立良好的师德师风，提高自身的人格魅力，更好地发挥教师的示范引领作用。

比如，在《顿悟常在无眠夜》（载于《湖北教育》）一文中，我记录了自己关于叙事性写作方法的探求过程，为后来写作教学的方法突破奠定了基础。

交流与合作。通过教育叙事的写作，我们可以分享自己的教学经验、教学方法和教育思想，让其他教师更好地了解自己的教学理念和风格。这种交流与合作可以促进教师间的互相学习、共同提高，有助于提升整个教师队伍的教学水平和专业素养。同时，教育叙事写作要求我们对教学实践中的情感体验、人际关系等进行深入思考和反思，这有助于提升我们的情感智商和人际交往能力，以便更好地处理与学生、家长和同事之间的关系，为营造良好的教育氛围提供一定的支持。

比如，在《常给自己心灵鸡汤》（载于《中国教育报》）一文中，我从学校、班级、家庭三个方面，叙述了自己当时面临的现实困境，表达自己"守望不失风度""迟钝不容抛弃""疼痛不忘感激"的教育情怀，让更多的同事、家长理解我们的教育窘境，理解我们的教育追求。

创新与提炼。教育叙事写作要求教师对教学实践进行反思、总结和提炼，这有助于培养教师的创新思维和实践能力。在反思过程中，我们可以不断探索更有效的教学途径，为教育教学改革提供有益的实践经验。同时，通过阅读他人的作品，我们也可以了解其他教师的改革实践和教研成果，从而更好地参与到教育改革中。这样，我们可以更清晰地梳理、提炼自己的教学思路和教育理念，形成自己独特的教学风格。

比如，在《理顺开放课堂的辩证关系》（载于《中国教育报》）一文里，我以《在山的那边》教学实践为例，提炼出开放课堂应坚持一种"中庸之道"，即"放开展示，不放指导""放开体验，不放示范""放开对话，不放效率""放开课堂，不放质量"等。这样，我们的教学改革才会有理性的思想基础，课堂教学才可能实现美丽的跨越。

认同与减压。通过教育叙事写作，我们可以更好地认识到自身职业的价值和意义，增强职业认同感，提高工作满意度。教育叙事写作还可以帮助我们应对职业压力。通过记录和分享自己的教学经验和情感，我们可以找到一种情感宣泄的途径，让自己在紧张的教育教学之余放松情绪、体验幸福。同时，写作也可以帮助我们从繁忙的工作中抽离出来，审视自己的教学行为和效果，从而找到更好的应对策略。

同样是在《常给自己心灵鸡汤》一文中，我这样宽慰自己："只要我们常怀感激之心，我们便拥有了快乐，拥有了幸福。心怀感激，生命便有了阳光和温馨；心怀忠诚，灵魂便有了责任和宁静；心存真爱，生活便多了自然和天真；心能上进，旅途便有了灵动和风景”“生命在于运动，生命更在于平衡，平衡的生命要靠我们用激情去焐热，用淡泊去调节，用一生的时间去参悟和修炼”。这样的教育叙事，让自己度过了那段艰难的岁月。

传播与影响。优秀的教育叙事作品可以传达教师的教育理念、实践经验和思考方式，从而影响更多的教师、家长和学生。通过写作，我们可以扩大自己的教育影响力，对教育事业产生更积极的影响。反过来，写好教育叙事作品，需要我们深入了解学生的情感和体验。通过写作，我们可以培养自己的同理心和情感智商，更好地理解学生的情感世界，从而指导学生的学习和成长。

比如，在《从学情出发，把语文教“活”》（载于《中国教育报》）一文里，我通过回顾自己关于“5·3·1 课堂教学模式”的创建、关于同步作文的写作、关于教学情境的创设等系列教学经历，表达了自己的教育感悟：“身为教师，我们要善于用敏锐的眼睛，去发现教学问题；用清醒的大脑，去寻找解决办法；用果敢的行动，去追寻教育梦想。”这对一大批青年教师有了积极影响和正面引导。

总之，对于教师而言，写好教育叙事具有多方面的意义和好处。它可以促进教师的专业发展和职业成长，提高教师的教学能力和沟通能力，增强教师的同理心和情感智商，帮助教师应对职业压力，丰富教师的精神生活，提升教师的文化素养，促进教师对教育改革的参与和贡献，从而更好地追求和实现自己的教育梦想。

探成长之理

如何写好教育叙事呢？这可是一个见仁见智的事情。因为，教育叙事本无固定形态、固定模式。但笔者认为，它有一些共性的特点。比如，它需要我们选取事件、描述背景、写好冲突、分析原因、给出方案、提炼策略。

选取事件。我们需要选择一些具有代表性的教育事件作为叙述的主体。这个事件可以是课堂上的一个互动，学生的一次行为，一次特别的课外活动等。这个事件应该是能够引起读者共鸣，并展现出教育中的某些问题或挑战的。

描述背景。在描述事件之前，我们需要对故事的背景作适当介绍。这包括故事发生的时间、地点，涉及的人物以及各自的角色。此外，我们还可以提供一些关于学校、班级、学生和教师的背景信息，也包括我们的“教育大环境”，以便读者更好地理解接下来的事件。

写好冲突。在教育叙事中，冲突是写作的核心。这个冲突可以是一个特定的学生问题，也可以是一个难以解决的教学难题，或者是教育者和学生之间的某种矛盾。这个冲突应该是能够引发读者兴趣，并让读者想要了解问题的解决方案。

分析原因。在描述冲突之后，我们需要深入分析导致这个冲突的原因。这可能是学生的个人问题，也可能是教育者的教学方法问题，或者是教育体制的问题。通过深入分析原因，我们可以帮助读者更好地理解教育的复杂性。

给出方案。在分析原因之后，我们需要提供一种或多种解决方案。这些方案可以是我们自己的经验，也可以是其他教师的成功案例。这些方案应该是具体、可行的，并且是能够有效地解决冲突的。

提炼策略。在给出方案之后，我们需要总结出一些具有普遍意义的策略。这些策略应该是基于我们在故事中描述的问题和解决方案。这些策略应该是可以应用到其他类似的情况中的，且具有一定普遍性。

教育叙事的目的不仅仅是讲述一个故事，更重要的是通过这个故事来反思教育实践，并尝试找到更好的教育方法和策略。因此，我们的教育叙事应该具有启发性，能够引发读者的思考和讨论。这里，结合一位老师提供的具体案例，略作说明。

七年级上学期，学生们还处于“小升初”过渡阶段，江同学表现得尤为“突出”。开学第一周，他就创下了迟到、早退、上课吃零食、与班长打架、顶撞老师等多项违纪“记录”。我觉得有必要请家长来校了解一下情况。

来的是江同学的爷爷。江同学的爸爸妈妈都在外地打工。原来，爷爷特别宠他，他要啥给啥，可是江同学不但不领情，反而越来越不懂事。爷爷含泪对我说："老师，我不怕你笑话，在家惹他不高兴了，他还会对我动手。上次就因为没有给他递遥控器，他就一脚把我从床上踹了下来。我都七十五岁了，哪还经得起这般折腾，我现在只想等着他爸回来带他。"

听完老人的话，我的眼眶也湿了。随后，我就给江同学的爸爸打电话。我从电话里了解到，他爸爸认为读书无用，说自己没读多少书也能当老板；只是希望儿子读多少算多少，读不了就跟着他做生意；实在想读高中，大不了就花几个钱。

当时我很气愤，难怪儿子变成这个样子，原来是有一个"好爹"在那儿做榜样呢！我就没好气地说："学历是可以拿钱作假，但人生呢?"他爸爸顿时就无语了。

后来在我的劝说下，江爸爸从外地回来，带了小江一段时间。我也精心设计了一个改变江同学的方案，准备用半个学期的时间来促进他自我完善。从一对一谈心，到家访，再到每天关注他的动向，安排班干部和他坐一起帮助他改掉坏毛病，鼓励他对自己树立信心，等等。

慢慢地，江同学开始上进了，期中考试还取得了三等奖的荣誉。江爷爷给我打来电话，说江同学现在像变了一个人似的，周末偶尔还会给爷爷烧菜做饭，打水洗脚。听到这些话，我也就放心了。

作者写道，在采取措施前，我们应该确定要达到什么目的，避免跟着感觉盲目行动。教育过程应该是一个完整的体系，包括观察现象—发现问题—分析问题—解决问题，要环环相扣，要动脑筋去做，关键靠理智冷静。

在此基础上，这位老师还总结了在处理好班级问题时需做好三点：一是从心底里建立认同感，二是精心组织班级集体活动，三是与学生一起成长。(具体阐释的内容略去)

文末这样写道："无论多难，我愿做一个细心、爱心、真心的教育者，充分发挥自我价值，永葆活力，不断充实自己，做一个全力以赴、努力超越自我的创新者。”

上述这则叙事案例，囊括了事件、背景、冲突、原因、方案、策略等方面，无论是写作者本人还是读者，都能获得一种有益的启示。

要想写好这样的教育叙事，笔者认为，还应做好以下几个方面：

一是叙述与挖掘。写好教育叙事，要关注教育教学实践中的现象和事件，通过深入观察和反思挖掘背后的意义和价值。

二是情感与细节。要通过细腻的笔触和真实的情感表达，让读者感受到故事中的真实情境和人物形象。同时，适当的细节描写能让读者真实体察到故事氛围和人物情感。

三是情节与冲突。情节的叙述、冲突的表达要自然流畅，符合逻辑，让读者能够理解。

四是真实与虚构。教育叙事需要保持真实性和可信度。在写作时，要尽量使用真实的人物、事件和情境，避免过于夸张，更不可虚构。

五是技巧与风格。写好教育叙事需要具备一定的写作技巧和风格。我们可以通过学习经典的教育叙事作品（比如苏霍姆林斯基的《给教师的建议》），掌握其写作技巧和表达方式；同时，也要根据自己的个性特点不断尝试和创新，形成自己的教育叙事风格。

叙教育之事，扬梦想之帆，探成长之理。在每一个教育故事的背后，都有一颗颗梦想的种子在生根发芽，让我们以谦卑的心态去聆听、去描述那些关于成长的故事，去感受其中的苦辣酸甜；让我们以激情点燃未来，用探索定义人生，为我们的教育事业书写更加美好的篇章。

第二章　教研内容

"人"的研究

教育，是一项关于"人"的事业。人，是一个奇妙的存在，无论在生物学还是社会学角度，都充满了无尽的奥秘。"夫子教人，各因其材"，孔子提出因材施教之策，便是基于"人"的复杂性和差异性。教师关于"人"的研究，大体包括人的生理和心理发展研究、人的认知和学习过程研究、人的情感和社会交往研究、人的行为和习惯研究、人的价值观和社会责任研究，等等。

教师最需要研究的"人"，主要包括学生、同事、家长、教育专家，还有自己。本小节中《关于青春成长的一些教育手记》一文，其研究对象是学生；《向教育家精神看齐》一文，其研究对象是教育家精神，也是众多教育家、名师身上所具有的共性。

关于青春成长的一些教育手记

对于学生的研究，其研究方法不外乎文献综述、观察记录、调查问卷、实地家访、对面交流、案例分析、实践反思等。对于一线教师而言，更多的是在教育教学的过程中进行一种"行动研究"。也就是通过观察和分析、实践和反思，总结成功经验和不足之处，以此完善教育方法和教学策略，发展学生的核心素养，提高教学质量。

这里，笔者选取本人的一些教育手记，以此作为对乡村少年的一种行动研究。

教师眼里的学生

这是中考前一两个月里老师眼里的学生。

1. 如百合，如百灵

李晓丽像一枝清新的百合，静静开放，在边沿，在角落。

她的头发，有点自然卷，这大概来自父母的基因。

她的父母，也应当是比较温和的吧，你看她，是如此的宁静和执着。

如果哪位老师新来上课，一定会忽略她。上课时，她只会竖起脑袋，时而写写笔记，时而望望黑板。但有经验的老师，一定不会忽视她的眼神：一汪清泉中，透露出沉思与质疑。

她，似乎不会露出笑容，也似乎没有忧伤，一切都给人一种宠辱不惊的淡定。然而，如果你"一不小心"点她起来发言，你一定会有别样的感觉：她思路清晰，语言连贯；声音清脆，语速适中。这时，这枝静静的百合花，似乎一下子变成一只清亮的百灵鸟。

她的学业，发展得比较平衡，而且进步比较明显，这大概也与她的性格有一定关系：暗暗地发力，孜孜地追求，她把全部的精气神都灌注于功课上。

不关注能否被发现，更不关注他人的看法，她就这样默默地跋涉、踽踽地攀登。但这种跋涉与攀登，或许她本人并没有发现，没有发现一路的汗水，也没有发现登上的高度……

这枝淡雅的百合，总有一天会让人惊羡她的美丽与芳香；这只淡定的百灵，总会在某个时刻唱响她最清爽、最甜美的歌喉。

2. 最敬佩他细爸

冯开广终于没有折腾了。前段日子，班主任几乎拿他没办法。他夜间上网，白天睡觉，结伙打架，上课捣乱，简直闹得鸡犬不宁。

感谢他信任于我。他给我写了一封很长的信，向我坦露了心声。他上课捣乱，只为引起关注；他小学四年级以前，学习上一直很进步，也算是一个品学兼优的孩子，后来由于家庭遭受变故，同村人对他"冷落"，致使他逐渐桀骜不驯。

其实，许多时候他还是挺明白道理的。比如，有些涉及某同学隐私的事情，叮嘱他不要声张，他一直守口如瓶；班上的一些事情，比如擦黑板，他也能主动去做，只是擦的时候一般要做出点花样，大概这也是想要引起老师和同学的注意吧。

他最敬佩的人，或者说，他最崇拜的人，是他细爸。因为他细爸事业有成，受人尊重。他希望有一天能像他细爸一样，让别人刮目相看，尤其是要让那些“冷落”他的同村人另眼相待，甚至要“给他们点颜色看”。

大概，他的心目中，折腾多于宁静，怨恨多于感恩吧。对于一个孩子来说，童年经受的一些变故，往往会对他的性格带来不好的影响。这挺让人同情。但是，受人同情并不是什么好事，受的同情多了，会让自己消沉，或者让自己玩世不恭。

如果，你也希望有一天能像你细爸那样受人尊重，首先要让自己学会尊重、学会感恩、学会共处、学会合作。当然，还得自己积极向上，让自己有本事成就一番事业。

3. 他让我大跌眼镜

在我的眼里，章浩然是一个非常听话的乖乖儿。

上课时，一双大眼睛，忽闪忽闪的，很有神；同时，他给我传达的更多的信息，是疑惑，是不懂。这让我常常对自己的讲课缺少信心。

他写字很工整，一笔一画，交代得清楚明白，决不潦草，做语文试卷时整篇都是规范的楷书。这让我很担心：考试时间怎么够用？会不会是我教你们学楷书学坏了？

在我的眼里，他是老实、朴实、忠实的代名词。但今天，一位同学在写他时，竟让我有种大跌眼镜的感觉。

“他也是全班最会玩的人。他的眼睛和手指像是上了遥控器一般，可随心所欲地‘运动’着。他自创一套‘眼保健操’和‘手保健操’，只要班上的同学听到他在喊‘一二三四、一二三四’时，便可以看到他那搞笑的动作，然后就哈哈大笑。他实在太幽默了！”

没想到，这家伙居然也是这样的调皮可爱！真可谓：横看成岭侧成峰，远近高低各不同！

看来，我还是太不了解“这群少男少女”了。

学生眼里的自己

这是八年级学生眼里的自己，关于自己的心事。

1. “我唯一担忧的就是我的成绩”

柳宜君说：“我的心事是考试，几乎每个星期一晚上都要考数学，而现在的数学可是越来越难。可我又不喜欢老师的讲课方式。你说，我现在该怎么办?”

柳吉安说：“还有一两个星期就要期中考试了。一到考场，以前会背的、会做的，我几乎都忘记了。紧张的我，生怕考不出自己理想的成绩。如果哪一科没考好，哪一科老师就会来找我们‘算账’。我的心事有很多，但这个比较重要一些。”

杨驰说：“我唯一担忧的就是我的成绩。因为我的成绩很不稳定，好的话，可以考一百多分；要是坏的话，就及不了格。我父母每个星期都会打电话问我成绩怎么样，我都会如实回答。如果成绩不好的话，将来就很难有什么出息，很难赚到钱，最后只能像我父母一样到外面去打工。”

2. “三月不减肥，五月徒伤悲”

袁标航的心事是这样的：“我的心事，便是自己的体重了。我已经有了超过 130 斤的体重了，是我们班一些瘦子体重的两倍，甚至更多。可以说，我是一个胖子了。

“作为一个胖子，最烦的便是晨跑了。开始跑的时候，我的眼前仿佛就是一片沙漠，而我却已经困在了里面，对生活已经没有希望了，取而代之的是绝望。跑完之后，我总是气喘吁吁的，很久才平复下来。有一次，老师看到我这样，还跟我开了个玩笑说，‘三月不减肥，五月徒伤悲呀!’

“作为一个胖子，还很烦买衣服。当挑选衣服时，看到自己喜欢的衣服，最尴尬的，便是服务员说这件衣服没码了。这时，我只能又去看其他衣服……

“这个心事在我心里缠绕很久了，怎么也消除不了。莫非这件事会成为我心里永久的阴霾？不，只是我没有找到方法而已。我相信，世上无难事，只要肯攀登。”

3. “我爱慕上了一个女孩”

殷文嘉的心事，是一个“秘密”。“今天晚上，我在想着我的心事。我的心事，是在那一天，我爱慕上了一个女孩。她很可爱，也很美，可我最爱慕她的品质。她为人正直、善良，喜欢小宠物，我也喜欢小宠物。我们有了共同点，渐渐就聊上了。从此她成了我的心事，日日夜夜地想着她，我不知为她有了多少不眠之夜。她的笑容，她的一举一动，都在我心里面回放着……”

进入青春期的少男少女，暗恋着某个女孩、某个男孩，能够坦然讲出是需要很大勇气的。

他的这一番话，也解开了我心头的一个谜团：他上课时常常走神，呆呆静坐着，若有所思，或者常常打瞌睡。这样的心事，自然不止殷文嘉一个人有。

4. 这么好的家庭，为什么就变得支离破碎了

吕阳一开口，我就沉默了。

“我 5 岁时，爸妈离婚了。那时，我还不懂离婚是什么意思。从那时开始，我就是个单亲孩子了。一般的家庭，都是母亲抚养孩子，而我，是爸爸照顾的。母亲消失了。

“那时，奶奶告诉我，爸妈都好着呢，没什么事。大概是怕我知道真相后会大哭吧。我想念妈妈。

“过了一年，他们还是没有复婚。直到我 7 岁时，我才真的知道爸妈离婚了。知道真相的我，无比伤心。刚开始，妈妈还经常回来看我。到了现在，她完全消失在我的视线里。

“我多么希望他们复婚啊！这么好的家庭，为什么就变得支离破碎了，这让人难以相信。从 7 岁到现在，妈妈一直都没有出现，只打了几次电话回来问我。我现在连她的脸是什么样子的，都记不清楚了。”

爸妈的离婚，妈妈的出走，谁能体会一个孩子从幼年就开始的伤痛？

学生眼里的教师

这是八年级学生眼里的老师。

1. 渴望老师认为“我很重要”

程佳燕曾这样建议我：“吴老师，我可得给你好好说说。一下课，你就跟不认识我们似的，对待我们比对待其他班的同学还要严厉。你要对我们好一点儿，不然你可能会‘失去’我们。”

听到这样的建议，作为语文老师，我百感交集。她让我想起了许多。的确，下课铃一响，我便下课，离开教室；课余时间，我一般不进教室，更不会与学生闲聊；在饭堂、寝室值班时，对于本班学生，我的要求会更加严格，比如饭堂门口以班为单位排队候餐，我不会“徇私情”先放行；在教学楼后的空地上遇到本班同学，我也没有同他们寒暄……

殷文嘉曾有过这样的一段表述：“成绩这东西，在老师眼里就是各位同学在老师心里的地位。成绩好的，在老师心里位置靠前；成绩差的，位置就靠后。可我们班的语文老师，却把班上所有人都视为平等，不管你成绩差还是有其他坏习惯，老师都平等对待。”

殷文嘉的话，也很客观。在课余时间里，我几乎没有和他寒暄过，也没有找他谈过心。只是在校园的某处，我们相遇了，他总会在大老远就大声地喊我，我也会热情地回答；若是他有违纪行为，比如打饭插队、晚寝吵闹，我不但不会袒护他，还会对他进行一些批评教育。

在这貌似对立的两种评价中，有一点却是相同的，那就是所有的学生都渴望得到老师的重视，都渴望能在上课之外与老师有一种情感上的沟通，都渴望老师认为“我很重要”。

2. 既要考虑“未来”，也要考虑“当下”

还是程佳燕。她向英语老师这样建议：“英语老师一贯的套路就是在快下课时，让我们读录音稿。如果只剩下 3 分钟了，他就告诉我们还有 5 分钟。这套路，就是想让我们听不见下课铃声，让我们一直读下去，然后趁机占用我们的课余时间。”

一些学生对于地理老师的说辞颇多。比如，“地理老师成天恐吓、要挟我们背书，成天要求我们死记硬背”。

程美玲这样评价数学老师：“我们班的数学老师，不会像地理老师那样严格、苛刻地要求我们，有时候对我们还很好，甚至能看清我们内心在想什么。但有时，他又会迁怒于我们，太感情用事。有时候，我们真的看不清他是一个什么样的人，只能用‘两面派’来形容他。”

咱们这些当老师的，如果完全站在分数、考绩的角度来严格要求、严厉教育，即便是很懂事的学生也是很难“心领神会”的。因为，许多时候，我们大多是从自我的角度出发，以“为你好”的名义，实施着严苛的“应试教育”。也许，我们考虑到了他们的“未来”，却没有考虑过他们的“当下”。

3. 有一些情况，会让学生无法原谅你

在学生心中，教师的一些“不好”，有时是一种“不理解”，有时是一种“不适应”。那些东西，即便他们目前无法和你达成共识，但随着年龄的增长，他们会慢慢地“理解你”，至少可以“原谅你”。

然而，有一些情况会让学生瞧不起你，也无法原谅你。比如，有一位同学就曾这样评价某位老师：“即使他的知识是那么渊博，可他给我们上课时只是把知识点讲一遍，然后把书读一遍，最后我们什么也没有理解，只能死记硬背。”

有些学生，这样评价班主任：“我知道，在班上，座位就是地位。成绩好的，有关系的，总是坐在前几排的中间位置。成绩差的，不听话的，总是坐在最后排或某个角落。但是，这样不公平啊！我也想听话，也想上进呀！”

学生是教师的镜子。你有什么样的面貌，就会在这面镜子里呈现出什么样子。你伪装不了，你忽悠不了，你也回避不了。

某一两位学生反映的意见，也许代表不了主流；如果有一些学生反映教师的某个方面的问题，或许我们还会觉得很委屈，“我的柔情，你永远不懂”。这需要我们有一种胸怀，能接纳，能反思，能调适。

如果我们仍然一如既往地“我行我素”，恐怕会真的在某一天，名副其实地“失去”学生了。

4. 教师眼里的教育

人们都说，家庭是孩子的第一所学校，父母是孩子的第一任老师。但这样的道理，许多父母并不是很懂。或者，即便心里懂得，但由于个人的文化程度、性格修养以及家庭环境等原因，并没有履行好自己的职责。

一千个家庭，就有一千种教育方法。家庭教育，似乎并没有什么现成的公式可以套用。但成功的家庭教育，至少有两点是相同的。一是，父母和孩子成为一种朋友式的关系。高兴的，失落的，成功的，失败的，都愿意和对方倾诉。二是，身教重于言传。也就是当下流行的说法：你想让孩子成为什么样的人，首先你自己要成为什么样的人。至于严格一点还是宽松一点，是管教多些还是放任多些，则由父母与孩子一起去把握。

作为教师，尤其是班主任，有一个最重要的功课必须做好，那就是要深入了解学生的家庭情况。一个孩子的性格不好，学习成绩不好，行为习惯不好，乃至道德品质不好，往往都与他（她）的成长环境有很大的联系。教师要想不犯错误或少犯错误，要想切切实实地做到教书育人，必须清清楚楚地知道：学生是从怎样的家庭里“走”出来的，是怎么“走”到今天的。因为，家庭是教育的逻辑起点。

学校里几乎所有的学生都没参加过田间地头的生产劳动。这一方面是由于社会进步，实行了机械耕种收割；另一方面也是由于父母以及爷爷奶奶们不让孩子们去做农活。这对于这些孩子的生命成长而言，其实并非好事。作为一个乡村儿童，农活不做，生产不懂，五谷不分，“乡村”“农业”这两个大好的教育资源便被白白地浪费了。

我并非希望乡村孩子都去学习种田，以便将来从事农业生产，只是从教育的角度出发，从个体成长的角度出发，想让学生多一些生命体验，在具体的生产劳动中切实感受到“谁知盘中餐，粒粒皆辛苦”，认识到“土地是人类生存之本”，欣赏到“劳动是天底下最美的一种姿态”，体悟到“人与自然和谐统一”。不认识庄稼，说什么热爱乡村？不喜欢劳动，哪会有事业的成功？不能够吃苦耐劳，又哪来美好的生活？

比较欣慰的是，自 2020 年以来，随着各级对劳动教育的重视，随着《大中小学劳动教育指导纲要（试行）》的公布实施，学生的劳动意识和劳动技能逐渐有了一些改观。

如果说最初的一些教育手记更多的是在进行客观描摹，那么越往后写，便越发引起我对当前教育、对青春成长的理性思考。

这样的观察和思考，或许肤浅，或许片面，但越思考越觉得生命竟是如此的多姿多彩，教育是这样的一刻也懈怠不得。

向教育家精神看齐

2023 年 9 月 9 日，习近平总书记致信全国优秀教师代表，在信中从六个方面凝练和阐释了中国特有的教育家精神，以此勉励全国广大教师，大力弘扬教育家精神，自信自强，踔厉奋发，为强国建设、民族复兴伟业做出新的更大贡献。

“心有大我、至诚报国的理想信念，言为士则、行为世范的道德情操，启智润心、因材施教的育人智慧，勤学笃行、求是创新的躬耕态度，乐教爱生、甘于奉献的仁爱之心，胸怀天下、以文化人的弘道追求”，这便是教育家精神。它将成为新时代大中小学广大教师长期乃至终身的精神指引和职业追求。

理想信念、道德情操、育人智慧、躬耕态度、仁爱之心、弘道追求，是教育家精神的“一体六面”。它们虽然各有侧重，但相互联系、相互依存、相互促进。

作为一名基层教师，笔者认为，我们既要完整地理解其精神内涵，又要立足本职岗位，分阶段、有侧重地学习和修炼。聚精会神做教育，心无旁骛谋发展，久久为功，水滴石穿，经过学习的累积、工作的锤炼、岁月的磨砺，或许最终我们绝大多数人无法成为教育家，但我们可以逐渐成为具有教育家精神的人。

下面，笔者将结合个人的从教经历和成长感悟，从六个方面谈谈对教育家精神的理解。

心有大我、至诚报国的理想信念

这句话讲的是教育家与报国的关系。作为一名人民教师，首先应具有高尚的爱国情怀和坚定的报国信念。这种理想信念通常表现为对党的教育事业有着深深的热爱，有为教育事业奉献自己的意愿。

教育是民族对未来的定义。心有大我，意味着个人对党的教育事业有着强烈的责任感和使命感，能够从宏观的角度看待问题，认识到个人利益与国家利益、人民利益之间的紧密联系，自觉地为国家和人民的利益贡献力量。

“大我”与“小我”是辩证统一的。2019 年 1 月 17 日，习近平总书记考察南开大学，这样寄语南开师生：“只有把小我融入大我，才会有海一样的胸怀，山一样的崇高。”

作为一个公民、一名教师，我们应当立足“小我”，服从“大我”，把个人“小我”放在教育事业的“大我”中来定位；融入“大我”，磨砺“小我”，在教育事业里，不断提升个人教书育人的本领；超越“小我”，成就“大我”，在更高的站位上，为教育事业贡献自己的青春和智慧。

爱国主义是我们的民族心、民族魂。至诚报国的信念表现为对国家和人民的忠诚与奉献精神，愿意为国家和人民利益尽心尽力，甚至在必要时牺牲自己的利益。这种理想信念是中华民族优秀传统文化的重要组成部分，是社会主义核心价值观的重要体现。它体现了作为一个公民、一名教师对国家和人民的深厚情感和责任担当。

理想信念，催生教育梦想。在笔者看来，一个人的梦想有三个境界。

“我有一个梦”，是梦想的第一境。比如一个教师想成为一位名师或特级教师，一个商人想拥有亿万财富、成为商业大咖，一个演员想一鸣惊人、博得万众瞩目。这种梦想很具体、很实在，也能给人一种向上的动力。

“胸怀中国梦”，也就是实现中华民族的伟大复兴。对于个人而言，这是梦想的第二境。这种梦想很深远、很宏大，有着非常强大的向心力和凝聚力；但同时，对于某个具体人而言，它似乎又有些抽象、有些遥远，其原因是在“我”与“国”之间没有建立起一个清晰的“逻辑链”。

“我的中国梦”，也就是将个人的“小梦”融入国家的“大梦”，用个人的“小梦”去汇聚着国家的“大梦”。比如，造舰人把船舰交付碧海，一步步实现国家的海洋梦；航天人将火箭送上蓝天，一步步实现民族的太空梦；教育人培养出更多的德智体美劳全面发展的学生、更多的创新拔尖人才，实现国家的教育梦。这是梦想的第三境。这一境界既宏大又实在，既深远又可行。在实现个人生命价值的同时，还很真切、很具体地推进了中国梦的实现进程。

我们应当有自己的教育梦，并把个人的教育梦深深地融入中华民族的教育梦，为建设教育强国做出自己的贡献。这便是心有大我、至诚报国的理想信念。

十多年前，笔者曾萌发一个朴素的教育梦：为社会主义和谐社会、美丽中国培养合格公民。“七年求索，五易其稿，三十万字，一个梦想”，这便是我的《公民教育与现代学校》（清华大学出版社，2017 年）一书的成书历程。笔者认为，“生命在场、生活在线、规则意识、言传身教、学科渗透、社会实践”是学校教育中培养合格的几个关键词。长期以来，作为一名基层教师，我一直在朝着这个目标努力。岁月不居，初心不改。我希望，我能为中华民族实现伟大复兴的中国梦贡献一份小小的积极力量。

言为士则、行为世范的道德情操

这句话讲的是教育家与做人的关系。

“言为士则，行为世范”，出自刘义庆的《世说新语》。这句话的意思是，一个人的言行举止应该是社会的榜样，能够成为人们学习和效仿的对象。对于教育者而言，应当以德立身、以德立学、以德立教。陶行知先生的“千教万教，教人求真；千学万学，学做真人”，为这句话做了一个贴切的注解。具体而言，我们可从以下几个方面来理解。

一是认识职业特点，明确社会责任。“师者，人之模范也。”教师是社会的楷模和榜样，承担着培养下一代的重要使命。于漪老师一贯主张“师风可学，学风可师”，“智如泉涌，行为表仪”。因为教师的言行举止，会直接影响到学生的成长和发展，因而，教师应具备较高的道德素质和文化修养，注重自身形象的塑造和提升。“教师也有七情六欲”，“教师也食人间烟火”，我们或许都不喜欢被道德绑架，不喜欢被人为抬高，但应当坚守个人的道德底线，守望自己的精神家园，老老实实做人，干干净净从教。

二是注重言传身教，做到言行一致。杨绛先生曾这样比喻自己：“我只是一滴清水，不是肥皂水。”一名好教师，也应当是“一滴清水”，清澈，纯净，透亮，美丽，用这滴水去折射太阳的光辉，去映照大地的秀美。“学高为师，身正为范。”教师应该以身作则，用实际行动向学生传递正确的价值观和道德观念。同时，我们还应该注重自己的言行举止，诚实守信，廉洁从教，为学生树立正确的榜样和示范。

三是注重行为细节，养成良好习惯。“夫祸患常积于忽微，而智勇多困于所溺。”唐宋八大家欧阳修在《伶官传序》中强调了细节的重要和陋习的弊端。作为教师，我们应该把“言为士则，行为世范”融入日常教育教学工作中，注重培养学生的道德品质和行为习惯。同时，我们也应该在细节和行为习惯方面为学生树立榜样和示范，如努力克制自己的冲动、妥善应对不理性的言辞、保持良好的语言习惯、认真批改学生作业等。校里校外，家长里短，我们都应当关注细节、防微杜渐。我们每个人都可能犯下一些大大小小的错误，但只要我们能够闻过则喜、知错能改，便可以与时俱进、臻于至善。

四是参与公益事业，积极服务社会。“两耳不闻窗外事，一心只读圣贤书”，这显然不符合新时代教师的处世作风。新时代教师应关注社会热点和难点问题，积极参与公益事业和社会服务，比如，加入志愿者组织、参与社区服务活动，为学生树立正确的榜样和示范，引导学生关注社会、积极参与社会发展进程。“风声雨声读书声，声声入耳；家事国事天下事，事事关心。”这样的教师，将更加行稳致远、受人尊敬。

总之，作为教师，我们应该认识到自己的职业特点和责任，积极践行社会主义核心价值观，注重自身素质和能力的提升，将“言为士则，行为世范”融入日常教育教学工作中，为学生树立正确的榜样和示范，努力做一个“大爱、大智、大写的人”。

何谓“大爱”？也就是爱自己、爱生活、爱职业、爱团队、爱公平。

何谓“大智”？从教师的职业特点而言，就是要善学习、善蹲下、善造势、善装傻、善欣赏。

何谓“大写的人”？也就是有信仰、有思想、有人格、有修为、有力量的人。（详见《大写的人》，载于《中国德育》）这大概就是“大先生”的模样吧。

启智润心、因材施教的育人智慧

这句话讲的是教育家与育人的关系。

教育是一项关于“人”的事业。“人是目的，而非工具”，德国哲学家康德揭示了教育的目的：一切为了人。

让“人”得到成长，让“人”提升素养，让“人”追求幸福，让“人”懂得生命的意义，这是教育的永恒使命。

谈起这个话题，笔者想到十多年前教过的一个女学生。那是她上九年级的一天，她突然对班主任说不想上学了。班主任问她，她一言不发。看到这种情况，我当天抽空写了一篇《我想告诉你》的文章，交给她，对她说：“这是老师刚写的文章，你的语文成绩不错，帮我修改一下，好吗?”她没说话，但接过了这篇文章。

在这篇文章里，我帮她分析了学习偏科的问题和感到焦虑的原因，帮她寻找解决问题的办法，帮她重拾信心。文章末尾，我写道：

“我想告诉你的，还有许多，但最重要的一点，是希望你有一个好的心态。心中若有烦恼，那就找父母、找老师、找好朋友好好地倾吐一番吧——把幸福与人分享，就有了两份幸福；把烦恼与人倾吐，便只剩一半烦恼。抬起你的头，扬起你的脸，叶正绿，天正蓝，阳光正明媚。”

她一直没有给我回信。但我知道，这篇文章一定打动了她。之后，我趁热打铁，又写了《别犯傻》《你终于回来了》等文章交给她。后来，她不再逃学，也不再厌学，圆满完成了初中学业，中考时还考了一个不错的成绩。

怎么理解启智润心呢？从字面上来理解，便是启迪智慧、滋润心灵。而采用下面这些教育名言来诠释，将更加精彩，比如：

（1）教育不在于使人知其所未知，而在于按其所未行而行。

（2）教育不是注满一桶水，而且点燃一把火。

（3）教育不是灌输，而是引导；不是压迫，而是启迪；不是模仿，而是创新。

如何启智润心呢？这样的办法当然会有很多。比如，教学中引入实际生活中的案例，引导学生主动参与课堂，让学生觉得“有趣”“有用”，以此激发学生的学习兴趣和热情，提高学生的学习积极性和主动性；通过设置问题情境、引导学生提出问题、帮助学生寻找解决方案等方式，培养学生的问题意识和解决问题的能力，提高他们的思维能力和创新精神；引导学生制订学习计划、共享学习资源、组织小组讨论，培养学生的自主学习能力和团队合作能力，提高学生的综合素质和终身发展能力；关注学生的情感和心理健康，尊重学生的个性差异和情感需求，及时发现和解决学生的心理问题，以帮助学生健康成长；等等。

怎样理解因材施教呢？陶行知先生这样解释道：“培养教育人和种花木一样，首先要认识花木的特点，区别不同情况给以施肥、浇水和培养教育，这叫‘因材施教’。”因材施教就是根据学生在道德品质、兴趣爱好、接受能力、知识能力等方面的差异，进行量体裁衣、对症下药。

如何因材施教呢？笔者认为，至少包括以下这些：了解学生的特点和需求，提供适合的教学内容和方式；灵活运用多种教学方式，比如案例分析、小组讨论、角色扮演、项目合作等，以帮助学生更好地理解和掌握知识；制订个性化的教学计划，帮助学生获得最大的学习成果；帮助学生了解自己的学习进度和改进方向，及时鼓励，以激发学生的学习兴趣和动力；等等。

勤学笃行、求是创新的躬耕态度

这句话讲的是教育家与学术的关系。

白鹿洞书院有这样一条学规：“博学之，审问之，慎思之，明辨之，笃行之。”它也是《中庸》里关于治学的名句。它的意思是说，做学问，首先要广博地学习，同时对学问要有怀疑精神，多问几个为什么，通过慎重的思考、仔细的辨析，确认一些做法是有意义、有价值的，那就要坚定不移地实施下去。这也是“勤学笃行”的意义所在。教师做学问、搞研究，就应当奉行“勤学笃行”的态度。

求是，通俗地说，就是探求规律、追求本质。实事求是，去伪存真，这是我们应秉持的学术态度和做人法则。也就是，一切从实际出发，不虚构，不造假，不浮夸。从教育角度看，那就是“千教万教教人求真，千学万学学做真人”。

创新，也就是要敢于突破，不墨守成规，不因循守旧。搞教学，做学问，都应当要有创新精神。这种创新，既是对别人的突破，也是对自己的突破。不破不立，先破后立，教育者应有创新精神。

躬耕态度，强调的是勤于实践。对于教育者而言，躬耕态度，就是“潜下心来做教育，一心一意做学问”。

在这一点上，笔者想到了自己的两个事例。一个是关于语文教学的，一个是关于德育管理的。

十年前，学校开展“四学本真课堂”课题实验，在小组学习、导学案支撑的前提下，把课堂分为“自学—互学—展学—查学”四个环节。其时，一些教师“穿新鞋走老路”；一些教师则认为，“课改课”就应当是“课堂自由生成”“把课堂完全交给学生”，否则就是“传统课”。

在此之前，我曾经陆陆续续地进行了多年的教学实践，比如编写了许多“教学练”，也搞过“组间同质、组内异质”的小组合作式学习，阅读了不少这方面的论文著作，还到南京东庐中学等课改名校实地考察过。

我实事求是地进行课堂教学改革摸索，并采取理性务实的“中庸之道”，也就是在“放”与“不放”之间寻求最大公约数。具体而言，也就是“放开展示，不放指导”“放开体验，不放示范”“放开对话，不放效率”“放开课堂，不放质量”“放开形式，不放内容”“放开过程，不放目标”。（详见《理顺开放课堂的辩证关系》一文，载于《中国教育报》）在我看来，我们只有理顺了这些关系，课堂教学改革才会有理性的思想基础，才能走得更稳更远更有效。

七八年前，学校安排我主管德育。说实在的，我对包括本校在内的许多学校的德育管理并不满意。因为，在我看来，许多学校的德育实效性不强。其原因在于，德育角度出现了偏差，一些学校、一些班级所做的德育，是“校长德育”“班主任德育”，都是从管理者自身出发，而并非从学生角度出发。针对这种现状，我原创性地提出“做一种学生角度的德育”“过一种理性基调的生活”。具体而言，就是做“学生视角、学生喜爱、学生受益”的德育，同时使教师和学生都能享受到理性而幸福的教学生活。

在具体做法上，我把“人人独善其身、人人相善其群”的德育目标分解成12个“月主题”——“真、善、美，知、和、行，写、读、算，勤、学、问”，并赋予具体的德育内涵，组织相应的德育活动。比如，“知”：知书达礼，知恩图报，知耻后勇；“和”：和颜悦色，和睦相处，和谐发展；“行”：日行一善，知行合一，品行日佳。在德育活动方面，我们从人的最起码的需求做起，也就是“吃好饭，睡好觉，爱好美，健好体，读好书”。就这样，每月一个“月主题”、一项活动评比，循环往复，周而复始，两三年下来，学校呈现出“四无”局面：无乱扔垃圾，无打架斗殴，无夜出上网，无学生流失。农村初中学校能有这样的德育效果，非常难得。(详见《以学生角度设计德育方案》一文，载于《中国教师报》)

在我看来，上述两例，其实都是建立在“勤学笃行、求是创新的躬耕态度”基础之上的。无论是课堂教学，还是德育管理，我们既需要“实践经验”，还需要一定的“学术基础”。唯有如此，我们的教育教学、教研教改才能更有底气、更有实效、更有时代意义。

乐教爱生、甘于奉献的仁爱之心

这句话讲的是教育家与事业的关系。

2014年9月9日，习近平总书记来到北京师范大学与师生代表座谈时指出：“好老师要用爱培育爱、激发爱、传播爱，通过真情、真心、真诚拉近同学生的距离，滋润学生的心田。”

爱教育，爱学生，是教师的天职。正所谓，没有爱就没有教育，不懂爱就不懂教育，不会爱就不会教育。爱，是教育教学的维生素，是教研教改的助力器，是平淡生活的调味剂，是终生从教的发动机。一个教师，心中有爱，便永远年轻；相反，如果心中的爱在某一天干涸了，他的教育也就走到了尽头，因为他那时已经是“人在曹营心在汉”了。

许多年前，学校教务处组织学生评价教师。本班学生不约而同地给我打了满分。这一点有些出乎我的意料。自我认为，我有许多缺点，一些工作做得不是太好。我不停地问自己，究竟是什么原因让学生都评价我为“最满意”呢？后来，我觉得有六个方面的原因：尊重、公平、坦诚、幽

默、才情、教艺。(详见《学生给我100分》一文，原载于《中国教师》)

不同的教师，有不同的爱的方式，但笔者认为，“尊重”“公平”“坦诚”都不可或缺。新时代教师，应该是这个样子。

奉献意味着付出，奉献意味着给予，奉献意味着付出自己的时间、精力和资源，以此帮助他人，推动学校发展，推动社会进步。

奉献是一种无私的行为，它不求回报、不图名利，它彰显了人类的善良和博爱，它是人类文明进步的重要推动力。

奉献是一种信念，一种信仰，它激发人们为了美好的未来而奋斗，它让人们感受到生命的意义和价值。

奉献是一种幸福，一种满足，它让人们感受到内心的充实和富足，它让人们真正体验到人生的美好。

曾记得，在学校管年级、当主任、做副校长期间，我不知为学校工作牺牲了多少休息时间，三更半夜、通宵达旦也时常有之，这曾让一些人觉得我很傻；曾记得，为了青年教师的成长，为了他们的优质课打磨，我不知陪他们跑了多少路，为他们提出了多少“金点子”；曾记得，校内校外，大江南北，我不知为多少认识或不认识的老师修改过文章，整理过书稿，而这一切都是一文不取……

像这样无私奉献、乐于助人的行为，我其实也是受到那些普通的或卓越的、身边的或远方的好人们的影响，是他们的美好心灵、高尚品德给予我精神的力量和方向的指引。这大概就是“人人为我，我为人人”的美好境界吧。

做人，不要患得患失，而要慷慨相助；做事，不要拈轻怕重，而要勇于承担。我始终相信，赠人玫瑰，手留余香。

胸怀天下、以文化人的弘道追求

这句话讲的是教育家与文化的关系。

2017年12月1日，在中国共产党与世界政党高层对话会上的主旨讲话中，习近平总书记站在人类命运共同体的高度，向全世界宣示中国文化立场：“中华民族历来讲求‘天下一家’，主张民胞物与、协和万邦、天下大同，憧憬‘大道之行，天下为公’的美好世界。”

无论是孔子的“君子务本，本立而道生”，孟子的“穷则独善其身，达则兼济天下”，还是范仲淹的“先天下之忧而忧，后天下之乐而乐”，张载的“为天地立心，为生民立命，为往圣继绝学，为万世开太平”……自古以来，中华民族仁人志士一直坚守着“以文明道、以文化人”的人生理想。这为新时代教师提高思想站位、追求人生梦想、坚守教育情怀、践行职业初心提供了肥沃的思想土壤。

于漪老师心中的教育，是“一个肩膀挑着学生的现在，一个肩膀挑着祖国的未来”；张桂梅老师心中的教师，是“我生来就是高山而非溪流”“我生来就是人杰而非草芥”——许许多多的中国好教师，用终身的教育行动，从不同角度实现了他们胸怀天下、以文化人的弘道追求。

2017 年植树节那天，我亲手种下了“一棵树”：“一群人，一个梦，用读写的力量，改善身边的教育小生态。”就在当天，我和许多有着共同爱好的老师们组成了一个“读写大队”。从此，大家一起读读写写，交流各自的学习心得和教学经验。后来，这些来自全国各地的一百多名教师中，有的成了省市名师、特级教师，有的被评为正高级教师，有很多教师都在国家、省级报刊发表了许多文章。

2022 年国庆长假，我通过微信平台发出一个“英雄榜”——《三年磨砺方案，逼你青春灿烂》，通过“磨思想、磨意志、磨文章”，为“三磨战队”招兵买马。从此，来自全国十多个省份的三四十名教师，开始了为期三年的读写马拉松。具体而言，要求做到“十五个一”。即签订一份合约、立足一个岗位、主攻一个学科、订阅一些报刊、阅读一些专著、做好一些索引、确保一定写作、积累一些课例、做好一些选题、确立一个意识、保持一定互动、定期一个展示、形成一种风格、瞄准一些目标、灿烂一个青春。

无论是当年的“读写大队”，还是当下的“三磨战队”，我都付出了旁人难以想象的时间和心血。而在这种付出中，我则收获满满，比如，强化了责任、激发了斗志、开阔了视野、收获了友谊，同时，还为教师的成长、路径的探索、能量的辐射、文化的推动贡献了自己的绵薄之力。

“星光不问赶路人，时光不负有心人。”我敬仰“大先生”的格局，我深信“好教师”的力量，我乐意为青年教师的成长无偿地助力。

结 语

自近代以来，先后出现了许多公认的教育家，比如蔡元培、陶行知、陈鹤琴、梁漱溟等。

蔡元培是中国近代教育家，中华民国首任教育总长，北京大学校长。他的教育思想主要反映在“五育并举”上，以美育替代宗教，贯彻“思想自由，兼容并包”的办学原则等。

陶行知是我国杰出的教育家、思想家。他的教育思想包括生活教育理论，即“生活即教育”“社会即学校”“教学做合一”，倡导“六大解放”等。

陈鹤琴是我国近代学前儿童教育理论和实践的开创者。他的主要教育思想是倡导“活教育”。

梁漱溟是我国著名的思想家、教育家。他认为中国文化的根在乡村，提出乡村建设和乡村教育理论，发起过乡村建设运动。

2019 年，中华人民共和国成立 70 周年，党中央隆重表彰了一批为国家建设和发展做出杰出贡献的功勋模范人物。其中，于漪、卫兴华、高铭暄三人被授予“人民教育家”国家荣誉称号。

于漪，1929 年 2 月出生，江苏镇江人。她长期躬耕于中学语文教学事业，坚持教文育人，推动“人文性”写入《义务教育语文课程标准》，主张教育思想和教学实践同步创新，为推动全国基础教育改革发展做出了突出贡献。

卫兴华，1925 年 10 月出生，山西五台人，我国著名经济学家、教育家，马克思主义政治经济学中国化的重要开拓者之一，新中国经济学的重要奠基人和开拓者之一。

高铭暄，1928 年 5 月出生，浙江宁波人，中国人民大学法学院教授、博士生导师，新中国刑法学的主要奠基者和开拓者之一。

在百年未有之大变局的今天，无论是教育家，还是中小学校长，抑或普通教师，在面对世界格局的变化、乡村振兴的挑战、学科教学的改革、学校减负的呼声、学生心理的复杂性和区域教育的均衡发展等议题时，都任重道远。

从世界格局的角度来看，教育家精神应体现在帮助学生理解并适应这个日益全球化的世界、培养学生的全球视野和跨文化交际能力上。在此过程中，进一步弘扬中华优秀文化，进一步推动文化自信战略。

在面对乡村振兴的挑战时，教育家精神应在培养人才、提供社会服务和推动文化传承等方面发挥积极作用，通过引导和激励学生心系乡村，推动乡村产业升级和经济发展，实现乡村的可持续发展。

在学科教学方面，教育家精神应体现为关注学生的全面发展，不断推动学科教学的改革和创新，依托《课程方案和课程标准（2022）》，带动更多的一线教师领悟课标精神、掌握课标要旨、推动课堂教学改革，以此全面提升学生的核心素养，帮助学生掌握适应未来社会所需的知识和技能。

在学生减负方面，教育家精神应体现为引导公众正确理解减负的意义和价值；通过研究和推广有效的教育方法和策略，提高学生的学习效率和质量；倡导健康的学校生活环境和家庭氛围，帮助学生建立良好的生活和学习习惯。

在学生心理方面，教育家精神应体现为关注学生的心理健康和心理辅导工作。教师可通过开展心理健康教育和心理辅导活动，帮助学生建立积极健康的心态，提高学生的心理素质和应对压力的能力，并积极与家长、教师和社会各界合作，共同营造有利于学生健康成长的环境。

在区域教育均衡发展方面，教育家精神应体现为关注不同地区、不同类型学校之间的教育差距，通过参与或主导教育资源优化配置计划（比如办好教联体），促进教育资源的合理流动和共享。

陶行知先生曾说："真教育是心心相印的活动，唯独从心里发出来的，才能达到心的深处。"作为一名教育工作者，我们应该始终怀揣着对教育事业的热爱与执着，将个人追求与国家发展紧密联系在一起，积极投身于教育改革与实践之中，努力实现自身的人生价值。

让我们不断向教育家精神看齐，不断追求卓越，为培养更多优秀人才、推动教育事业的发展贡献自己的力量。

“物”的研究

教师关于“物”的研究，主要包括：教材与教学资源，比如，对教材内容的理解、教学方法的探索以及教学资源的整合等；教学工具与技术，比如，多媒体、在线平台、虚拟现实等；学生用品，比如，学生的学习用具、课外读物等；环境与设施，比如，教室布置、学校设施等；教育政策与制度，比如，“双减”政策、考试制度等；社会文化物品，比如，文化遗产、文学作品等；实验器材与设备，比如，实验器材与设备的操作方法、维护和更新等。

通过对这些“物”的研究，我们可以拓宽知识视野、适应时代需求、增强创新能力、促进专业发展，更好地满足学生的学习需求，提高教育教学质量。本节两篇文章，一篇研究“新课标”，一篇研究“教联体”，但愿能为你的教学研究提供一些参考。

重读新课标，迎接新挑战

《语文课程标准（2022）》落地已有些时间，老师们依然习惯地将其称之为“新课标”。自其公布之日起，笔者便开始了学习、解读之旅。

“新课标”与“老课标”（2011 年版）相比，有哪些新意呢？它们对于我们的教育教学会有哪些启示、哪些挑战呢？近日重读新课标，我尝试将其重新梳理，以供热爱语文教学研究的老师们参考。

在指导思想上，强化了国家意志

《语文课程标准（2022）》在《前言》中指出，课程教材要发挥培根铸魂、启智增慧的作用，体现国家意志，在立德树人中发挥关键作用。

这里的国家意志，即以习近平新时代中国特色社会主义思想为指导，全面贯彻党的教育方针，遵循教育教学规律，落实立德树人根本任务，发展素质教育；以人民为中心，扎根中国大地办教育；聚焦中国学生发展核心素养；等等。

随着国家意志的强化，我们的教育教学将面临更个性化和多元化的挑战。

强调立德树人根本任务，发展素质教育，这要求教育者不仅要注重知识的传授，还要注重学生的品德培养和全面发展。这需要我们更新教育观念，关注学生的个性差异和成长过程，注重培养学生的创新精神和实践能力。

以人民为中心，扎根中国大地办教育，要求教育者更加关注教育的公平和普及，致力于提高全体学生的学业进步和素质发展。这需要我们积极探索适应国情、适应本地、适应学生的教育教学模式，加强教育的社会服务功能，满足人民对教育的需求和期望。

聚焦中国学生发展核心素养，要求教育者注重学生综合素质的培养。这需要我们在课程建设、教学方式和评价方式上进行改革，关注学生的自主学习、合作学习和创新能力的发展，培养学生的批判性思维、创新意识和实践能力等方面素养。

在育人导向上，明确了课程核心素养

核心素养是学生通过课程学习逐步形成的正确价值观、必备品格和关键能力。语文课程核心素养，是文化自信、语言运用、思维能力和审美创造的综合体现。

这意味着，在语文教学中，我们应该注重培养学生的文化自信，让学生了解中华优秀传统文化的历史和价值，认识到中华文化在世界文化中的重要地位，从而增强对自身文化的认同感和自豪感。

这意味着，语文教学应该注重培养学生的语言运用能力，包括听说读写等技能，通过各种形式的教学活动，如阅读、写作、口语交际等，让学生能够熟练地运用语言进行表达和交流。

这意味着，语文教学应该注重培养学生的思维能力，包括逻辑推理、批判性思维、创造性思维等，通过引导学生进行文本解读、分析、评价等活动培养学生的思维能力，让学生能够独立思考，学会分析问题、解决问题。

这意味着，语文教学应该注重培养学生的审美创造能力，让学生能够欣赏语言文字、文学作品蕴藏的美，并能够创造美；通过引导学生进行文学鉴赏、写作交流、文学创作等活动，培养学生的审美创造能力。

需要注意的是，上述四个方面是核心素养的“一体四面”。这需要我们在教育教学中整体把握，也就是通过“以一带三、以三促一”的方式（“一”为语言运用，“三”为文化自信、思维能力、审美创造），促进学生核心素养的全面发展。

在学段要求上，强调了“梳理与探究”

围绕核心素养，确立课程目标。在总目标的统领下，各学段从“识字与写字”“阅读与鉴赏”“表达与交流”“梳理与探究”四个方面提出了具体要求。其中，“梳理与探究”最有新意。

以第一学段为例。新课标要求：

> 1. 观察字形，体会汉字部件之间的关系。梳理学过的字，感知汉字与生活的联系。2. 观察大自然，热心参加校园、社区活动，积累活动体验。结合语文学习，用口头或图文等方式整理、表达自己在活动中的见闻和想法。3. 对周围事物有好奇心，能就感兴趣的内容提出问题，结合其他学科的学习和生活经验交流讨论，尝试提出自己的看法。

这意味着，在语文教学中教师应引导学生学会经常性地自我整理和梳理，从中发现规律、获得趣味；应强调观察和体验，让学生积累活动经验；应建立学科联系，提高学生的综合素质；应注重培养表达能力（包括口头、图文等），让学生能够清晰、准确地表达自己的思想和观点；应激发好奇心和探究精神，鼓励学生主动发现问题、提出问题并尝试解决问题。

在内容主题上，突出了“三大文化”

新课标指出，围绕创造性转化和创新性发展要求，确定中华优秀传统文化内容主题；围绕伟大建党精神，确定革命文化内容主题；围绕社会主义核心价值观，确定社会主义先进文化内容主题。此外，还应选择反映世界文明优秀成果、科技进步、日常生活特别是儿童生活等方面的主题。

这意味着，在教学中，我们应注重传统文化的教育，让学生了解中华文化的精髓和特点，从而增强对中华文化的认同感和自豪感；应弘扬革命文化，让学生了解革命历史和革命先烈的事迹，从而增强对革命文化的认同感和自豪感；应该让学生了解社会主义核心价值观的内涵，从而增强对社会主义先进文化的认同感和自豪感；应该让学生了解不同文化和科技的发展历程与特点，从而增强对多元文化的认识和理解；应该注重儿童的生活体验和认知特点，让学生通过语文学习了解自己的生活和周围的世界，从而增强对生活的认识与理解。

在呈现方式上，设置了学习任务群

按照内容整合程度的不断提升，义务教育语文课程设置了六个学习任务群，即“语言文字积累与梳理”“实用性阅读与交流”“文学阅读与创意表达”“思辨性阅读与表达”“整本书阅读”“跨学科学习”。在义务教育语文课程里，这是一大创举，给语文教学增添了亮色，提出了新的挑战。这里以“整本书阅读”“跨学科学习”这两个拓展型学习任务群为例，略作阐释。

整本书阅读。这个任务群强调学生对整本书的阅读和理解，包括对整本书内容的概括、分析和评价。这要求学生能够通过阅读整本书来理解作品的主题、情节、人物等元素，并能够通过写作书评、读后感等方式对作品进行评价和分析。对于语文教学来说，这意味着需要更加注重学生阅读整本书的能力的培养；对于语文教师而言，则是一项不小的挑战。

跨学科学习。这个任务群强调学生在跨学科、跨视域、跨领域、跨专题、跨媒介之间的交叉学习和跨界融合。这要求学生能够跨越不同的学科领域进行学习和研究，如结合数学、物理、化学、生物等学科学习，在心理健康、身体素质等方面，在环境、安全、人口、资源、公共卫生等领域，能够通过团队合作、项目式学习等方式，开展学习与研究，撰写策划方案，记录活动过程，解决实际问题。对于语文教学来说，这意味着需要更加注重学生的综合素质和跨学科能力的培养。

义务教育语文课程设置的六个任务群，给语文教学带来了新的挑战和机遇。这要求教师有一种更加开放的课程视野，并用一种兼容并蓄的课程思维，通过多样化的教学方式和方法激发学生的学习兴趣和能力，培养学生的综合素质和创新能力。因此，语文教师唯有不断更新教育观念、提高自身素质，才能适应教育改革和课程发展的需要。

在学业质量上，做出了具体描述

学业质量描述，是新课标的一大亮点。就语文课程而言，其学业质量标准是以学生的文化自信、语言运用、思维能力、审美创造为主要维度，根据不同学段，按照“日常生活”“文学体验”“跨学科学习”三类语言文字运用情境，整合“识字与写字”“阅读与鉴赏”“表达与交流”“梳理与探究”等语文实践活动，以此描述学生语文学业成就的关键表现（过程性评价），体现学段结束时学生核心素养应达到的水平（终结性评价）。

笔者发现，在新课标第一学段“学业质量”的描述里，“喜欢”一词出现了 9 次，比如“喜欢识字”“喜欢阅读图画书、儿歌、童话、寓言等”“喜欢积累优美的词句”等；“愿意”一词出现了 6 次，比如，“愿意向他人说出自己的猜想”“愿意整理自己的学习成果，并向他人展示”“愿意向他人讲述读过的故事”等。

这意味着，语文教育最首要的质量观，便是让学生喜欢语言文字，喜欢语文课程，喜欢语文老师，喜欢学用语文。因此，语文教学首先需要建立一个从“喜欢”出发的情感观。同时，从学业质量的描述出发，还应包括：以“生活”引入的情境观，以“活动”促进的实践观，育“三有”新人的育人观。显然，这将是一个持久而实在的挑战。

这种挑战体现在，语文教学需要激发学生的情感，让学生对语文学习产生热情和兴趣，而教师必须深入了解每个学生的个性和需求；语文教学需要将生活引入课堂，让学生通过生活中的情境来理解和应用所学的知识；教师需要设计各种有趣味、有意义、有坡度的语言实践活动，让学生在活动中学用语文、提升素养；教师需要具备高尚的道德品质和先进的教育理念，以影响和塑造学生的人格，使学生成为有理想、有本领、有担当的时代新人。

在教学方式上，强调了真实情境和语言实践

新课标指出，语文学习情境源于生活中语言文字运用的真实需求，服务于解决现实生活中的真实问题。语文教学要创设真实而有意义的学习情境，激发学生探究问题、解决问题的兴趣和热情，切实提高学生的核心素养。

笔者认为，创设学习情境，其本质就是把真实世界的一部分带入课堂，让学生在学科课程的支撑下提前进行实践练习，以此提升学生的综合能力和核心素养。但如何在常态的语文教学中创设真实且富含意义的语文学习情境呢？这又给我们提出了新的挑战。

这大体包括五个方面。一是结合现实生活创设情境，将生活中的真实场景和问题引入课堂，让学生通过模拟生活、解决实际问题来学习语文知识；二是利用多媒体技术创设情境，如通过视频、音频、图片等，生动形象地呈现语文学习内容，提高学生的学习兴趣和参与度；三是借助游戏和互动活动创设情境，让学生在游戏活动中进行识字与写字、阅读与鉴赏、写作与交流；四是运用问题导向创设情境，引导学生主动探究和解决问题，培养学生的创新思维和实践能力；五是利用“综合性学习”活动创设情境，将语文知识与其他学科知识相互融合，培养学生的综合素质。

创设真实而富含意义的语文学习情境，需要教师不断探索和创新，结合实际教学情况和学生需求，灵活运用各种方法和策略，通过真情境、真任务、真实践，让语文学习真实发生。

在教学方式上，关注了互联网时代的变化

关注互联网时代语文生活的变化，关注日常生活中语言文字运用的新现象、新特点，把握信息技术给语文教学带来的冲击与机遇，这是新时代语文教学方式的一个不容忽视的问题。

《中国教育现代化2035》指出，“加快推进教育现代化”“充分利用现代信息技术，丰富并创新课程形式”“利用现代技术加快推动人才培养模式改革，实现规模化教育与个性化培养的有机结合”。深度融合互联网，推进教育现代化，这既是新时代教育发展、学生成长的必然选择，也是构建教育强国和人力资源强国的必然要求。

从上述意义出发，我们应当看到，在互联网时代，语文教学不再是单一的文字阅读和写作，而是更加注重学生的综合素养和跨学科融合。语文教学应利用互联网的开放性和共享性，引导学生主动探究知识，培养学生的创新思维和解决问题的能力。

语文教学也可以借助互联网平台，实现线上线下的有机结合。例如，可以通过线上课程、网络直播、在线讨论等方式，拓展教学的时间和空间，让学生更加自主地安排学习进度和方式。同时，也可以通过线下的实践活动、语文竞赛、文化交流等活动，增强学生的语文运用能力和文化素养。

在互联网时代，语文教学也需要关注学生的个体差异和个性化需求。可以利用大数据、人工智能等技术手段，对学生的学习情况进行精准分析，为学生提供更加个性化的学习方案和辅导。同时，也可以通过多元化的评价方式，鼓励学生发挥自己的特长和优势，激发学生的学习动力和自信心。

在互联网时代，语文教学需要注重培养学生的信息素养和媒介素养，可以通过引导学生正确使用互联网、辨别信息真伪、合理利用社交媒体等方式，让学生更加自信、更加自律地运用语言文字。

在互联网时代，语文教学需要更加开放、创新、个性化的方式方法，通过深度融合互联网，推进教育现代化，更好地培养学生的语文素养和综

合素质，为学生的未来发展打下坚实的基础。

在评价原则上，体现了多元主体、多种方式特点

新课标指出，过程性评价重点考查学生在语文学习过程中表现出来的学习态度、参与程度和核心素养的发展水平。过程性评价需要统筹安排好评价内容，发挥多元评价主体的积极作用，综合运用多种评价方法，拓宽评价视野，倡导学科融合，以此促进语文教学能持续健康、良性地发展。

新课标强调的过程性评价，就像一面镜子，能够真实反映学生在语文学习过程中的点滴进步。它不仅关注学习的成果，更重视学习的过程。这要求教师在教学中更加注重观察和记录学生的表现，对他们的学习态度、参与度、核心素养的发展水平都要有一个全面的把握。

多元评价主体的参与，使得教学评价不再仅仅是教师的“独角戏”，而是各方共同参与、相互协作的过程。学生、家长、教师都可以成为评价的参与者，这样可以更全面、公正地反映学生的学习情况。

多种评价方法的运用，就像是一把多元化的尺子，可以更准确地衡量学生的语文能力。教师不再用单一的考试成绩评价学生，而是通过作业、课堂表现、小组讨论、自我评价等多种方式，多角度地考查学生的学习效果。

学科融合是语文教学的新趋势，它打破了语文学习的单一性，强调与其他学科的交叉融合。这需要教师有更宽广的视野和更丰富的知识储备，能够跨越学科界限，引导学生综合运用所学知识。

过程性评价的目的不仅是衡量学生的学业水平，更重要的是促进语文教学的持续发展。它像是一台发动机，为语文教学注入新的活力，推动其不断向前。

面对这样的挑战和机遇，教师需要不断地自我更新和成长，灵活应对新课标提出的新要求。同时，我们也要善于发掘和利用各种资源，以促进语文教学的健康发展。

在作业评价上，提出了作业设计

新课标指出，作业评价是过程性评价的重要组成部分，作业设计是作业评价的关键。教师要合理安排不同类型作业的比例，在识记、理解和应用的基础上为学生发挥创造力提供空间，要对学生作业进行跟踪评价，及时反馈学生作业质量的整体情况，等等。

新课标所强调的作业评价和作业设计，就像是一幅细致入微的画卷，能够展现出教师的教学智慧和学生的学业进步。而作业设计则是绘制这幅画卷的画笔，能够勾勒出学生的潜力与创造力。

教师需要善于运用这支画笔，通过合理的作业安排和创新的作业设计，激发学生的学习兴趣和动力；通过跟踪评价，捕捉学生的进步与成长；通过及时反馈和指导，帮助学生发现自己的优点和不足，从而调整学习策略。

在这个过程中，教师需要发挥创造力和专业技能，为学生提供丰富多彩的学习体验。同时，教师还需要不断学习和成长，提升自己的教育教学能力，以更好地引导学生在知识的海洋中探索与发现。

识记、理解、应用和综合，代表了学生在掌握知识过程中所需要达到的不同层次和水平。识记，是学习的基础层次，要求学生能够识别和记忆所学内容的基本事实和信息。理解，要求学生能在识记的基础上，懂得所学内容的意义，把握知识点之间的内在联系和逻辑关系。应用，要求学生能够将所学知识运用到实际问题或新的情境中，具备解决问题的能力。综合，则要求学生能够将所学知识进行整合、分析和创新，形成新的认知结构或成果，例如，进行综合性的项目设计、撰写研究报告等。

在作业设计中，教师需要根据学生的实际情况和教学目标，合理安排不同类型作业的比例，由浅入深、由易到难地设计作业，帮助学生逐步提高能力水平。同时，教师还需要注重作业的多样性和开放性，激发学生的思维和创造力，促进学生的全面发展。

新课标对作业评价和作业设计的重视，要求教师具备更高的教学智慧和专业技能，通过创新的教学方法和个性化的指导，激发学生的学习兴趣和潜力，培养学生的综合素质和自主学习能力。在这个过程中，教师和学生将共同成长，开启一段美妙的智慧之旅。

此外，新课标在课堂评价上确立了教学评的一致性；在阶段评价上，增加了非纸笔测试；在学业考试上，制定了具体规定；在课程开发上，突出了多元主体；在幼小衔接上，提出了减缓坡度、降低难度、增强学习的趣味性和吸引力；在课程实施上，强化了教学研究与教师培训；在读物推荐上，强调了“管理办法”；在其他细节上，突出了时代特色；等等。限于篇幅，这里不作赘述。

每一次与新课标的对话，都像是一次思想的碰撞与交融。它鼓励我们要以全新的视角去审视教育，重新思考教育的目标与路径。

这让笔者认为，我们仿佛不是在研读教育理论，而是在深入了解新时代学生的心灵需求。我们需要为学生的成长提供更多的养分与阳光，帮助学生绽放出时代的色彩。

每一次的阅读都有新的发现，每一次的解读都有新的启示。这不仅是我们从教的挑战，也是我们成长的机遇。让我们以积极的心态去迎接新的挑战，去创造新的可能。

教联体应妥善处理的十组关系

教联体是全面推进城乡学校共同发展的一种联合体，是“学区化集团化办学”的一种管理样式。这种办学样式下，核心学校通过对成员学校（农村学校、薄弱学校、新建学校等）实施引领带动，以期实现协同发展。

近年来，湖北省将教联体建设作为加快义务教育优质均衡发展、实现义务教育城乡一体化的基本样式。2023 年春季以来，黄冈市按照“以城带乡、以强带弱、大小结合、远近搭配”的原则，全市范围内共撤销了 128 个中心学校，组建了 165 个教联体。以黄梅县为例，全县共撤销了 17 个中心学校，组建了 24 个教联体（其中初中阶段 6 个，小学阶段 15 个，学前教育阶段 3 个）。这让全县的教育格局、教育体制、教育生态发生了许多可喜的变化。

为实现均衡发展、持续发展、健康发展，笔者认为，当下的教联体应妥善处理好以下十组关系。

书记与校长

“火车跑得快，全靠车头带。”教联体能否健康而持续地发展，书记和校长的人格魅力、管理能力、专业水准、合作程度是最大变量。

谈及两者之间的关系，笔者的眼前浮现出一个感人的场面：西安交大2023届研究生毕业典礼上，王树国校长正在热情洋溢地发表致辞，一场暴雨突如其来。此时，该校党委书记卢建军迅速撑起雨伞，走到王树国校长身边，为他遮风挡雨。这一幕，感动了在场的每一个人，也成为该校一段佳话。

要处理好教联体的书记与校长二者之间的关系，应该建立起科学合理的管理制度和运行机制。具体而言，可以采取以下措施：

一是明确职责范围。书记和校长应根据工作需要，明确各自的职责范围和工作任务。比如，书记应该主要负责党组织建设、思想政治工作和人事管理，校长则应该主要负责学校行政管理和教育教学工作，同时与书记密切配合，共同推进学校和教联体的发展。

二是加强沟通交流。书记和校长之间应该建立起密切的沟通交流机制，及时协商解决教联体发展过程中遇到的各种问题；可以定期召开联席会、座谈会等，共同研究制定重大决策和发展规划，特别是在关切教职工、学生和家长等的需求和利益方面，更要经常性地沟通交流。

三是建立互信机制。即相互尊重、相互支持、相互理解。书记应该充分认识到校长在行政管理和教育教学工作中的重要性，给予其充分的自主权和决策权；校长也应该充分认识到书记在思想政治工作和组织建设等方面的重要性，积极配合和支持书记的工作。

四是不断加强学习。书记和校长应当不断加强自身素质和能力的提升，参加各种培训和学习活动，特别是积极主动进行自我学习、自我培训，提高自己的业务水平和领导能力，更好地发挥各自的优势和潜力，实现教联体的健康、稳定、可持续发展。

学校资源的输入与输出

教联体需要将优质的教育资源通过一定的方式输送到成员学校。但是，这种输出需要建立在科学、规范、可持续的基础之上，同时也要保证可行性和有效性。笔者认为，可以从以下几个方面着力做好。

一是明确目标。教联体应该有一个明确的共同目标和愿景，这将为资源的输入和输出提供决策方向。

二是共享资源。教联体成员应该共享彼此的资源，包括教师、设施、课程和教学资料等。通过共享资源，教联体可以提高教育质量并减少重复性工作。

三是加强沟通。教联体成员之间应该保持良好的沟通，以便及时解决问题和共享信息；激励成员积极参与组织的活动和决策，以促进合作和提高绩效。

四是及时评估。教联体应该定期评估其绩效并改进其活动。评估可以包括对教育质量的评估、对成员学校的反馈和对学生发展的跟踪等。

五是技术支持。教联体应最大化地使用现代信息技术，如云计算、大数据和人工智能等，以提高其效率和绩效。

六是出入平衡。特别需要注意的是，教联体核心学校教师交流比例不低于10%，其中，骨干教师比例不低于30%。谨防出现“哥哥姐姐进城，爷爷奶奶下乡”的教师出入现象，这可能导致教联体内出现强者更强、弱者更弱的现象。

教师的整体发展与卓越培植

教师是教育的第一资源。教师的专业发展整体水平在一定程度上代表着教联体的质量水准。同时，从学科建设角度看，教联体既要有“高原”，还要有“高峰”。因而，教联体既要关注教师普遍的专业成长，也要关注卓越教师的培养、教育家精神的弘扬。笔者认为，不妨从以下几个方面切入。

一是处理好教师流动与稳定性的关系。教联体内各成员学校之间应该建立起教师流动机制，通过轮岗、支教等方式促进教师资源的优化配置。同时，也要关注教师的稳定性，制定相应的保障措施，提高教师的工作积极性和满意度。

二是处理好均衡配置与专业化发展的关系。教联体应注重师资力量的均衡配置，确保各成员学校能够共享优质的教师资源。同时，也要关注教师的专业化发展，为教师提供培训、研修等机会，促进教师的专业成长。

三是处理好共同发展与多元发展的关系。教联体应该注重教师的共同发展，通过集体备课、常态磨课、主题研修等方式，提高教师的整体水平。同时，也要尊重教师的多元发展需求，为教师提供个性化的职业发展路径。教联体既要鼓励教师个人学习和进步，也要加强团队合作和交流，实现相互促进和共同提高。

四是处理好学科知识与跨学科能力的关系。卓越教师不仅需要具备所教科目的专业知识，同时也要具备跨学科的能力和素质。教联体既要关注教师对学科知识的掌握和传授，也要注重培养教师的跨学科能力和素质。

五是处理好教师职业精神与人文素养的关系。教联体应该注重教师职业精神与人文素养的培养和提高，既要关注教师的专业知识和能力的发展，也要关注教师的人格健全和人文素质的提升。

这些关系的妥善处理，可以促进实现教联体内师资资源的优化配置和协同发展，提高教育教学质量，推进教育公平，并通过平台搭建、任务驱动、定向培养的方式，促进更多的教师走向优秀、迈向卓越。

教师的职业倦怠与学校的整体发展

教师的职业倦怠，无论城乡学校，都有不同程度的体现。对于偏远学校而言，这种现象会相对严重。教师的职业倦怠和学校的整体发展之间的矛盾该如何处理呢？

一是建立学校发展目标。教联体内的学校应该共同制定发展目标，并将教师的个人发展和学校的整体发展相结合，以此提高教师的归属感和满足感，减少职业倦怠的出现。

二是促进教师交流合作。教联体应为教师提供交流和合作的机会，例如，定期组织研讨会、教学观摩和校本研修等活动。通过交流合作，教师可以分享经验和资源，相互学习和提高，也可以减轻工作压力，减少职业倦怠。同时，学校按照每年不少于10%的比例，实现教师全员参与交流轮岗，以此开阔教师的教育视野，增加教师的精神体验。

三是优化学校管理方式。学校的管理制度和管理方式对教师的工作压力和职业倦怠有着重要的影响。教联体内的学校应该优化管理制度，减轻教师的工作负担，例如，合理安排教学任务、提供适当的奖励和激励机制等。此外，学校应该关注教师的心理健康，提供必要的心理支持和帮助。

四是建立教师评价机制。教联体内的学校应该建立科学的评价机制，对教师的工作表现和职业发展进行客观、全面的评价，同时将评价结果及时反馈给教师，以便教师了解自己的工作表现和职业发展状况，及时调整自己的工作方式和状态，避免职业倦怠的出现。

核心学校的专业引领与成员学校的自主发展

教联体需要核心学校对成员学校进行引领带动，同时也需要成员学校自主发展；既注重输出优质教育资源，又要充分尊重成员学校的自主权和独立性，鼓励其自主发展、创新发展。笔者认为，不妨从以下几个方面做起。

一是建立平等合作的关系。教联体成员和学校之间应相互尊重，信息共享，积极融合，共谋发展；搭建多种平台和渠道，促进成员之间的交流与合作，例如组织定期会议、研讨会、交流学习活动等，让学校之间能够更好地分享经验和资源，共同提高教育质量。

二是找准各自定位和优势。每个学校都有其自身的优势和特点，教联体应该找准各校的定位和优势，通过整合资源发挥各自的优势，实现共同的发展；设立激励机制和表彰制度，表彰那些在自主发展和教联体合作中表现优秀的学校，激励其他学校向其学习，共同进步。

三是提供专业支持和指导。教联体应该为成员学校提供专业支持和指导，帮助成员学校解决教育改革和发展中的困难与问题，促进学校的自主发展。特别是在推进教学改革方面，教联体应整合教育资源，提供专业支撑，改进教学方法和手段，使学校教育更加符合社会发展和学生需求。

四是强化评价和监督机制。教联体应建立健全的评价和监督机制，对成员学校的工作和成果进行评价和监督，确保合作质量和自主发展效果。

五是营造良好的文化氛围。教联体应该营造良好的文化氛围，鼓励成员之间互相理解和信任，加强文化交流和教育理念的碰撞，为学校的自主发展和教联体的合作提供强有力的精神支持。

校际的合作与竞争

教联体中的核心学校与成员学校，以及成员学校之间的关系处理非常重要，因为这关系到教联体的稳定和发展。为此，教联体需要在以下几个方面进行部署和落实。

一是建立紧密联系。成员学校之间通过日常交流、定期会议等方式保持及时沟通。核心学校可以组织各类活动，如教学研讨、文化交流等，加强各成员学校之间的互动与了解。

二是明确角色定位。核心学校作为教联体的主导者，应明确自身在教联体中的角色定位，发挥引领、辐射和带动作用。同时，各成员学校应理解并接受自己的角色定位，积极配合核心学校的各项活动和工作。

三是统筹资源分配。核心学校应统筹教联体内的资源分配，确保各成员学校能够公平地获得所需资源。在人力、物力、财力（特别是师资）等方面，核心学校应根据各成员学校的实际需求进行合理调配，以实现教联体的整体发展。

四是尊重多元价值。在教联体内，各成员学校应保持自身的特色发展，同时要遵循教联体的发展方向和目标。核心学校在引领教联体发展的同时，也要充分尊重各成员学校的独特性和个性，为其特色发展提供支持和帮助。

五是促进共同发展。教联体各成员学校应将自身发展与教联体的发展紧密联系在一起，共同致力于提升教联体的整体水平。核心学校可根据成员学校的具体校情，在作风建设、教师培训、校园安全、课程开发、教育质量等方面进行定期考核，促进校际合作与竞争，促进各成员学校的共同发展。

学校文化的传承与融合

学校文化，是长期以来办学实践中形成的物质和精神方面的特质总和。教联体样式下办学，由于校长的更换、教联体的集权等因素，一些学校的学校文化可能受到一定的冲击。因此，教联体需要处理好以下一些关系。

一是共同价值观与多元文化。教联体应该树立共同的价值观，如公平、公正、合作等，同时也要尊重各成员学校的多元文化，允许不同的学校有不同的特色和办学理念，在共同价值观的基础上实现多元文化的交融与发展。

二是传统文化与现代文化。教联体应该注重传统文化的传承与发扬，同时也要吸收现代文化的优秀成果，实现传统与现代的有机融合，通过传统文化与现代文化的碰撞与交流，推动教联体文化的创新与发展。

三是校内文化与社区文化。教联体应该注重校内文化建设，形成积极向上的校风、教风和学风。同时，也要加强与社区文化的互动，将校内文化与社区文化相结合，形成独特的文化氛围。

四是文化引领与文化自觉。教联体应该注重用先进的文化引领教联体的发展，同时也要培养各成员学校的文化自觉，让每个学校都能意识到本校的文化特质和价值，从而形成独具特色的校园文化，促进教联体各成员学校间的文化交流与融合，推动教联体整体的文化建设与发展。

课程的整体规划与个性开发

新版《课程方案和课程标准》的公布与实施，为学校课程的整体规划和个性开发提供了方向和思考。教联体可结合具体校情，根据《课程方案和课程标准（2022）》，采取以下措施。

一是共同规划。教联体内的学校可共同规划课程，制订共同的教育目标和课程计划。在整体规划的基础上，各学校可根据自身的实际情况和需求，进行个性化的课程开发，确保课程与教联体的整体目标相一致。

二是共享资源。共享资源包括课程资源、师资力量、教学设备等，可以减少重复投入和浪费，提高资源利用效率，同时也可以促进学校之间的交流与合作，增强教联体的整体实力。

三是合作开发。教联体内的学校可以合作开发课程，发挥各自的优势和特长共同研发和改进课程。这样的合作开发，可以促进学校之间的知识共享和经验交流，提高课程的质量和水平，同时也可以减少独自开发课程的成本和风险。

四是个性定制。在整体规划的基础上，各学校可以根据自身的实际情况和需求进行个性化的课程开发。学校可以根据自身的特色和优势，定制符合学校实际的特色课程，同时也可以根据学生的需求和兴趣，开发多样化的课程，满足不同学生的需求。

五是持续改进。教联体内的学校应该建立持续改进的机制，对课程整体规划和个性开发进行持续的改进和优化，通过定期的评估和反馈，发现课程存在的问题和不足，及时进行调整和改进，确保课程的有效性和高质量，实现课程的规范、科学、个性化和可持续发展。

原生态教学与新课标推进

2022 年 4 月，新版《课程方案和课程标准》一经公布，便一石激起千层浪。然而，在一些农村学校（尤其是偏远地区小学）里，似乎波澜不惊。许多老师不读课标、不用课标，对核心素养、学习任务群、“教—学—评”一体化等核心理念不闻不问。新课标的推进，任重道远。

一是尊重原生态教学。每所学校和每个教师都有其独特的办学理念和教学风格，这是需要尊重和保护的。同时，应鼓励学校和教师发挥自己的创造性和团队合作精神，探索适合自己学校和学生需要的教育教学方法。

二是推进新课标实施。教联体应为成员学校提供相关的培训、指导和支持，帮助他们更好地理解和实施新课标。同时，教联体也可以组织成员学校共同研究新课标，分享经验和成果，促进新课标的全面推进。

三是创新教学方式。鼓励成员学校和教师探索基于新课标的教学方法和策略，例如，单元整体教学、项目式学习、跨学科学习等。同时，教联体也可以组织成员学校共同开展研究性学习、实践课程和科技创新竞赛等活动，培养学生的创新精神和实践能力。

四是关注学生发展。鼓励学校和教师从学生的实际需求出发，探索适合学生的教学方式和内容。同时，教联体也可以提供相关的评估和反馈机制，帮助学校和教师更好地了解学生的课程需求和学习状况，及时调整教学策略，促进学生的全面发展。

总之，在处理原生态教学与新课标推进的关系时，应该尊重并保护学校和教师的独特性，积极推进新课标的实施，协调好两者的关系，鼓励创新教学方式和关注学生发展，以促进教育教学的方法改进和质量提高。

信息技术赋能与学校现场督导

新时代教育，离不开信息技术的支撑和赋能。教联体样式下的学校管理实行“互联网+教育”，这是跨越时空、提高效率一大保障。但需要注意的是，信息技术也可能是一把双刃剑，它既可为教联体的正常运作保驾护航，也可能为滋生官僚作风、拉大城乡差距提供“网络平台”。因而，关于信息技术赋能与学校现场督导，需要在以下几个方面引起重视。

一是实行统筹兼顾。教联体在日常管理中应该同时关注信息技术和现场督导两个方面的需求，做到统筹兼顾、各得其用，既要充分利用信息技术提高管理效率，也要注重现场督导的直接效果。

二是建立信息平台。教联体可以建立信息化平台，比如，校园网络巡检系统、视频会议系统、课堂应用系统、网上阅卷系统、设备集控系统等。信息化平台可以实现各成员学校之间的信息互通，减少重复劳动，提高工作效率。同时，信息化平台也可为现场督导提供更加准确、更加全面的数据支持。

三是整合各方资源。教联体在日常管理中应该整合各方面的资源，实现资源的优化配置。例如，可以利用信息技术为现场督导提供远程支持，提高督导效果；同时，也可以将从现场督导中获得的数据和信息通过信息技术进行整理和分析，为教联体的决策提供依据。

四是强化现场督导。教联体在日常管理中应该强化现场督导的作用，确保各项工作的落实和执行；同时，也可以通过现场督导了解教联体的实际运作情况，及时发现问题并进行整改。

五是建立反馈机制。教联体在日常管理中应该建立反馈机制，及时收集各成员单位的反馈意见和建议，不断完善和优化管理机制。

教联体这一崭新的学校管理样式，需要妥善处理的关系还有许多，比如，规模与效益、流动与稳定、均衡与突破等。只要我们遵循教育规律和管理规律，切实做到以人为本、发展为本，乘势而上、迎难而上，所有的困难和挑战将会随着实践和探索的深入逐步得到妥善的处理和解决，并将汇聚成义务教育优质均衡发展和城乡一体化的一种范式。

“方法”研究

“方法”通常指代为实现某一目标或完成某项任务而采取的策略、途径或手段。在教育领域中，“方法”一词通常指教师为实现教学目标、增强教学效果所采取的教学策略、教学方式和手段。比如，教学方法包括教师如何呈现和解释概念、原理和事实，如何设计学习活动和评估学生的学习进度等。管理方法是指管理者在某一特定条件下进行管理和实现管理目标时所采用的方式、手段和措施的总和。掌握和应用适当的教学方法和管理方法对于提高教育教学质量和管理水平具有重要意义。

本节内容将紧扣“教研思维”和“单元整体教学”展开论述，期待能为读者带来某些思考或启迪。

从“教学思维”到“教研思维”的起承转合

谈起教学研究，谈起论文写作，线上线下，身边远方，常有教师朋友叫苦道：我们这么忙，哪有时间做这些事情呀？没有学科带头人引领，教学研究怎么研呢？新课标这么难懂，我们怎么理解呢？没有专业人员指导，教研论文怎么写呀？诸如此类，不一而足。

笔者看来，工作忙，课标难，缺少专业引领和专业训练，这些都是事实；然而，其根本的原因在于，我们的脑子里更多的是“教学思维”，缺少“教研思维”。

“教学思维”与“教研思维”

教学思维，是指教师在教学过程中所运用的一种思维方式。它主要关注的是教师如何有效地将知识传授给学生，以及如何根据学生的特点和需求来设计、优化和完善教学活动。教学思维关注学生的学习进程和状态，以及如何根据学生的反馈和表现来调整教学策略和方法。

教研思维，是指教师在教科研中所运用的一种思维方式。它主要关注的是教师如何系统地分析教育教学问题，寻找和研究解决方案，以及如何将研究成果应用于实际教育教学实践中。教研思维关注教育教学中的问题及其解决方案的研究和应用。

教学思维的核心是以学生为中心，强调学生的主体性和参与性，教师通过关注学生的学习进程和状态，灵活调整教学策略和方法，以适应学生的需求和特点。教学思维注重实践性，教师通过实际操作让学生更好地理解和掌握知识，同时也有一定的创新性，鼓励教师不断尝试新的教学方法和策略，探索更适合学生的教学方式。

教研思维的核心是以问题为导向，强调教师对教育教学中问题的敏锐感知和深入研究，通过对问题的全面、客观、有效的分析，寻找解决方案。教研思维特别注重创新性，鼓励教师通过创新性的研究方法和思路来研究教育教学中的新问题和新现象，探索新的解决方案和途径。同时，教研思维也注重应用性，要求教师将研究成果应用于教育教学实践中，通过实践检验和不断完善研究成果来提高教育教学质量。

教学思维和教研思维是相互关联、相互促进的两个方面。教学思维是教师日常教学工作的基础和核心，而教研思维则是教师进行教科研的关键和必要条件。通过将教学思维与教研思维相结合，教师可以更好地提高教学质量和研究水平，实现自身的专业成长和发展。同时，教师也需要在实践中不断探索、积累经验，不断完善和发展教学思维和教研思维，以更好地适应时代的发展和教育改革的需要。

从“教学思维”到“教研思维”的起承转合

“起承转合”源于中国古代的诗歌理论，指的是诗歌创作中的一种结构形式。通俗地说，在诗歌中，“起”指的是开头，“承”指的是承接上文加以申述，“转”指的是转折到另一个意思，“合”则是指结尾。

比如，唐代诗人王之涣的《登鹳雀楼》就非常符合“起承转合”理论：“白日依山尽（起），黄河入海流（承）。欲穷千里目（转），更上一层楼（合）。”

笔者认为，从教学思维到教研思维有四个重要步骤，即反思与求索、尝试与提炼、吸纳与突破、迁移与拓展，而将“起承转合”理论运用到这四步中，再合适不过。下面，笔者逐一作阐释。

1. 起：反思与求索

反思与求索是个人成长和提升的首要条件。它指的是对自己的行为、决策及其后果进行深入思考和分析的过程，并在此基础上积极寻求他人的观点和经验，以获得更全面、更客观的认识。

反思，也就是对于自己的教学实践进行全面而深入的回顾和分析。这包括对教学方法、教学内容、学生反应等多个方面的思考。例如，在教学方法上，反思自己在课堂上是否有效地引导学生思考，是否激发了学生的学习兴趣和主动性。在教学内容上，反思自己是否清晰地传达了知识要点，是否帮助学生建立了完整的知识体系。在学生反应方面，反思自己是否关注学生的参与度、课堂互动以及课后反馈，是否了解学生对教学的接受程度和实际效果。

求索，则是教师在反思的基础上积极寻求解决问题的方式方法。这不仅包括与同事的交流、专家的指导，还涵盖了对教育文献的深入研究。求索可以让我们从不同的角度看待自己的教学实践，从而获得更全面、客观的认识。同时，通过与他人的交流和讨论，我们可以了解到不同的教学策略和思想，为自己的教学实践提供新的思路和方法。

比如，当本班学生在某一环节或某一章节的学习中普遍存在困难时，我们应当思考自己在这一环节、这一章节的教学策略是否得当，是否需要调整教学方法来帮助学生更好地理解和掌握。同时，我们也可以听取同事或专家的意见和建议，了解他们是如何处理这一环节、这一章节的教学的。通过这种方式，我们可以获得更多的教学经验和启示，从而更好地应对学生的学习困难。

反思与求索是教师专业成长的双翼，它们相互交织，共同推动教师不断进步。它要求我们不断地回顾自己的教学实践，分析其中的优点和不足之处，并积极寻求他人的观点和经验来提升自己的教学能力。只有这样，我们才能不断提高自己的教育教学水平，为学生提供更优质的教育服务。

2. 承：尝试与提炼

尝试与提炼是一种积极的学习和思考方法。它包括在实践中尝试新的方法和策略，以及从这些尝试中提取经验教训，总结提炼出有益的成果。

尝试是学习和成长的关键步骤。当我们面对新的挑战或问题时，需要勇于尝试不同的方法和策略，以寻找最适合的解决方案。例如，在教育教学中，我们可以尝试采用不同的教学方法和技巧来提高学生的学习兴趣和成绩。比如，尝试采用项目式学习、合作学习、翻转课堂等新的教学方式和方法，激发学生的学习兴趣和动力。

提炼，则是教师在尝试的基础上，将实践经验转化为理论成果的过程。它是对实践经验的深度思考和总结，是将零散的经验整合成系统化、条理化的知识体系。通过提炼，我们可以发现自己在教育教学中的独特价值和贡献，形成自己的教学风格和理念。同时，提炼还可以让我们从更宏观的角度看待自己的教学实践，发现自己在教育领域中的位置和价值。

在尝试与提炼的相互促进下，我们在专业成长中将不断突破自我。尝试让我们保持开放和进取的心态，勇于挑战旧传统、试验新方法；而提炼则让我们在反思和总结中成长，形成自己的教学思想和风格。这种良性循环不仅有助于我们提高教育教学水平，还能为我们的职业发展打下坚实的基础。

比如，写作教学是语文教学的一大难点。为提高学生的写作能力，笔者通过同步作文、生活化作文、师生一起写书稿等方法来提高学生的写作兴趣和参与度。通过观察和评估，笔者发现这些新方法确实有助于改善学生的写作能力。在提炼阶段，笔者将自己在尝试中所获得的经验总结出来，形成了自己的写作教学模式，比如“从一个侧面写人”“带一种感悟叙事”“怀一种情愫写景”“分一些层次说理”“从不同角度叙事”等。在系列写作方式的触动下，学生在写作兴趣、心理健康、青春期成长等方面的问题都得到了很好的解决。

尝试与提炼可以激励我们在实践中积极探索、积累经验，进而转化为理论成果。只有不断进行尝试与提炼，我们才能在专业领域中获得更大的发展，为学生提供更优质、更有价值的教育服务。

3. 转：吸纳与突破

吸纳与突破是一种积极的学习和成长态度。它主张在不断吸收新知识、新技能和新经验的同时，努力突破自己的局限和瓶颈，实现个人的成长和进步。

吸纳是一个持续不断的学习过程。它需要我们保持开放和进取的心态，勇于尝试新鲜事物、探索未知领域。吸纳的过程就是在不断吸收各种营养，让自己变得更加丰富和有活力。作为教师，我们需要不断地阅读专业期刊、参加学术会议、参与教学沙龙等，以掌握最新的教育理论，提高自己的教育教学水平。

突破是一个不断挑战自己、超越自己的过程。它需要我们在吸纳新知识、新技能和新经验的基础上，反思自己的不足和局限，并努力改进和完善自己。突破的过程就是在不断打破旧的束缚，让自己获得更多的自由和成长。这好比一位运动员需要在训练过程中不断地挑战自己的极限，克服遇到的困难和挫折，以不断提高自己的运动水平和表现力。

吸纳与突破是一种相互促进的过程。通过吸纳，我们可以不断扩展自己的知识和技能领域，提高自己的专业水平和实践能力；而通过突破，我们可以发现自己的不足和局限，并努力改进和完善自己。这种良性循环不仅有助于我们实现个人成长和发展，还能为团队的成长和进步做出贡献，进而一次次地实现自我的超越。

4. 合：迁移与拓展

迁移与拓展，是教师在教育教学中的由此及彼、举一反三。它们不仅能帮助我们应对新的挑战，还能让我们在不断的探索中开阔视野、丰富内心世界。

迁移是指将所学知识、所掌握的技能和经验，应用到新的情境或领域中的过程。它是一种通过类比、对比、推理等方式，将已有的知识经验与新的问题情境相联系，以解决新的问题的学习策略。比如，当学生在学习一篇课文时，他们可以通过对文章结构和语言特点的分析，掌握阅读理解的基本技巧。之后，在面对新的文章时，他们可以利用这些技巧来理解和分析新的文本，这就实现了知识的迁移。再比如，学生在学习写作时，可以通过模仿范文来练习写作技巧。当他们掌握了一定的技巧后，就可以将这些技巧应用到自己的创作中，这就是写作能力的迁移。

拓展是指在已有的知识经验基础上，不断扩大知识领域、增加新的知识和技能的过程。它是一种通过不断学习、探索和尝试发现新的领域和可能性，并不断丰富自己的知识和技能的学习策略。比如，我们在掌握本学科领域的知识和技能后，通过不断学习和尝试，拓展自己的知识领域，掌握新的教学技能和方法。通过拓展的方式，我们将不断拓宽自己的教学视野，丰富自己的知识和技能，提高自己的教育教学水平。比如，作为一名语文教师，在掌握了一定的语文教学技能后，可以拓展到文化、历史、艺术、社会学等领域，以便更全面地了解人类社会的文化发展进程。

迁移与拓展是一种相互促进的过程。通过迁移，我们可以将已有的知识经验应用到新的情境中，解决新的问题并拓展知识领域；而通过拓展，我们可以不断丰富自己的知识和技能，提高自己的教学效果和能力，进而激励我们勇于尝试跨学科学习，以实现自我的专业成长和发展。

教育写作在促进教师思维进阶中的积极作用

思维进阶，也就是由低阶思维向高阶思维的提升过程。

低阶思维和高阶思维是心理学和教育学领域中的概念，用于描述人们在解决问题或进行思考时所采用的不同的思维方式和能力。

低阶思维通常指的是较为基础的、机械的、线性的思维方式，例如，记忆、理解和简单的判断、推理等。这种思维方式通常只需要对问题进行表面层次的理解和思考，而不需要进行深入的分析和阐释。

高阶思维则是指较为复杂、高级的思维方式，例如，分析、综合、评价、创新等。这种思维方式需要深入思考和分析问题，从多个角度考虑问题，并能够产生新的观点和想法。

低阶思维和高阶思维相互联系、相互依存。在解决问题或进行思考时，人们通常需要先进行低阶思维，掌握问题的基本信息和初步理解，然后再进行高阶思维，对问题进行深入的分析和思考。同时，低阶思维也是高阶思维的基础和前提，只有掌握了必要的基础知识和技能，才能够进行更高层次的思考和分析。

笔者认为，相对而言，“教学思维”偏向于低阶思维，而“教研思维”则偏向于高阶思维。在一线教师从“教学思维”到“教研思维”的进阶中，教育写作能起到一定的推动作用。

这里，笔者依然从反思与求索、尝试与提炼、吸纳与突破、迁移与拓展四方面作简要阐释。

反思与求索。教育写作是一种自我反思和求索的过程。通过写作，我们可以对自己的教学方法、教学内容和教学效果进行深入而系统的反思，从而发现自己的优点和不足。这种反思可以帮助我们更好地理解自己的教学实践，并寻找改进的方法。同时，我们也可以通过写作与其他教师进行交流和分享，从他人的经验和观点中获得新的启示和思考。

尝试与提炼。教育写作也是一个尝试和提炼的过程。在写作中，我们可以尝试将自己的想法和观点用文字表达出来，并在实践中进行检验和提炼。这种尝试，可以帮助我们更好地理解自己的教学理念和方法，在教育写作中去伪存真、去粗存精、准确阐释、深入研究，并寻找改进和完善的方法。

吸纳与突破。教育写作还可以帮助我们不断吸纳新的知识和技能，并在实践中进行突破和创新。通过写作，我们可以不断地了解和学习新的教育教学理论和教学方法，比如，新课标中的核心素养、学习任务群、教学评的一致性等，并将其应用到自己的实践中。这种吸纳和突破，可以帮助我们更好地适应教育教学的变革和发展，提高自己的专业素养和教学水平。

迁移与拓展。通过写作，我们可以将自己的经验和思考迁移到其他领域和学科中，从而拓展自己的专业视野和知识面。同时，我们也可以通过写作与同行进行交流和合作，共同开展教育教学研究，推动教育教学的创新和发展。

当然，教育写作还有其他方面的作用，比如，记录成长历程、增强沟通表达能力、提升思维逻辑性、激发创新思维、增强教育教学自信心，等等。这里，笔者就记录成长历程、增强教育教学自信心两点略作说明。

通过写作，我们可以留下自己的教学经验和思考，形成一种记录成长的文献资料。这种记录可以帮助我们更好地回顾自己的职业生涯，总结自己的经验和教训，并为未来的发展提供参考。

在写作中，我们可以通过表达自己的观点和想法来展示自己的专业素养和教育能力，从而获得更多的认可和信任。这种自信心可以帮助我们在教育教学中更加自信地面对挑战和困难，提高自己的教学质量和教育效果，不断促进自身的专业成长。

结　语

元代范德玑在《诗格》中说“作诗有四法”，即“起要平直，承要春容，转要变化，合要渊永”。作为教师的我们，从教学思维到教研思维的进阶发展，又何尝不是如此呢？

南宋朱熹的《观书有感》一诗写得真好：“半亩方塘一鉴开，天光云影共徘徊。问渠那得清如许？为有源头活水来。”这四句也是一组“起承转合”。笔者认为，教师专业成长的“源头活水”，便是从“教学思维”到“教研思维”的主动心态和积极行动。

“单元整体教学”例说

何谓“单元整体教学”（或“单元统整教学”）呢？就是把教材单元视为一个整体单位，在教材课标的解读、核心任务的确立、学习目标的制定、学习活动的设计、评价量规的开发等方面，进行统筹安排、分步实施。这样做的好处，既有效靶向“核心素养”这个时代主题，又密切关注单篇教学以及学生语文能力的提升。

下面，笔者以二年级语文上册第三单元为例，就“单元整体教学”作具体说明。

用心品味生活，发现生活智慧

——二年级语文上册第三单元整组教学设计

你有了生活的智慧，你就能智慧地生活。

知识的获取，依靠的是学习；智慧的获得，依靠的是生活。

生活是最好的老师。当我们遇到生活的难题时，当我们碰到一些糟糕的事情时，当我们需要写好一封信或一篇文章时，当我们用心观察身边的亲人、朋友时，智慧往往随之而来。

1. 简说教材课标

二年级上册第三单元，安排有四篇课文。一是根据《三国志·魏书·邓哀王冲传》中的相关内容改编的《曹冲称象》，二是选自人教版二年级下册语文教材的《玲玲的画》，三是德国作家的《一封信》，四是中国著名儿童文学家张秋生的《妈妈睡了》。此外，本单元还安排有“口语交际·做手工”“语文园地三”。

本单元的四篇课文，与“家庭·亲人·生活”密切相关。从人物关系来看，《曹冲称象》说的是父子之间的故事，《玲玲的画》说的是父女之间的故事，《一封信》说的是父母与女儿之间的故事，《妈妈睡了》说的是母子之间的故事。在儿童生活里，家庭生活是其主要组成部分。

“阅读有关个人生活、家庭生活的短文……感受美好亲情”“与家庭成员、亲朋好友交流沟通，学会感恩”，2022 年新课标在“实用性阅读与交流”学习任务群第一学段“学习内容”里有上述指导意见。同时，2022 年新课标还指出，“实用性阅读与交流”学习任务群引导学生在语文实践活动中通过阅读、整合有价值的信息，进行得体的表达、有效的传递，满足家庭生活等方面的交流沟通需要。

“口语交际·做手工”，也与儿童生活密切相关。把自己做的手工作品带到学校，向同学们介绍自己是怎么想的、怎么做的。这里既提示“说”的要领（按顺序说），也提醒“听”的态度（专心听，记住主要信息）。同时，这一口语交际还渗透了“跨学科学习”的学习任务：既学习做手工，又学习与他人沟通交流，养成勤动手、勤动脑、文明交流的好习惯。

“语文园地三”，包括“识字加油站”“字词句运用”“写话”“展示台”“日积月累”“我爱阅读”等六项内容。这些内容也大多与儿童生活密切相关。比如“识字加油站”，引导学生培养“弹钢琴”“练舞蹈”“踢足球”等兴趣爱好；“写话”是学生第一次接触的学习方式，要求写出自己最喜爱的玩具以及喜爱的原因；“日积月累”，要求学生诵读的是胡令能的《小儿垂钓》，充满了童真童趣；“我爱阅读”的内容是《王二小》，其内容也是儿童生活，学生在阅读中可以潜移默化地受到爱国主义教育。

从家庭生活到学校生活，从当下生活到历史生活，生活中处处有学问，生活是最好的老师。

2. 确立核心任务

通过上文分析，我们不难发现，“智慧”是这个单元的关键词。

比如《曹冲称象》，《三国志》里这样记载，曹冲五六岁时，就具有成年人的智慧。当时孙权送来了一头大象，曹操想知道大象的重量，便问属下们有没有什么好办法，大家一筹莫展。而此时，在一旁玩耍的曹冲说道：“置象大船之上，而刻其水痕所至，称物以载之，则校可知矣。”曹操大喜，便按照曹冲说的“等量替换法”来称象。这种用化整为零、分而治之的办法称出大象的重量，便是曹冲的智慧。《玲玲的画》里，在爸爸的引导下，玲玲在画面弄脏的地方画了一只小花狗，这是一种“把坏事变成好事”的智慧；《一封信》里，露西由原来的“很不开心”，到后来的“太好啦”，这是一种自我心理调节的智慧；《妈妈睡了》一文里，通过观察睡熟的妈妈，“我”发现妈妈“真美丽”“好温柔”“好累”，这是一种关心、体贴的智慧，等等。

因此，笔者将本单元的核心任务确定为“用心品味生活，发现生活智慧”。课文、口语交际、语文园地等相关子任务详见“设计学习活动”这一环节。

3. 制定学习目标

单元学习目标的制定，乃是从编者意向、课标要求、文本特点、学生学情等因素出发。教者将整个单元的学习要求，从文化目标、语言目标、思维目标、审美目标等维度，用较为精练的语言和表现性行为进行具体的表述，以期相应目标可实现、可检测。

表1　二年级语文上册第三单元学习目标

角度	目标描述
文化目标	·通过阅读《小儿垂钓》《曹冲称象》等诗文，感知并认同中华优秀传统文化； ·通过阅读《玲玲的画》《妈妈睡了》等课文，感知并认同社会主义先进文化； ·通过阅读《王二小》，感知并认同革命文化； ·通过阅读《一封信》，开阔自己的文化视野
语言目标	·能认识“曹”“玲”“封”“哄”“弹”等74个生字，能书写“称”“画”“封”“哄”等38个生字； ·会朗读《曹冲称象》等4篇课文，会背诵《小儿垂钓》； ·初步体会“才”“到底”等副词作用，并能运用它们说话； ·初步体会“明亮的眼睛”“乌黑的头发”等偏正短语的表达效果，并能仿照例子“说一说”； ·在“语文园地三”的“识字加油站”“字词句运用”“写话”“展示台”等环节，加强语言的积累、梳理、运用
思维目标	·在熟读课文的基础上，尝试运用关键词或其他提示方式，概括段落或文章内容，培养概括性思维能力； ·比较两种称象办法的优劣、两封信的好坏、从“弄脏的画”到“更好的画”的变化，培养分析比较、辩证思维、创新思维等方面的能力； ·在识字、阅读过程中，感知、学习分类与归类的思维方式

（续表）

角度	目标描述
审美目标	·学生在诵读积累中感知课文、古诗里的语言、形象（曹冲、妈妈、王二小等）、情感之美； ·鼓励学生用自己的口头或文字，来表达在本单元语文学习中自己所感受、所发现的外在美和内在美； ·通过诵读诗文《小儿垂钓》感受童趣之美，培养自己健康的审美意识和高雅的审美观念

4. **设计学习活动**

大体而言，单元整组课堂教学可采用“单元感知—逐课突破—园地巩固”的流程，确立各自的学习任务，根据学情设计学习活动，安排学习课时。这里，笔者依然以表格的形式，简略而直观地予以展现。

表2　二年级语文上册第三单元学习活动

学习内容	学习任务	学习活动
单元感知（1课时）	自读自悟感知智慧	·故事导入：司马光砸缸。引导学生明确：你有了生活的智慧，你就能智慧地生活，同时还能用自己的智慧去帮助别人； ·布置任务：自主阅读。要求：（1）对照拼音，能自主阅读四篇课文；（2）对照生字表，能自我读准字音；（3）能初步理解课文，概括四篇课文的主要内容； ·抽查订正：对照学习任务，随机抽查学生的预习情况，适时订正出现的问题，比如，“朝”“重”“结”“发”等多音字的读音； ·个性理解：四篇文章都反映了主人的生活智慧，你认为其中的哪一位最可敬或最可爱？

（续表）

学习内容	学习任务	学习活动
《曹冲称象》（2课时）	学习打破常规思维的智慧	·生字认读。对照生字表，检查生字的认读和组词情况； ·理解勾画。(1) 朗读课文，画出形容大象高大的句子；(2) 画出课文中讲到的两种称象方法的句子；(3) 说说曹操为什么“笑着点了点头”； ·重点突破。点名朗读第4自然段，根据课后思考题提供的内容进行排序，向同桌介绍曹冲称象的过程； ○读第4自然段，给下面的内容排序，再说说曹冲称象的过程。 （ ）赶象上船　（ ）把大象赶上岸，往船上装石头 （ ）在船舷上做记号　（ ）称石头的重量 ·理解智慧。曹操叫人照曹冲说的办法去做，为什么能称出大象的重量？ ·智慧迁移。曹冲称象的确很有智慧，但有人说，把这么多的石头装到船上，但在搬运过程中，石头有可能会砸坏船体。你有没有更好的办法来称象呢？ ·读读说说。读读两组句子，再用加点的词语各说一句话。第一组：(1) 曹冲七岁；(2) 曹冲才七岁。第二组：(1) 大象有多重呢？(2) 大象到底有多重呢？ ·生字读写。在田字格里，按笔顺写好“称”等十个生字
《玲玲的画》（1课时）	学习“将坏事变好事”的智慧	·朗读课文。(1) 适时订正读音、节奏等方面的问题；(2) 抽查生词理解情况，比如“端详”，可用文中出现的哪个短语来替换？（“仔细地看”） ·复述故事。用“得意”“伤心”“满意”这三个词语，讲讲这个故事。(1) 学生各自讲故事；(2) 同桌互讲；(3) 学生代表向全班同学展示复述；(4) 师生及时点评； ·理解句子。根据课文内容，谈谈“好多事情并不像我们想象的那么糟。只要肯动脑筋，坏事有时也能变成好事”的理解。比如，这里的“坏事”和“好事”分别指的是什么？ ·智慧迁移。在日常生活中，你有没有觉得非常遗憾或者非常满意的事，说出与大家分享，或让大家给你想想办法； ·生字读写。对照两类生字表，读读写写，当堂巩固

（续表）

学习内容	学习任务	学习活动
《一封信》（2课时）	学习乐观面对生活的智慧	·简介书信。屏幕展示一封书信，让学生感知为何要写信，以及书信的格式； ·朗读课文。学生各自朗读、“开火车”朗读等，师生适时订正朗读中存在的问题，特别注意“朝”等多音字的读音； ·感知课文。(1) 读第1—5段，说说露西为什么把自己写的信纸揉成一团；(2) 读第6段至结尾，把露西写给爸爸的后一封信的内容画出来，试着把这封信读给同学们听； ·理解智慧。比较露西写的两封信，说说你更喜欢哪一封，喜欢的理由是什么； ·智慧迁移。把自己在家里或学校里的生活情况，也用书信的方式写出来，回家后读给爸爸、妈妈听，最好能把自己如何克服困难、如何消除烦恼的经过写出来； ·生字读写（略）
《妈妈睡了》（1课时）	学习关心、体贴的智慧	·歌曲导入。比如《摇篮曲》：“月儿明，风儿静……娘的宝宝，睡在梦中，微微地露了笑容。”妈妈观察睡熟的孩子满怀深情，孩子观察睡熟的妈妈时又将如何呢？ ·朗读课文。采用多种形式的朗读，读准字音，读出节奏，读出感情； ·理解课文。(1) 说说“睡梦中的妈妈”是什么样子的；(2) 看看课文是从哪几个方面来写的；(3) 说说课文表达了作者怎样的感情； ·智慧迁移。回忆自己吃饭时或生病时，爸爸或妈妈（爷爷或奶奶）的表现，也仿照课文的样子，从不同的角度有条理地说说； ·读说训练。看谁说得多，看谁说得好： (1)（　　）的眼睛；(2)（　　）的头发； ·生字读写（略）

（续表）

学习内容	学习任务	学习活动
口语交际“做手工”（1课时）	学习做、说、听的智慧	·提前布置。让学生课前收集自己制作的手工作品，或者在父母的指导下，制作一两件手工作品； ·观察图片。仔细观察教材中的情境图，说说这两名小朋友分别制作了哪些手工作品，它们各自有哪些特点； ·展示作品。把各自手工作品展示出来，同桌相互交流，说说自己的这件作品是什么，是怎么做的，它有什么特点； ·口语交际。小组代表向全体同学展示自己的手工作品，按照一定的顺序说说自己的手工作品是什么，是怎么做的，有什么特点。“说”要大大方方，条理清晰；“听”要用心专一，记住要点； ·及时评价。师生围绕做、说、听三方面，及时地给予客观而温暖的评价
语文园地三（2课时）	学习在生活中学语文的智慧	·课文回顾。本单元四篇课文，哪位主人的智慧让你印象深刻？把相关句子有感情地朗读给大家听； ·字词巩固。开展“听写比赛”，听写本单元的生字词，发现问题，及时订正； ·自主学习。按照语文园地三的教材内容和要求，自主读写相关内容； ·识字加油站。（1）读读“弹钢琴”“画图画”等词语；（2）说说自己有怎样的爱好，它给你带来了哪些快乐和收获；（3）生字词的读写、组词； ·字词句运用。（1）结合组词或其他语境，比较“园—圆”“只—支”“进—近”“带—戴”等同音字的意义和用法；（2）读句子，结合生活实际，用“一边……一边……”说话； ·写话。（1）看一看：观察教材插图，说说这幅图里画了哪些玩具；（2）说一说：说说自己最喜爱的玩具是什么、它的样子是怎样的、它哪些地方最好玩、你是怎样玩的，把这些说给同桌听听；（3）写一写：把自己喜欢的玩具，以及自己平时是怎么玩的等内容写在方格纸上，逗号、句号等标点符号都要占一格；（4）晒一晒：把自己写的话，在屏幕上投影出来，让大家夸一夸

（续表）

学习内容	学习任务	学习活动
语文园地三（2课时）	学习在生活中学语文的智慧	·展示台。在语文学习活动中积累了哪些词句呢？不妨按照一定的类别展示一下。比如：（1）自然现象方面的："白云、乌云、朝霞、晚霞"等；（2）春天景物方面的："含苞欲放、春色满园"等；（3）秋天景色方面的："遍地金黄、硕果累累"等；（4）读书名言方面的："书籍是人类进步的阶梯""读书破万卷，下笔如有神"等；（5）热爱劳动方面的："谁知盘中餐，粒粒皆辛苦""劳动最伟大，劳动最美丽，劳动最光荣"等。学会分门别类地积累词句，做学习的有心人； ·日积月累。按照"朗读—背诵—理解"的流程来积累《小儿垂钓》，体会诗中所描绘的孩童垂钓时全身心投入的感觉，感受其中所蕴含的童真童趣； ·我爱阅读。按照"自读—对读—互讲—听歌"的流程来阅读，体会王二小聪明机智、不怕牺牲的英雄形象，领会幸福生活来之不易等道理。欣赏《歌唱二小放牛郎》，激发情感共鸣："牛儿还在山坡吃草，放牛的却不知哪儿去了……" ·整理巩固。各自整理"语文园地三"，在字词句等方面加强巩固

5. 开发评价量规

教学评价是课堂教学的一个重要组成部分。"教—学—评"一体化是2022年新课标提出的一个重要建议，它也是新时代教育的一种必然趋势。下面，笔者将结合本单元内容开发评价量规，供教者参考。

表3　二年级语文上册第三单元学习活动评价量表

<table>
<tr><th rowspan="2">评价项目</th><th colspan="3">评价维度</th><th colspan="3">评价</th></tr>
<tr><th>学习态度</th><th>学习过程</th><th>学习结果</th><th>自我</th><th>同学</th><th>教师</th></tr>
<tr><td>单元感知：自读自悟，感知智慧</td><td rowspan="7">·认知：能正确认识学习的意义和目标，学习态度积极；
·情感：对学习有浓厚的兴趣和求知欲，能理性面对学习中的困难和挑战；
·行为：能积极主动地参与到学习中，跟上班级学习节奏；
·方法：能积极寻求不断提高自己的学习效率和效果的方法；
·用时：能合理地安排学习时间，有计划地预习和复习</td><td rowspan="7">·预习：能主动阅读文本，思考问题；
·听讲：能认真听讲，积极发言；
·讨论：能主动参与同桌或小组讨论，适时提出自己的疑问或见解；
·展示：敢于在小组和班级交流中展示自我；
·作业：能按照要求，积极认真地完成口头或书面作业</td><td rowspan="7">·识字：掌握本节课要求会认会写的生字，书写正确、有美感；
·阅读：能正确、流利、有感情地朗读课文，能按要求背诵相关课文、古诗，有良好的课外阅读习惯；
·表达：能按要求说话、讲故事，有良好的倾听习惯；
·梳理：能了解课文内容，会梳理重要的知识点；
·综合：课堂表现良好，作业正确率高</td><td></td><td></td><td></td></tr>
<tr><td>《曹冲称象》：学习打破常规思维的智慧</td><td></td><td></td><td></td></tr>
<tr><td>《玲玲的画》：学习将坏事变好事的智慧</td><td></td><td></td><td></td></tr>
<tr><td>《一封信》：学习乐观面对生活的智慧</td><td></td><td></td><td></td></tr>
<tr><td>《妈妈睡了》：学习关心体贴的智慧</td><td></td><td></td><td></td></tr>
<tr><td>口语交际“做手工”：学习做、说、听的智慧</td><td></td><td></td><td></td></tr>
<tr><td>语文园地三：学习在生活中学语文的智慧</td><td></td><td></td><td></td></tr>
<tr><td rowspan="2">综合评语</td><td colspan="6">自评：</td></tr>
<tr><td colspan="6">互评：</td></tr>
</table>

注：每单元活动前出示评价量表，活动后随机选取两个评价项目进行学习评价。评价的意义在于引导、激励和校正。“学习态度”“学习过程”“学习结果”三大方面共15个维度，达标一个维度，获得一个“优”（可用“√”表示）。获13—15个“优”，得5分；获10—12个“优”得4分；依此类推，但打分均应在3分以上（含3分）。

结语

教育改革的最后一公里就在课堂上，“单元整体教学”从现行的统编版语文教材出发，贯彻着语文课程改革的相关思想，也是新课标新理念落到真实一线课堂的主要载体。笔者认为，要想真正激活语文课堂、激活学生思维、真正助力学生提升核心素养，“单元整体教学”较之“大单元教学”将更为务实、更好把握、更为有效。

第三章　教研选题

选择“热爱”

“热爱”是一种情感和动力，它源于对教育的热情和对知识探索的渴望。热爱教学研究的人会持续不断地学习、探索、创新，不断追求教育的更高境界。

在教研选题时选择“热爱”，意味着选择那些能够激发自己热情和兴趣的课题，因为这样的课题能够让我们更加专注和投入，更加有动力去深入探究、实践和总结，更加积极主动地去探索新的思路和方法，不断拓展自己的教研领域。选择“热爱”，不仅是一种情感选择，更是一种专业素养和责任担当。

本节两篇文章，一篇偏向于情怀，一篇偏向于岗位。热爱教育工作，关注专业成长，教研选题便有了源头活水。

那一方热土、乐土和沃土

乡村讲台，是一方热土

1985 年，少不更事的我，经村委会、管理区两级考试，成为一名民办教师，从此走上了乡村讲台。尽管当时的“年薪”只有 600 元，而且村里年终还难得兑现，但每个周日午饭后，我都骑着自行车赶到离家十多里远的村小，直到星期六中午才回家。循环往复，周而复始。那一年，我 16 岁。

那时的想法很简单，“把学生教好”几乎成为我工作的唯一目标。但对于只有初中文化程度的我来说，想要实现这一目标却有点难。好在当时这所村小里，年轻教师较多，教务主任专业水平不错。因此，课上课下，茶余饭后，我有许多请教机会。

那个年代，各级教育主管部门对于乡村教师的专业成长很重视，常常组织我们周末参加各类培训。这让我能够持续“充电”。我如饥似渴，先后考了许多证件，比如，教材教法合格证、专业合格证、普通话合格证、中师毕业证，等等。1991 年，我顺利考取武穴师范学校，学习两年毕业后，我成为一名公办教师。

“充电”并没有因为“转正”而终止，之后我又通过函授、自学，获得了专科毕业证和本科毕业证。这样的考证日子，我一直持续到 35 岁。

“有赛必参，有奖必夺”，是我那些年的一种“行走方式”。优质课评选、论文评比、“三笔字”比赛、“十项基本功”展示，从区里到镇里，从县里到市里，一路参赛，一路磨砺。在这些磨砺中，我从小学调到初中，从主任干到副校长。一晃之间，已有 38 年过去。

38 年来，我几乎没有动过调到城里的念头。我一直坚守着“领导不找我，我不找领导”的信条，一直保持着“寸处黄土好养人”的信念。

“为什么我的眼里常含泪水？因为我对这土地爱得深沉。”乡村讲台，这方热土，她让我安身立命，值得我托付青春。

乡村学校，环境幽静，人事简单。乡村孩子、乡村家长、乡村教师，是那么善良、那么淳朴、那么充满着人情味。这些，让我很适宜，也很惬意。在这里，我可以读一些书，想一些事，写一些文章。且略举两例。

2017 年元旦前夕，我和本班学生约定，一起来完成一件大工程：写一本书。这群乡村少年听了，一个个喜笑颜开，摩拳擦掌。我们围绕“说课业”“说课外”“说师友”“说家庭”“说成长”“说远方”等 6 个主题、80 多个子话题，全班参与，一起“吐槽”。孩子们一路“说”着，一路敞开心扉、尽情表达。“初二现象”“青春期叛逆”“生活化写作”等问题，都在这一系列的“说”中得到了很好的解决。

后来，我将其整理，出版了《乡村少年成长密码》一书。老师们说它是一本鲜活的教育学，家长们说它是一座温馨的连心桥，孩子们说它是一本别样的作文选。我相信，若干年后，这群乡村孩子们一定会为参与这项工程而津津乐道。

2017 年秋季，我主动请缨，在七年级开设“名著阅读”这一门课，我来做“名著导师”。此后，我便开始了将近三年的名著导读课程开发。从最初的“梳理式”到之后的“点面式”，再到后来的“一书一式”。随着教学的深入、课例的丰富、文章的纷纷发表，我对这门课程的开发有了更大的信心。读着，写着，初中语文教材指定的 36 本名著导读文案，我一本不落、一篇不少地写了个遍。

不得不提的是，我那几年的读写都是利用早起、晚睡、周末、节假日争分夺秒地完成的。记忆最深刻的是，2020 年春节前夕，武汉因疫情而封城，而我又恰好与孩子们一起在武汉过年。那时，我不管除夕之夜还是大年初一，也不管外面疫情如何严重。我心无旁骛，只顾潜心读写。我甚至想到，如果不幸“中招”，导致书稿没完成，我便遗憾终生。于是我默默地加快了读写进程……2020 年 10 月，《特级教师陪你读名著》（统编本·初中卷）一书终于出版问世。

人生最快乐的事，莫过于在自己喜欢的岗位上做着自己喜欢的工作，追逐着自己的梦想。我就是这样，在乡村学校里，快乐着我的快乐，幸福着我的幸福。

乡村教育，乃一方沃土

我开始“教研 + 写作”模式，其实也挺迟的。我第一次在期刊发表文章时，已经是 35 岁的“高龄”了。《用良好的心态进行校本教研》《农村中小学校本教研之我见》两篇文章，便是那时的作品。显然，这两篇文章都是立足于乡村学校的教研实际而写成的。

事实上，直至今日，我的百十篇文章、七八本著作，也都是我在乡村教育这块沃土上所耕耘的收获。其中，较有代表意义的包括《乡村教师突围》《卓越教师的成长特质》《从语文课标到语文课堂》等书。

这里，我列出我在专业期刊上发表的部分较有影响力的文章——

《教学反思：求真·向善·唯美》，《语文教学通讯·初中刊》，2006

年2月；

《阳光·绿色·和谐》，《语文教学通讯·初中刊》，2006年5月；

《例说层进式阅读》，《语文教学通讯·初中刊》，2006年11月；

《为什么没有故事》，《语文教学通讯》，2011年1月；

《有一种素质，叫主动成长》，《中学语文教学参考·初中刊》（卷首），2011年8月；

《教我语文》，《中学语文教学参考·初中刊》，2011年12月；

《“教死”或“教活”，只看“人的发展”》，《中学语文教学参考·初中刊》，2012年6月；

《对“核心素养”的三个追问》，《未来教育家》，2016年6月；

《一位乡村语文教师的阅读报告》，《语文教学通讯·初中刊》（封面人物），2019年9月；

《重拾阅读：亦初心，亦使命》，《语文教学通讯·小学刊》（卷首），2019年11月；

《师生双重视角下的“整本书阅读”个性化攻略例谈》，《初中语文教与学》（中国人民大学书报资料中心复印报刊资料，原载于《黄冈师范学院学报》），2020年1月；

《〈西游记〉不妨这样“跳读”》，《语文教学通讯·初中刊》，2020年2月；

《从“小课题”到“大选题”——一位特级教师的专业成长之路》，《黄冈师范学院学报》，2021年1月；

《一个乡村民办教师的教育“突围”》，《教师博览·中旬刊》，2021年3月；

《关于名著阅读推进课的建构思考——以〈钢铁是怎样炼成的〉为例》，《语文教学通讯·初中刊》，2021年4月；

《请勿轻言“大单元教学”》，《语文教学通讯·初中刊》，2023年12月……

近年来，湖北师范大学、黄冈师范学院等高校，省内外中小学、教育局，陆续邀我前往讲课讲学。我围绕教师阅读、教育写作、名著导读、学校管理、家庭教育、课程标准等主题，将我的成长历程和研究成果毫无保留地献给观众。像《我的教育阅读主张》《教师常用文体写作例谈》《师生双重视角下的“整本书阅读”》《成为一名“硬核”校长》《为了孩子的终身幸福》等讲座，受到了与会者的普遍好评。

在乡村教育这块沃土上，我还收获了“湖北省特级教师”“黄冈市高层次人才”等荣誉，被湖北师范大学、黄冈师范学院分别聘为“特聘国培专家”“教育硕士研究生行业导师”，2021 年我有幸通过了正高级教师职称评选。

李清照《如梦令》词云：“常记溪亭日暮，沉醉不知归路。兴尽晚回舟，误入藕花深处。争渡，争渡，惊起一滩鸥鹭。”如果说，我当年踏上乡村讲台是一种“误入藕花深处”，而今，在乡村教育这方沃土上，我似乎真的有点“沉醉不知归路”了。

乡镇中心学校如何成为
新时代乡村教育的“动力引擎”

“中心学校”这一称谓，始见于《国务院办公厅关于完善农村义务教育管理体制的通知》（国办发〔2002〕28 号）。其表述如下：“乡（镇）人民政府不设专门的教育管理机构，乡（镇）有关教育工作由乡（镇）长直接负责，乡（镇）可在核定的行政编制内确定一至二名助理或干事协助乡（镇）长管理具体教育事务，并接受县级教育行政部门指导。教育教学业务管理由乡（镇）中心学校校长负责。”

此后，各乡镇原有的“教育组（站）”逐渐退出教育舞台，“中心学校”则开始履行相关职责。

不同地区，中心学校管理权限不尽相同。比如，有些县市的中心学校只管辖该乡镇的小学，而我们这里的中心学校则管辖本乡镇的初中、小学、幼儿园（含民办），而且中心学校的校长还是本乡镇教育系统（不含民办）的法人代表。

尽管“中心学校”步入中国教育舞台已有 20 年历史，但对于这一

“学校”的角色定位至今尚未厘清，其职责使命也较为模糊。因而在实际工作中，大多情况下，中心学校似乎主要是在教育局与中小学、幼儿园之间起着一种上传下达、迎检督查、资源分配的桥梁作用，客观上呈现出一种被动应付状态。这显然与新时代党和国家对乡村教育的期望有着较大的差距。

乡镇中心学校如何化被动为主动，成为新时代乡村教育的“动力引擎”？笔者认为，乡镇中心学校应当从以下五个方面进行定位，并努力将其描绘成一幅幅五彩斑斓的教育愿景图和生机勃勃教育实景图。

成为政策法规的宣讲者和党建工作的组织者

党的十八大以来，乡村教育越发受到党中央、国务院的重视。党的十八大报告指出：“努力办好人民满意的教育”，“大力促进教育公平，合理配置教育资源，重点向农村、边远、贫困、民族地区倾斜，支持特殊教育，提高家庭经济困难学生资助水平，积极推动农民工子女平等接受教育，让每个孩子都能成为有用之才”。

党的十九大报告指出：“优先发展教育事业”，“推动城乡义务教育一体化发展，高度重视农村义务教育，办好学前教育、特殊教育和网络教育，普及高中阶段教育，努力让每个孩子都能享有公平而有质量的教育”。

我们看到，“教育公平”“重点倾斜”“积极推动”，“城乡一体化”“高度重视”“公平而有质量”，这两组关键词之间，既有一种连续性，又有一种层级性。也就是说，党和国家对于乡村教育是一如既往地、逐年递进地予以重视。

近年来，全国人大陆续修订或制定了《中华人民共和国义务教育法》（2018）、《中华人民共和国未成年人保护法》（2020）、《中华人民共和国教育法》（2021）、《中华人民共和国家庭教育促进法》（2021）。这些法律是保障、规范、指导各级各类学校开展教育工作的重要法律依据，与学校教育息息相关。

习近平总书记近年来关于教育发表了一系列重要讲话，比如，2014 年 9 月 9 日同北京师范大学师生代表座谈时的讲话——《做党和人民满意的好老师》，2018 年 9 月 10 日在全国教育大会上的讲话，2019 年 3 月 18 日主持召开学校思想政治理论课教师座谈会时的讲话，2020 年 9 月 22 日在教育文化卫生体育领域专家代表座谈会上的讲话等。这些讲话高屋建瓴、意义深远，让人备受鼓舞、深受教育。

近年来，党中央、国务院及教育部等部门陆续出台了许多重要文件。为便于系统学习，这里适当列举一些：

《乡村教师支持计划（2015—2020 年）》（2015）、《关于深入推进教育管办评分离　促进政府职能转变的若干意见》（2015）；

《关于统筹推进县域内城乡义务教育一体化改革发展的若干意见》（2016）、《关于加强中小学校党的建设工作的意见》（2016）；

《中小学德育工作指南》（2017）、《义务教育学校管理标准》（2017）；

《中共中央国务院关于全面深化新时代教师队伍建设改革的意见》（2018）、《学校食品安全与营养健康管理规定》（2018）、《新时代中小学教师职业行为十项准则》（2018）；

《中国教育现代化 2035》（2019）、《关于深化教育教学改革　全面提高义务教育质量的意见》（2019）、《新时代公民道德建设实施纲要》（2019）、《关于减轻中小学教师负担进一步营造教育教学良好环境的若干意见》（2019）、《教育部关于加强和改进新时代基础教育教研工作的意见》（2019）；

《深化新时代教育评价改革总体方案》（2020）、《关于进一步激发中小学办学活力的若干意见》（2020）、《关于加强新时代乡村教师队伍建设的意见》（2020）、《新时代学校思想政治理论课改革创新实施方案》（2020）、《中小学教育惩戒规则（试行）》（2020）；

《关于进一步减轻义务教育阶段学生作业负担和校外培训负担的意见》（2021）、《关于进一步加强家庭家教家风建设的实施意见》（2021）、《义务教育质量评价指南》（2021）；

《关于建立中小学校党组织领导的校长负责制的意见（试行）》（2022）、《关于做好 2022 年中考命题工作的通知》（2022）等。

上述法律法规、重要讲话及相关文件，中心学校有义务及时组织学习，有必要进行重点宣讲。这既是依法办学、依规管理的必要，也可以让所有乡村教师认清方向、懂得规范、激发动力、看到希望。因此，中心学校的校长、副校长等要做到热爱学习、读懂政策，不断解放思想、提升境界，并以此调整思路、推进工作。

中组部、中共教育部党组《关于加强中小学校党的建设工作的意见》（2016）指出："中小学校担负着培养德智体美全面发展的社会主义建设者和接班人的重要使命。加强中小学校党的建设，对于全面贯彻党的教育方针、保证社会主义办学方向、落实立德树人根本任务、办好人民满意的教育具有重要意义。"

乡镇中心学校大多成立了教育总支，负责领导和指导中小学党建工作，履行着"把方向、管大局、作决策、抓班子、带队伍、保落实"的领导职责。教育总支要按照中共中央办公厅《关于建立中小学校党组织领导的校长负责制的意见（试行）》（2022）规定，把党建工作作为中小学办学治校的重要内容，充分发挥中小学党支部作用，加强党员队伍建设，使各党支部成为学校教书育人的坚强战斗堡垒；把思想政治工作紧紧抓在手上，加强学生德育、体育、美育、劳动教育和心理健康教育，提高学校思政课教学质量，深入开展社会主义核心价值观教育，把弘扬革命传统、传承红色基因深刻融入学校教育；以提升组织力为重点，突出政治功能，推动党建工作与教育教学、德育和思想政治工作深度融合。

中心学校的校长、副校长等人员要深入各支部，带头落实"三会一课"、民主生活会和组织生活会、党员党性分析和民主评议、党员活动日等制度，推动全体党员、全体教师履职尽责、潜心育人、清正廉洁。

成为均衡发展的调度者和规范办学的捍卫者

自1986年公布实施《中华人民共和国义务教育法》以来，我国实行九年义务教育制度。经过几十年的努力，全国各地从根本上解决了适龄儿童少年"有学上"问题，为提高全体国民素质奠定了坚实基础。

但时至今日，在区域之间、城乡之间、学校之间，即便是同一乡镇内，因为地理位置、办学条件、师资力量等原因，中小学办学水平和教育质量依旧存在着明显差距，特别是一些乡镇小学教学点依然存在，其教育教学质量依然较低，人民群众不断增长的高质量教育需求与供给不足的矛盾依然突出。

因此，进一步推进义务教育均衡发展，力所能及地提升本乡镇薄弱学校的整体办学水平，努力实现所有适龄儿童少年“上好学”，作为负责管理本乡镇中小学的中心学校责无旁贷。

一位好校长，就是一所好学校。薄弱学校之所以薄弱，首先是师资的薄弱，而师资之中，如果校长“薄弱”，则又加剧了学校的薄弱。因此，按照德才兼备、勇于担当、能者上、平者让的原则，选好校长、用好校长尤为关键。这便需要通过培训和历练，努力让每一位乡村校长都达到能够“规划学校发展、营造育人文化、领导课程教学、引领教师成长、优化内部管理、调适外部环境”的专业标准。

当下的乡村小学，经过布局调整后，大多是以片区为单位的联村办学。但由于办学条件、地理位置、人文环境等原因，一些学校的教师年富力强、朝气蓬勃，而另一些学校的教师则年老体弱、动力不足，这使得同一乡镇学校之间的生机活力、教育教学质量出现较大差距。因此，中心学校应一方面开展城乡对口帮扶和一体化办学，另一方面则努力盘活本乡镇师资力量，因地制宜、循序渐进地实行“教师全员轮岗制”，以此逐步实现乡镇教育均衡。

乡村学校，一方面尽可能地实现“人”的均衡，另一方面则努力实现“物”（经费）的均衡。在有限的公用经费内，中心学校应适当提高寄宿制学校、规模较小学校公用经费补助水平，切实保障正常运转，并力求让整个乡镇的托管津贴、福利待遇能保持基本平衡。

关于规范办学行为，有关部门自上而下发布了许多通知、规定。比如《教育部关于当前加强中小学管理规范办学行为的指导意见》（教基一〔2009〕7号），其中针对违背教育规律、影响正常教育教学秩序的突出问题，力争在较短时间内取得明显成效的就有八条：（1）科学安排作息时间，切实减轻学生过重课业负担；（2）严格执行课程计划，切实提高教育教学质量；（3）严格规范考试科目与次数，逐步完善教育评价办法；（4）加强招生管理，严格规范招生秩序；（5）合理规划学校布局，避免简单撤点并校；（6）健全工作机制，强化农村寄宿制学校管理；（7）重视学校安全管理，确保师生安全；（8）大力推进义务教育均衡发展，有效化解择校现象。虽然时过境迁，但这些指导意见依然富有指导意义。

对于中心学校而言，我们只要全面贯彻、对标整改、照章执行即可。而其中最关键的是，必须坚持学生为本，着眼学生身心健康成长，摒弃那些消极观望的办学思想，坚决纠正那种片面追求升学率的倾向。

成为人文环境的缔造者和师生健康的维护者

一所好学校，应当就是一个好的“文化场”。这个“文化场”，它可以凝聚人心，可以激励教师，还可以促使每一个学生健康快乐地成长和生动活泼地发展。

乡村中小学教师的思想大多较纯朴，学校的人事相对较简单，在执行力方面也大多能政令畅通。这是校园文化中难得的一种正能量。

但是，大多乡村中小学往往又比较短视，舍不得在校园文化上投入，以至于校园文化简单粗糙，或者千校一面。

作为中心学校，要引导各中小学充分发挥校园文化建设的重要作用，正如《教育部关于大力加强中小学校园文化建设的通知》（教基〔2006〕5号）中所说的那样：

“校园文化是学校教育的重要组成部分，是全面育人不可或缺的重要环节，是展现校长教育理念、学校特色的重要平台，是规范办学的重要体现，也是德育体系中亟待加强的重要方面。”

“良好的校园文化以鲜明正确的导向引导、鼓舞学生，以内在的力量凝聚、激励学生，以独特的氛围影响、规范学生。”

同时，中心学校还应当在一些学校，比如文化意识比较淡薄的学校、师资力量不足的学校，适当地进行干预和引导。

一是引导学校在规范办学行为、挖掘优良传统的基础上，大力营造独特的校园文化氛围，让校训、校徽、校标深入人心。扎实开展师德教育，建设“热爱学生、为人师表、教书育人、钻研教法、不断探求”的优良教风；加强对学生的教育和引导，建设“勤奋努力、积极向上、认真诚信、充满兴趣、乐于探究”的良好学风；认真抓好班级和团队工作，建设“团结友爱、互相帮助、快乐和谐、健康向上、争做主人”的良好班风。

二是引导学校精心设计和组织开展丰富多样、吸引力强的校园文化活动，充分利用好重大节庆日、传统节日，设计、开展丰富多彩的活动；坚持每周一次的升国旗仪式，让师生共同参与，发表紧密联系实际、内容生动具体的国旗下讲话；开展好每天一小时左右的体艺科技实践活动，通过多种类型的兴趣小组和学生社团活动陶冶情操、增强活力、发展兴趣、培养特长。

三是引导学校重视校园绿化、美化和人文环境建设。学校通过整体构思、有序推进，充分利用每一个角落，使校园内的一草一木、一墙一角都体现学校教育的引导和熏陶价值；利用板报、橱窗、墙壁等一切可以利用的媒介，张贴、悬挂英雄人物、劳动模范、科学家、艺术家等杰出人物的画像和格言；鼓励学生展示自创的作品，以此激励自己、激励同学；通过人文环境的建设，引导学生确立远大志向，规范行为习惯，陶冶道德情操，培养良好的思想品德。

校园人文环境建设需要高处着想、小处着手、常抓不懈、久久为功。建设生态校园、文化校园、书香校园，发挥校园环境的育人功能，中心学校大有可为。

当前的学校安全，几乎是逢会必讲、开学必签（责任状）、放假必信（致学生家长的一封信）。这里，中心学校应当特别关注四个方面。

一是安全管理。教育部 2006 年出台了《中小学幼儿园安全管理办法》。中心学校要按照此办法，引导中小学幼儿园明确学校安全管理工作内容，建立学校安全管理制度，制订各种应急预案，强化日常安全管理，加强安全教育，落实安全责任，妥善处置安全事故。对有特异体质、特定疾病或其他生理、心理状况异常的学生，对来自单亲或其他方面情况较为特殊的家庭的学生，中心学校要引导、督促各中小学建好档案，依法保护学生隐私，如发现学生非正常缺课或擅自离开校园，发现学生身体和心理有不正常反应等情况，应立即告知家长或其他监护人。

二是食品安全。教育部、国家市场监管总局、国家卫健委 2019 年联合发布了《学校食品安全与营养健康管理规定》。中心学校要引导督促中小学、幼儿园根据此规定，建立健全食品安全与营养健康相关制度，建立家

长陪餐和学校领导陪餐制度，落实校园食品安全责任，定期组织食品安全隐患排查，在师生中广泛开展宣传教育，并针对不同学段的在校学生营养健康需求，引导学生科学营养用餐。学校自主经营的食堂应坚持公益性原则，体现为人民服务、为师生服务的宗旨，切实保障食品安全与营养健康。

三是心理健康。教育部2012年修订了《中小学心理健康教育指导纲要》，中心学校要组织中小学、幼儿园加强学习、全面贯彻，要教育全体教师以学生发展为根本，遵循学生身心发展规律，坚持“科学性与实效性相结合”“发展、预防和危机干预相结合”“面向全体学生和关注个别差异相结合”“教师的主导性与学生的主体性相结合”等四项基本原则，培养中小学生良好的心理素质，促进学生身心全面和谐发展。

四是教师负担。当前中小学教师负担较为沉重，并有渐长之势。这既不利于教育教学，也会在一定程度上影响教师的身心健康。中心学校要按照中共中央办公厅国务院办公厅2019年出台的《关于减轻中小学教师负担进一步营造教育教学良好环境的若干意见》，努力成为给教师减负的“行动派”，而不是纸上谈兵的“空想家”，更不能成为随意布置、任意摊派的“添堵者”。中心学校要聚焦教师立德树人、教书育人主责主业，坚持分类治理，从源头上查找教师负担；坚持标本兼治，严格精简与中小学教育教学无关事项（比如过多的督查检查、重复的信息采集、频繁的投票答题等），切实减轻中小学教师负担，确保中小学教师潜心教书、静心育人、健康生活。教师身心愉悦，学生健康成长，这是中心学校的最大追求。

成为教育方针的贯彻者和素质教育的推动者

中小学教育质量，事关学生健康成长，事关国家发展，事关民族未来。对于乡村学校而言，在办学条件、师资力量、家长的文化程度、学生的综合素养上，与城市相比，存在着“先天不足”的弱势。全面提高乡村学校的教育质量，对于促进乡村青少年拥有公平的发展机会、促进中华民族伟大复兴的中国梦的实现，具有深远的现实意义和历史意义。

1999年，中共中央、国务院出台了《关于深化教育改革全面推进素质教育的决定》。《决定》指出："实施素质教育，就是全面贯彻党的教育方针，以提高国民素质为根本宗旨，以培养学生的创新精神和实践能力为重点，造就'有理想、有道德、有文化、有纪律'的、德智体美等全面发展的社会主义事业建设者和接班人。"该《决定》首次明确了实施素质教育的途径、宗旨、重点和目的，为深化教育改革指明了方向。

2019年，中共中央、国务院制定了《关于深化教育教学改革全面提高义务教育质量的意见》，进一步明确了立德树人、全面发展的指导思想，具体而言，就是"坚持以习近平新时代中国特色社会主义思想为指导，全面贯彻党的教育方针，落实立德树人根本任务，遵循教育规律，强化教师队伍基础作用，围绕凝聚人心、完善人格、开发人力、培育人才、造福人民的工作目标，发展素质教育，培养德智体美劳全面发展的社会主义建设者和接班人"。该《意见》将指引着新时代义务教育迈向更加美好的未来。

2021年修订的《中华人民共和国教育法》第五条，具体阐释了党的教育方针，从根本上回答了新时代的"教育三问"："教育必须为社会主义现代化建设服务、为人民服务（为谁培养人），必须与生产劳动和社会实践相结合（怎样培养人），培养德智体美劳全面发展的社会主义建设者和接班人（培养怎样的人）。"全面贯彻党的教育方针，必须成为包括中心学校在内的所有学校的工作指南。

全面提高教育质量，需要我们树立科学的教育质量观，需要我们必须把德育、体育、美育、劳动教育等有机地融入智育。中心学校要通过引导中小学课程育人、文化育人、活动育人、实践育人、管理育人、协同育人，提高德育实效；通过引导教师深入理解学科特点、知识结构、思想方法，科学把握学生认知规律，提高智育水平；通过开齐开足体育课，开展好学校特色体育项目，每天锻炼一小时，增强学生体质；通过落实音乐、美术、书法等课程，有条件的学校设立艺术特色课程，增强美育熏陶；通过学生生活实践、劳动技术教育、家校协同锻炼、社区志愿服务，加强劳动教育。

为将实施素质教育、提高教育质量落到实处，中心学校需要建立一定的督导制度。比如，每周利用一两天的时间，深入每一所中小学、幼儿园，通过听课、座谈、巡视校园等方式，了解课堂教学、课外活动、教学常规、教研教改、学校管理等方面情况。要特别关注课堂教学，强化课堂主阵地作用，发现问题，及早整改。按照《义务教育质量评价指南》(2021)，围绕办学方向、课程教学、教师发展、学校管理、学生发展等五个方面，定期对每所学校进行办学质量评价；引导教师围绕学生品德发展、学业发展、身心发展、审美素养、劳动与社会实践等五个方面，对学生发展质量进行科学评价；逐渐破除教育教学的“唯分数论”，促进学生全面而有个性地发展。

“减负”一词在各级教育文件中屡见不鲜。为全面贯彻党的教育方针，切实提升学校育人水平，中共中央、国务院于 2021 年出台了《关于进一步减轻义务教育阶段学生作业负担和校外培训负担的意见》(简称“双减”政策)，全方位、大力度地加强了对教育减负工作的源头治理、系统治理和综合治理，在社会上引起了强烈反响，得到了一致好评。

“双减”政策对学校提出了三个方面的要求，一是全面压减作业总量和时长，减轻学生过重作业负担；二是提升学校课后服务水平，满足学生的多样化需求；三是大力提升教育教学质量，确保学生在校内学足学好。这三方面，简单地说，就是既要减轻负担，又要提质增效。

“双减”政策给中心学校提出了严峻的挑战。是选择“躺平”，还是选择奋起？我相信更多的中心学校会选择后者。

要选择奋起，要激流勇进，要有所作为，就要站在全面贯彻党的教育方针、落实立德树人根本任务、促进学生全面发展和健康成长的高度，认真领会“双减”政策精神，引导学校通过健全作业管理机制、限定作业总量、提高作业设计质量等方式，减轻学生过重作业负担；引导学校充分挖掘和利用资源优势，拓展课后服务渠道，开展丰富多彩的科技文体活动，提高课后服务质量，发展学生的个性特长；引导学校激发办学活力，提升办学水平，强化教学管理，提升课堂教学效率，改进考试方法，减少考试次数，规范考试结果运用，切实减轻学生课业负担和心理压力。

因此，中心学校要实行常态化的“双减”工作督导，特别是作业管理情况、课后服务情况、课堂教学情况，既要强力推行相关规定，又要温情听取师生意见，及时矫正客观存在的实际问题，确保“双减”工作落到实处，确保教育质量稳步提升，确保素质教育开花结果。

成为教师成长的赋能者和乡村振兴的助力者

百年大计，教育为本；教育大计，教师为本。经过国家几十年的努力，乡村教师在专业素养方面有了普遍的提高：民办教师退出了历史舞台，专科、本科文化程度占了主流，教师普通话水平基本达到相应标准，信息技术运用能力也大体能适应教学需要，等等。

与此同时，我们也应当看到许多不利的因素。比如：（1）一些从民办教师转正的乡村教师，有着很朴实很浓厚的乡村教育情怀，但现在已经大多年老体弱；（2）最近一二十年来通过招考进入教师队伍的年轻教师，其绝大多数住在城区，乡村情怀不是很深；（3）虽然教师待遇在逐年提高，但与公务员及其他企事业单位相比，乡村教师的工资待遇依然处于弱势状态，导致一些教师工作热情不高；（4）一些规模较小的中小学，或是一些校长不太重视教师成长的中小学，在促进教师专业成长方面动力不足、方法不多、效果不佳；（5）随着城镇化进程的加快，城区学校的体量逐年扩张，几乎每年都要从乡村教师队伍里招考一些年富力强、业务较强的教师进城，这又弱化了乡村教师队伍，一些学校出现学科师资结构性问题；（6）因地处偏远，一些小学教师数量明显不足，导致当下仍有一些代课教师存在。

凡此种种，都不同程度地影响了乡村教师的整体水平，影响了乡村学校的教育教学质量。这便需要乡镇中心学校在教师专业成长方面多想办法、多花力气、多搭平台。可以从以下四个方面着手。

一是明确方向。组织学习《中学（小学、幼儿园）教师专业标准（试行）》（教育部，2012），充分发挥其引领和导向作用，引导教师将其作为自身专业发展的基本依据和基本方向，让全体教师明确作为中小学、幼儿园教师应具备的专业素养：其专业理念，包括师德为先、学生为本、能力为重、终身学习；其基本内容，包括专业理念与师德（职业理解与认识、对学生的态度与行为、教育教学的态度与行为、个人修养与行为），专业知识（教育知识、学科知识、学科教学知识、通识性知识）、专业能力（教学设计、教学实施、班级管理与教育活动、教育教学评价、沟通与合作、反思与发展）。

二是选好校长。校长是学校教师成长的方向标。中心学校要按照“政治过硬、品德高尚、业务精湛、治校有方”的标准，选好、用好、培训好校长；要引导中小学校长，在校本教研、集体备课、青蓝工程、教师读写、课题研究、师德论坛等方面舍得投入，把教师的专业成长与日常教育教学进行有机融合。如果说校长能成为热爱读书、勤于写作的榜样，学校的发展、教师的成长便是一件自然而然的事情了。

三是突出师德。中心学校要把提高教师思想政治素质和职业道德水平，切实摆在新时代教师队伍建设的首要位置，突出中小学、幼儿园全员全方位全过程的师德养成；把农村义务教育学校骨干教师评选、职称评定、评优评模、年度考核等，与师德表现紧密挂钩；对师德表现突出者，要在主流媒体上进行宣传表扬，对师德表现不合格者，要进行“黄牌警告”，作诫勉谈话。

四是多搭平台。教师成长，是在长年累月的教育教学中渐悟出来的，是在夜深人静的持续读写中感悟出来的，是在名师专家的专业引领中顿悟出来的，也是在千锤百炼的优质课比赛中觉悟出来的。因此，中心学校要善于搭建平台，多请名师专家与乡村教师进行线上线下的教研互动，各级各类的优质课评选推送要“真枪实弹”地在乡镇内进行“海选”，千万不要为了省时省心而指派参赛。总之，经费再紧张，也要舍得财力培训教师；事务再繁忙，也要投入精力锻炼教师。师资水平提高了，教育质量才能稳步提高。

实施乡村振兴战略，是党的十九大做出的重大决策部署，是新时代“三农”工作的总抓手。乡镇中心学校地处乡村腹地，作为乡村的文化中心，理应成为乡村振兴的助力者。

《中共中央　国务院关于实施乡村振兴战略的意见》（2018）指出，“按照产业兴旺、生态宜居、乡风文明、治理有效、生活富裕的总要求，建立健全城乡融合发展体制机制和政策体系，统筹推进农村经济建设、政治建设、文化建设、社会建设、生态文明建设和党的建设”。乡镇中心学校在“乡风文明”和“文化建设”上将大有可为。比如，可组织有情怀有特长的教师，挖掘乡村的美丽传说、英模事迹、乡贤故事、优秀家风，将其写成文章、谱成童谣、绘成图画、编成书籍。这一方面能作为乡村文化振兴的基本素材，另一方面则可成为地方课程或地方教材，以此丰富教学内容，激发中小学生热爱家乡的情怀。

乡村振兴，生活富裕是根本；乡村振兴，教育振兴需先行。乡镇中心学校，要争取资金，努力改善薄弱学校的基本办学条件，不断加强寄宿制学校建设；要大力优化学校食堂管理，着力实施学生营养改善计划；要加强公办、民办幼儿园管理，以公办带民办，在环境创设、区角建设、游戏编排、一日常规等方面给予辐射和引领；要健全学生资助制度，精准实施家庭经济困难学生资助，把党的好政策落实到每一个学生身上；要特别关注生理特异、心理特异、家庭特异的学生，切实做到义务教育优质均衡“一个也不少”；等等。

优先发展农村教育事业，这是农民群众最关心、最直接、最现实的利益问题，乡镇中心学校必须承担应当承担的义务。

乡镇中心学校要成为乡村教育的动力引擎，这是建设教育强国、办好人民满意的教育、实施乡村振兴战略的现实需要。

要成为乡村教育的动力引擎，乡镇中心学校的所有工作人员只有不断地加强学习、加强磨炼、增长知识、增长见识、提高觉悟、提升本领，才可能成为学校管理的行家里手，教育教学的参谋助手，解决问题的实战能手，教师学生的服务帮手。

选择“时鲜”

“文章合为时而著，歌诗合为事而作。”教学研究，教育写作，要善于捕捉热点、关注焦点、关切痛点、寻找锚点。

一项政策的出台，一次重大的变革，一个概念的冲击，我们既要激情参与，又要冷静思考，与时代同行，与创新做伴。正所谓：人无我有，人有我优，与时俱进，勇立潮头。

选择“时鲜”，意味着选择那些当下热门、关注度高、具有时效性的课题。这样的课题往往与社会热点、教育改革等密切相关，能够引起广泛的关注和讨论；也可以让我们紧跟时代步伐，为解决现实问题提供有价值的思路和方法。

选择“时鲜”的教研选题，意味着关注那些正在变化、发展的教育现象和教育问题。通过研究这些变化，我们可以更好地理解教育发展的规律，预测未来的趋势，从而更好地应对未来的挑战。

本节内容，笔者将从“教学成果”和“课程标准”两个“时鲜”话题入手，来谈谈个人的一些浅见。

教学成果是智慧与情怀的双向奔赴

2023年7月，教育部公布了2022年国家级教学成果奖获奖项目。据悉，基础教育国家级教学成果奖包括特等奖2项、一等奖70项、二等奖498项，共计570项。国家级教学成果奖是国务院确定的教育教学领域最高级别奖项，因而备受关注。

近日，笔者集中阅读了该奖项的评选通知、评选综述以及关于部分奖项目的报道文章和点评文章。如果用一句话来表达我的感受，那就是：教学成果是智慧与情怀的双向奔赴。

基本情况扫描

2022 年 9 月 5 日，教育部官网公布《教育部关于开展 2022 年国家级教学成果奖评审工作的通知》（以下简称《通知》）。《通知》要求，评审工作要坚持四项原则。一是坚持正确政治方向，全面贯彻党的教育方针，落实立德树人根本任务；二是坚持以提高人才培养质量为核心，深化教育教学改革，突出实践性和创新性；三是坚持引导优秀人才终身从教，向长期从事一线教育教学的教师倾斜（据悉，在获奖的 570 项成果中，一线成果占比 71.22%）；四是坚持示范引领，重在应用推广，带动提高相关领域人才培养能力。同时，要做到思想政治和师德表现双把关，对推荐成果主持者、参与者的资格进行审查，确保政治过硬、师德表现过硬。

《通知》附有“评审工作安排”，提出了成果要求：一是突出育人导向，二是注重解决问题，三是推进理论创新，四是经过实践检验。

理论创新要求：特等奖教学成果应在教育教学理论上有所建树，在教学改革实践中取得重大突破和重大影响；一等奖教学成果应提出自己的理论见解或发展完善已有理论，在教学改革实践中取得较大突破和较大影响；二等奖教学成果应在教学改革实践的某一方面有所突破，在教学改革实践中取得一定影响。

实践检验要求：基础教育教学成果必须在理论研究的基础上，使问题在实践中得到有效破解，特等奖和一等奖教学成果应经过不少于 4 年的实践检验，二等奖教学成果应经过不少于 2 年的实践检验。

获奖成果主要包括以下五个方面的特点：

一是突出育人导向。这些获奖成果强调教育应该以培养学生的全面发展为目标，符合党的教育方针和政策，注重立德树人，促进学生德智体美劳全面发展。这种育人导向体现了教育的核心价值。

二是遵循教育规律。这些获奖成果遵循学生身心发展和教育教学规律，以科学的方法和理念指导教学实践，有效地提高教学质量和效果。它们充分体现了新时代教育改革发展的要求。

三是聚焦关键环节。这些获奖成果关注当前基础教育中的重点、难点问题，如创新人才培养、新课程改革、产教融合等，并提出相应的解决方案。它们注重在关键环节上寻求突破，以提升教育的整体水平。

四是注重特色创新。这些获奖成果强调特色和创新，鼓励教育工作者在教学方法、课程设置、管理模式等方面进行探索和创新。这种创新精神为推动教育改革发展注入了新的动力。

五是赋能信息技术。这些获奖成果充分认识到信息技术在教育中的重要作用，积极推动信息技术与教育教学的深度融合。它们利用信息技术手段，如大数据分析、人工智能等，为教育教学提供智能化、个性化的支持和服务，提高了教育的效率和效果。

这些特点对于推动教育教学改革创新、提高教育质量、培养高素质人才具有重要意义。

部分项目简介

1. 特等奖成果：《数智技术与情感教育双驱动的小学育人模式实践探索》

该成果的核心思想是利用数智技术手段，如人工智能、大数据等，为教育教学提供智能化、个性化的支持和服务，同时注重情感教育在育人过程中的重要作用。在实践中，该奖项强调教师在育人模式中的主导作用，通过情感教育的方式关注学生的情感需求和体验，培养学生的情感智力和社会责任感。通过数智技术与情感教育的双驱动，上海市黄浦区卢湾一中心小学初步构建了“育人全过程融合、数字全流程优化、评价全要素诊断、教师全方位发展”的育人模式。该成果的实践探索，体现了新时代教育教学改革发展的要求，将数智技术与情感教育有机融合在一起，为小学育人模式的创新和实践提供了新的思路和方法。①

2. 特等奖成果：《大情怀育人：扎根乡村40年的行知教育实验》

江苏省南京市浦口区行知小学是一所位于乡村的学校，自1982年起

① 计琳．卢湾一小：“数智”与“情感”双驱动的小学育人模式新探索［J］．中国基础教育，2023(08)：15-20.

开始行知教育实验，以培养学生的综合素养和创新能力为核心目标。该校通过创建“行知班”，提出“学会成长、学会联合、学会赏识”理念，破解乡村学校发展中遇到的新问题；着力培养“精彩陶子”，培养学生“康健的体魄、农人的身手、科学的头脑、艺术的兴味”；系统建构了“基于生长、滋养生长、促进生长、指向生长”的课程体系，具体包括体育与健康、品行与修养、语言与文化、艺术与审美、科学与探究、实践与创新六大学习领域，培养学生的生活力、实践力、创新力。该成果，为乡村教育的发展和实践提供了新的思路和方法。①

3. 一等奖成果：《从德育渗透到课程思政：天津市中小学学科育人三十年研究与实践》

从20世纪80年代末开始，天津市中小学逐步开启学科育人的实践探索，先后经历“主题渗透”“有机融入”“深度融合”三个发展阶段。三十多年来，学科育人在该市中小学成为一种价值共识，形成“学科味道”“润物无声”“内化生长”的基本理念，构建系统化学科育人实施机制，提炼形成了课程思政操作原则（包括价值导向、学科本质、浸润共情、自觉内化、持续建构等），开发研制了课程思政学科教学指南，研磨生成了“教—学—评联通思维链”，使课程思政“融得自然、讲得准确、听得起劲、做得到位”，让课程思政回归育人本质，为全国中小学课程思政提供了生动的天津样本。②

4. 一等奖成果：《以美融通五育：一体化育人体系的实践探索》

为解决“五育割裂、各育失衡”“疏德、偏智、弱体、抑美、缺劳”等教育问题，厦门英才学校自1995年以来，积极探索“以美融通五育”育人理念，构建“优美崇高”的目标体系，“融美育美”的课程体系，“大爱大美”的资源体系，“各美其美”的评价体系，创新管理体制，厉行教学改革，厚植文化根基，拓展教育空间，不断提升立德树人、五育并

① 刘青松．“大情怀育人”：行知教育实验的40年探索［J］．中国基础教育，2023(08)：22-27.

② 孙茂华．从德育渗透到课程思政：天津市中小学学科育人三十年研究与实践［J］．中国基础教育，2023(11)：12-16.

举、全面育人的办学境界，让“以美融通、课程整合、学段衔接、旨归素养”全面地发生，让“以美融通五育”深度地开展。①

5. 一等奖成果：《做数学：义务教育学科育人的创新实践》

从2001年开始，江苏省教育科学研究院项目组组建了纵跨小学和初中两个学段、横跨江苏全省的“做数学”研究团队。项目组以“行政驱动、专业引动、实践推动、省市联动”四位一体的方式，开展课题研究，逐渐形成了“做数学”的理论体系，包括理论溯源（知行合一、教学做合一）、总体目标（启迪心智、激荡情感、形塑品格）、基本特征（情境性与实践性、主体性与交互性、开放性与创新性）；建构了“做数学”的教学模型，包括操作体验型、实验探究型、综合实践型；建立了“做数学”的评价框架，包括对数学关键能力进行水平划分、设计评价学生品格与价值观的指标体系；开发了“做数学”的系列资源。“做数学”自2014年推广以来，全面改善了数学学习生态，有效促进了教师专业素养的发展，持续扩大“做数学”实践效应。该成果从“做数学”的角度，为培养“智慧人”“美德人”“文明人”，使人成为“完整人”做出了有益的探索和实践。②

6. 一等奖成果：《主题引领的双微机制：有效激发教学改革行为的教师专业发展模式研究与实践》

华南师范大学项目组对中小学教师“学习时心情激动，回到学校一动不动”的现象进行深入分析，系统构建了“三感统合”模型，即“价值—信念系统”“效能—激励系统”“安全—保障系统”，推动教师跳出心理舒适区、获得自我效能感、营造“众人拾柴火焰高”的集体氛围；探索建立了专家陪伴“LOVE”行为模型，即倾听（Listen）、赋责（Oblige）、走访（Visit）、共历（Experience）；提出了“主题引领的双微机制”，包括主题、微任务、微团队三个要素，将宏大理论转译为鲜明的教改主题，从教师最近发展区出发，将主题分解成微任务，构建微团队

① 付晓秋．“以美融通五育”：一体化育人体系的理解与践行［J］．中国基础教育，2023(11)：24-29.

② 董林伟，郭庆松，赵维坤．“做数学”：为学科育人探索新路径［J］．中国基础教育，2023(08)：29-34.

营造持续开展教改的良好氛围。该成果充分发挥专家“贴地行走、常态在场”的作用，为参加教改的架势提供陪伴式指导，及时帮助教师解决困难、消除疑惑、坚定信心，在破解教师发展“有心动、难行动”顽疾方面，进行了有益探索。①

7. 一等奖成果：《新时代普通高中拔尖创新人才一体化培养模式探索与实践》

针对传统教育方式制约拔尖创新人才发展的现实问题，2014 年开始，华中师范大学第一附属中学项目组提出“培养未来世界引领者”的办学理念，首创“卓越品格、强健身心、关键能力”三位一体素养结构，打破传统的封闭式育人格局，提出了“瞻前顾后，左顾右盼”的办学主张。一边指向高等教育，一边指向中小学教育；一边指向家庭教育，一边指向社会教育。以目标、课程和学法的一体化纵向改善学段衔接，以理念、资源和环境的一体化横向优化“家校社”的协同，制定普通高中拔尖创新人才一体化培养课程方案，建立多方联动综合育人管理制度，践行“生活即教育”“社会即学校”“世界即课堂”“实践即教学”等理念，培育拔尖创新人才成长沃土，高站位、广视角、多层次、宽视域地进行系统化教育办学实践。②

教育教学启示

国家级教学成果奖的评选与颁布，既是对过往的一次回顾与提炼，也是对未来的一种展望与期许。

在笔者看来，教学成果是智慧与情怀的双向奔赴。教育教学需要智慧和情感的双重投入。

从教育情怀角度来看，国家级教学成果奖的获奖项目都展现出了对教

---

① 王红，张倩，童宏保．主题引领的双微机制：激发教师改革行为的师训模式探索［J］．中国基础教育，2023(09)：17-20.

② 周鹏程．培养“未来世界引领者”：高中拔尖创新人才的“一体化培养”［J］．中国基础教育，2023(10)：46-51.

育事业的深深热爱和执着追求。这些成果的背后，是项目主持者、参与者数十年如一日的辛勤付出。

从教育智慧角度来看，国家级教学成果奖的获奖项目都展现出了对教育教学的深入研究和创新思维。这些成果不仅关注了教育的传统优势，还积极探索了新的教育理念和方法。这启示我们，在教育教学中要不断学习和研究新的教育理论和技术，将最新的教育成果应用到实际教学中。同时，我们要注重培养学生的创新思维和实践能力，帮助他们掌握适应未来社会发展的技能。

从教育教学的角度来看，我们要注重创新性和实效性。获奖成果中有很多是关于课程建设、教学内容、教学方法等方面的创新实践，这些成果都强调了教育教学要紧跟时代步伐，注重教育实效。这启示我们在教育教学中要不断探索新的教学方法和手段，注重更新教育理念，关注学生的实际需求和兴趣爱好，以获得更好的教学效果。

从教研教改的角度来看，我们需要注重实践和应用。很多获奖项目的作者都经过了长时间的实践和探索，从实践中总结经验，进而上升到理论层面。这启示我们在进行教研教改时，要善于将研究成果应用到实际教学中，通过实践来不断完善和优化教学方法和手段。

从教师发展的角度来看，我们应该不断更新教育观念，提高自身素质和能力。获奖成果中的很多教师都具备深厚的学科知识和广泛的教育教学经验，并不断地进行自我提升和学习。这启示我们，要勤于学习新的教育理论和技术，提高自身素质和能力，以便更好地服务于学生，服务于教育事业。

从学生发展的角度来看，学生是教育的主体，教育教学应该关注学生的全面发展。获奖成果中有很多是关于学生综合素质培养、个性化教育等方面的探索和实践。这启示我们，在教育教学中要关注学生的个性化需求和特点，为每个学生提供适合的教育和发展机会。

从教育公平与质量的角度来看，这些获奖项目不仅关注了教育的质量和公平性，还积极探索了如何通过教育教学改革来提高教育的整体水平。这启示我们要关注不同层次学校、不同基础学生之间的差距，努力实现教育的均衡发展。同时也要注重教育教学改革，不断提高教育的质量和水平，为学生的成长和发展提供更好的保障。

从教育国际化的角度来看，这些获奖项目不仅关注了国内的教育教学改革，还积极探索了如何与国际接轨，引进和吸收国际先进的教育理念和经验。这启示我们，要注重本土化与国际化的结合，探索适合中国国情的教育改革之路，为学生的成长和发展提供更广阔的视野和机会。

从未来教育趋势的角度来看，未来教育将更加注重学生的全面发展、个性化需求和综合素质的培养。这启示我们要关注学生的个性化需求和特点，为每个学生提供适合的教育和发展机会；同时也要注重培养学生的创新精神和实践能力，帮助他们掌握适应未来社会发展的技能。未来教育教学也将更加注重信息化和数字化的发展趋势，我们要积极探索信息化和数字化教育模式与方法，将最新的教育技术应用到实际教学中，更好地提高教育效率，提升学生的学业成绩和综合素养。

未来已来，将至已至。唯有不忘初心、牢记使命、勇于创新、克难奋进者，才能勇立潮头、披荆斩棘。这应当是国家级教学成果奖给予我们的重要启示。

把课标“融”进课堂

——以统编版小学二年级语文上册第六单元为例

《语文课程标准（2022）》是一种纲领性读本，其理念新，前瞻性强，概念多，指导性强。如何对教材和课标进行有机整合，如何把新课标理念落实到语文课堂，如何发展学生的核心素养，笔者认为，可从一个“融”字着手。

“融，炊气上出也。”（《说文解字》）其本义为冰雪化为水，引申为“蒸汽升腾”“几种不同的事物合成一体”“和煦、暖和”“和乐、恬适”等义。我们单看这些解释，就觉得美妙至极了。

如何把课标“融”进课堂呢？笔者认为，可以从文本解读、教案设计、课堂教学、学习评价等方面分步推进。下面，笔者以统编版小学二年级语文上册第六单元为例，作简要阐述。

文本解读：与课标融合

文本解读，在笔者看来，有三重属性。

一是客观性，也就是文本自身所呈现出的形式和内容方面的客观属性。比如，曹雪芹心中的贾宝玉、林黛玉只会分别是“那一个”，而不是万千读者的众说纷纭。这种属性是作者的文化素养、生活境遇、情感态度、写作意图等方面的综合反映。

二是主观性，也就是解读者对文本所产生的理解感悟、联想想象、情感体验等方面的属性。不同的解读者会有不同的理解，正所谓“一千个读者，就有一千个哈姆雷特”。

三是社会性，从教科书来看，这便是教材的编写者、课标的制定者对相关文本的导向属性。他们希望教师的解读、学生的理解朝着某个方向去发展，比如立德树人、教书育人、提升文化素养、建立文化自信等。

作为语文教学的文本解读，应当是兼具上述三种属性的。也就是说，作为语文教师的解读者，应当把从作者视角出发的客观性、从教者视角出发的主观性，以及从编者视角出发的社会性进行有机整合，让学生逐步形成必备品格和关键能力，以期达到教书育人、立德树人的教育目的。

《语文课程标准（2022）》的课程理念主要包括五个方面：一是立足核心素养的发展，二是学习任务群的构建，三是加强课程内容整合，四是增强语文课程的情境性和实践性，五是倡导“教—学—评”一体化。要在语文课堂上落实这些课程理念，教者必须在教材解读时积极地与新课标进行融合。

我们来看二年级语文上册第六单元。该单元共有四篇课文，都是关于革命文化的文章。

《八角楼上》一文，讲述了井冈山时期，毛泽东在一个寒冷的冬夜里，在八角楼上挑灯写作的情景。文章表现了毛主席不畏艰苦、忘我工作的革命精神。

《朱德的扁担》一文，记述了朱德在井冈山与红军战士一起挑粮的故事。文章表现了朱德身先士卒、与战士们同甘共苦的革命道德。

《难忘的泼水节》一文，讲述了周恩来总理和傣族人民欢度泼水节的情景。文章突出了周总理平易近人、和蔼可亲的形象，以及与民同乐的情怀。

《刘胡兰》一文，记述了刘胡兰英勇就义的经过，表现了刘胡兰英勇无畏的革命精神和坚定不移的革命信仰。

新课标指出，革命文化要“围绕伟大建党精神”“注重反映理想信念、爱国情怀、艰苦奋斗、无私奉献、顽强斗争和英勇无畏等革命传统”。本单元四篇课文，从不同侧面讴歌了伟大建党精神，传承了革命文化和红色基因。这是少年儿童最需要的精神养料。

同时，新课标指出，学习具体、清楚、生动地讲述有关老一辈无产阶级革命家和革命英雄的事迹，从中获取、整合有价值的信息，根据具体语境，清楚得体地表达，满足真实生活的交流沟通需求。这为该单元课文教学指明了方向，也是“实用性阅读与交流”学习任务群的基本要求。

随文识字，字理识字，丰富词汇，积累格言警句，学会运用标点符号，培养形成良好语感，这是“语言文字积累与梳理”这一学习任务群的长期任务。这些学习任务，在四篇课文和“语文园地六”中或分散或集中地体现了出来。

综上所述，该单元依托革命文化，传承红色基因，教者可以从“语言文字积累与梳理”“实用性阅读与交流”两个学习任务群切入，在识字、阅读、表达、梳理等语文实践活动中发展学生的语文核心素养。

教案设计：把课标融入

教案设计（教学设计）是指教师为了优化教学过程、提高教学质量，以认知学习理论、教育传播理论和系统科学理论为基础，根据教材的学习内容、学生的学习特点和自身的教学个性，对教学过程的各个环节、各个要素预先进行科学的计划、合理的安排，制定出整体教学运行方案的过程。

笔者认为，在新课标的引领下，从单元整体出发的教案设计，可按照“确立核心任务—制订学习目标—设计学习活动—开发评价量规”的流程进行。这一部分，笔者以单元为案例作阐述。

1. **确立核心任务**

单元核心任务可根据课文具体内容、课标相关要求、教者个性理解等因素来确立。笔者结合上文阐述，将本单元的核心任务确立为“传承红色基因”。各课段子任务如下。

二年级语文上册第六单元学习任务

课段	核心任务	子任务	课时
单元感知	传承红色基因	自主阅读红色故事	1 课时
《八角楼上》		感知毛泽东的工作情怀	2 课时
《朱德的扁担》		感知朱德同志的革命道德	2 课时
《难忘的泼水节》		感知周总理的亲民形象	2 课时
《刘胡兰》		感知刘胡兰的斗争精神	2 课时
语文园地六		单元整合、语言的积累与运用	2 课时

2. **制订学习目标**

学习目标的制订，要依据课标的要求、教材的内容、学生的学情三者权衡情况，适应时代、适切教材、适合学生。详见下表。

二年级语文上册第六单元学习目标

角度	目标描述
文化目标	·通过课文的学习，感受毛泽东、朱德、周恩来等老一辈无产阶级革命家不畏艰苦、忘我工作、身先士卒的革命精神，平易近人、和蔼可亲、与民同乐的光辉形象；感知刘胡兰等革命先烈心怀革命、不怕牺牲的革命信仰。 ·通过课文的学习，深刻认识到民族解放、幸福生活的来之不易，从而更加珍惜革命成果，更加坚信社会主义道路，深刻体认伟大建党精神。 ·通过阅读《大禹治水》，感受到大公无私、持之以恒、尊重规律等中华优秀传统文化。

（续表）

角度	目标描述
语言目标	·会读“楼”“朱”“波”“刘”“轿”等64个生字，会写“楼”“扁”“忘”“刘”等28个生字，掌握“八角楼”“年轻”等29个词语。读准并掌握“盛”“铺”等10个多音字。通过归类识字、字理识字等方式，培养主动识字的能力。 ·会朗读四篇课文，能根据相关提示概括课文主要内容。 ·能结合具体的语言环境，理解关键词意思；感知动宾结构短语的搭配；了解并认识到人物描写的方法与作用。 ·积累“有志者事竟成”等警句格言。
思维目标	·在阅读课文中，感知通过环境描写、语言描写、动作描写、细节描写、侧面描写等方法来表现人物形象的思维方法。 ·通过归类识字、字理识字、概括课文内容等语文实践活动，培养分析比较、归纳判断等思维能力。
审美目标	·通过课文学习，感受老一辈无产阶级革命家、革命先烈身上所具有的品质之美、精神之美、情感之美。 ·通过概括、复述等方式，培养用语言文字表现美、创造美的能力。

设计学习活动

大体而言，单元整体课堂教学可采用“单元感知—逐课突破—园地巩固”的流程，根据学情设计学习活动。下面，笔者将《八角楼上》《朱德的扁担》两篇课文的学习活动予以简要呈现。

例1：《八角楼上》 学习活动设计

1. 情境导入。仔细观察情境图《不灭的明灯》，用自己的话说说图中的情境。

2. 背景介绍。

知识小卡片 1

①井冈山革命根据地，是土地革命战争时期，中国共产党创建的第一个农村革命根据地。②井冈山位于湘赣两省交界的罗霄山脉中段，这里地势险要，进可攻，退可守；群众基础好，国民党统治力量薄弱，便于开展斗争工作。③1927 年 10 月，毛泽东率领工农革命军到达井冈山地区，开展游击战争，进行土地革命。④1928 年 4 月底，朱德、陈毅率领南昌起义中保存下来的部队，同毛泽东领导的工农革命军在井冈山胜利会师。

3. 朗读课文。(1) 对照拼音，熟读生字并口头组词。(2) 对照拼音，朗读课文。(3) 结合插图，理解词意。例：每当夜幕降临的时候，八角楼上的灯就亮了。(夜幕降临：夜晚来临，天空就像被一块大大的幕布盖住一样，越来越暗。其他词句，详见课后思考题)

4. 理解课文。(1) 在文章的哪些地方，可以看出井冈山斗争时期斗争条件的艰苦？(寒冬腊月，点着清油灯，穿着单军衣，披着薄毯子) (2) 说说毛泽东是怎样工作的。(3) 毛泽东工作的情景，有哪些细节最能打动你？(比如拨灯芯，毯子滑落也没有觉察到——条件艰苦，专心致志) (4) 这盏油灯，“照亮了中国革命胜利的道路”，这句话怎么理解？(可参考知识小卡片 2)

知识小卡片 2

毛泽东使用的这盏油灯，是红军在井冈山时用过的最普通的一盏。然而，就是在这盏清油灯下，毛泽东写下了《中国的红色政权为什么能够存在?》《井冈山的斗争》等光辉著作。这盏“不灭的明灯”，照亮了中国革命前进和胜利的道路。

5. 情感表达。(1) 播放歌曲《八角楼的灯光》：“天上的北斗星最明亮，茅坪河的水啊闪银光……井冈山上八角楼，升起了不落的红太阳。” (2) 情感表达：学习了课文，欣赏了歌曲，你想对毛泽东说些什么，以表

达你的景仰之情？（可用“在井冈山……”“在八角楼……”“在清油灯下……”等句式来表达）

6. 生字词读写。（略）

例 2：《朱德的扁担》学习活动设计

1. 认识朱德。出示朱德图片，简介朱德生平。（略）

2. 认识扁担。出示扁担图片，或农民用扁担挑粮食的图片。

3. 朗读课文。（1）熟读生字，并口头组词。（2）对照拼音，朗读课文。

4. 解释词语。（1）结合前后文，说说“会师”“根据地”“储备”等词语的意思。（2）比较辨别：“穿着草鞋，戴着斗笠，挑起粮食”中的“穿、戴、挑”这三个字能否互换？为什么？（明确：“穿”在身上或脚上，“戴”在头上或手上，“挑”在肩膀上）

5. 理解课文。（1）根据课文内容，讲一讲“朱德的扁担”的故事。（可从什么时间、什么地方、干什么、有什么曲折、什么结果等角度说一说）（2）说说为什么大家越发敬爱朱德同志了。

6. 想象说话。“从井冈山到茅坪，来回有五六十里，山高路陡，非常难走。可是每次挑粮，大家都争着去。”如果当时你在场，你想对战士们说些什么？

7. 拓展延伸。下面这段文字，表现了朱德同志的哪些品质？（流程：学生试读—教师朗读—学生作答）

> 我带兵的特殊战术是这样的：我本人身体健壮，可以和弟兄们共同生活，跟他们打成一片……我总是坚持从各方面弄清敌人阵地的情况。一般来说我和民众的关系很好，这给我很大帮助。（节选自《红星照耀中国》）

8. 生字词读写。（略）

课堂教学：将课标融化

课堂教学，在一定程度上来说，就是教师和学生一起将教案在课堂上逐步演绎的过程，或者说是师生一起把“预设性课堂”演绎为“生成性课堂”的过程，也可以说是把课程的“学习目标”逐步演绎为学生的“核心素养”的过程。

这种“演绎”的过程，笔者认为，用“融化”一词来表达最为确切。宋代张端义的《贵耳集》里有这样一句：“作诗要融化，岂可执而不通。”语文课堂上的“融化”，其实质就是把学习目标或课标要求，通过一系列的语文学习活动，使之“随风潜入夜，润物细无声”，浸润于学生的心田，滋长为学生的素养。下面，笔者以《难忘的泼水节》和《刘胡兰》两课教学片段为例，作简要阐释。

例3：《难忘的泼水节》教学片段

“感知周总理的亲民形象”，这是本文的人文主题，亦是该课的文化目标。教学中，教者可以在两个方面进行一些铺垫：一是从“人民的好总理”角度，简要介绍周总理；二是从“谁被泼的水最多，象征着这一年谁将最幸福”角度，简要介绍泼水节。

为达成文化、语言、思维、审美等方面的学习目标，教者在课堂上可通过“画一画”“说一说”“读一读”“演一演”等方式来推进，让学习目标融化在学习活动之中。

1. 画一画：（1）用波纹线画出傣族人民特别高兴的句子，并用自己的语言读出这种高兴；（2）结合情境图，用横线画出有关周总理外貌描写和动作描写的句子，尽可能地读出傣族人民对周总理的敬爱之情。

2. 说一说：用“象脚鼓、凤凰花、银碗、柏树枝”等词语，说说周总理是怎样和傣族人欢度泼水节的。

3. 读一读：文章最后三段的感叹号能否改为句号？为什么？请分别读出它们的感叹语气。

4. 演一演：请用手势或其他动作表示下面加点词的意思。（1）人们在地上撒满了凤凰花的花瓣，好像铺上了鲜红的地毯；（2）周总理一手端着盛满清水的银碗，一手拿着柏树枝蘸了水，向人们泼洒，为人们祝福。

在“拓展延伸”环节，课堂上还开展了“讲一讲”实践活动，使得周总理的人物形象更加丰满，这也为周恩来成为“人民的好总理”这一个“果”，找到了一个“因”。

5. 讲一讲：周恩来“为中华之崛起而读书”故事。

例4：《刘胡兰》教学片段

感知刘胡兰的斗争精神，认识民族解放、幸福生活的来之不易，进而珍惜今天的幸福生活，是《刘胡兰》一课的文化目标。与此同时，在语言、思维、审美等方面也有相应的学习目标。

从学生的认知特点出发，课堂上先让学生朗读课文，说说故事发生的时间、地点、人物、事件，进而简要介绍刘胡兰的家庭出身以及入团、入党等经历，这样，学生对课文、对刘胡兰都有一个初步印象。对于该课的主要教学环节，课堂上可以这样推进。

1. 填一填：根据文章的第2、3段内容，完成下表。

序号	敌人	刘胡兰
1	“有人供出你是共产党员！你们村里还有谁是？”	“就我一个！”
2	“说出来，就给你一份地。”	
3	“不说就打死你！”	
4	“再不说，也铡死你！”	

2. 读一读：认真体会“想收买—大声回答”“威胁—愤怒”“指着血淋淋的铡刀说—挺起胸膛说”等提示语，同桌搭配，模仿敌人和刘胡兰的说话语气，分角色朗读第2、3段。（班级展示，师生点评）

3. 说一说：（1）说说从哪些地方可以看出刘胡兰在敌人面前“一点儿也不动摇”；（2）说说从哪些地方可以看出刘胡兰“生的伟大，死的光荣”。

4. 讲一讲：（1）为了新中国的成立，为了人类的正义事业，还有许许多多的人献出了宝贵的生命，你能讲出一两个革命先烈和英雄模范的故事吗？（比如，王二小牺牲自己，把敌人带进八路军的包围圈；董存瑞舍身炸碉堡；邱少云在烈火中永生；王伟为捍卫国家领海安全而英勇献身；等等）（2）学了课文，听了故事，你想对革命先烈和英雄模范们说些什么？

不难发现，在教学设计时，我们的逻辑是“以终为始”（从学习目标出发），而课堂教学则是“自始至终”（由浅入深，深入浅出）；在目标的达成上，则从语文课程性质出发，实行“以一带三，以三促一”（“一”即“语言运用”，“三”则是“文化自信”“思维能力”“审美创造”）的策略。

需要注意的是，革命文化作品的思想内容和载体立场有一定的特殊性，因而在教育教学中应坚持“四性”：一是坚持思想性，即坚持价值取向的原则；二是坚持学科性，即坚持文道合一的原则；三是坚持融合性，即坚持单元整合的原则；四是坚持人本性，即坚持适切学生的原则。因篇幅所限，这里只就“价值取向”这一点略作阐释。“坚持价值取向原则，就是要警惕价值异化，防止思想窄化，避免内涵泛化，谨慎多元解读，从而更好地传承革命传统、赓续红色血脉。”因而，课堂的“生成性”要“有度”。

“坚冰碰到春温，就融化为涟漪的波澜了。”（叶圣陶）情境的创设，文本的阅读，任务的驱动，教师的启发，学生的互动，在这些“春温”的作用下，“坚冰”便在学生的心湖里“融化为涟漪的波澜了”。

学习评价：将课标融汇

“教—学—评”一体化、教学评的一致性，是2022新课标提出的重要建议。同时，新课标提出，“过程性评价贯串语文学习全过程”。下面，笔者根据学生的年龄特征和语文学科特点，从学习态度、学习过程、学习结果三方面开发评价量规，努力将课标要求、教材特点、学段特质、教师主观等因素，在过程性评价中融汇在一起，以引导和激励学生养成良好的学习习惯，掌握语文学习方法，发展核心素养。

二年级语文上册第六单元学习活动评价量表

评价角度	评价量规	评价主体		
		自我	同学	教师
学习态度	认知：学习目标明确，学习态度积极			
	情感：学习兴趣浓厚，理性面对困难			
	行为：主动参与学习，跟上学习节奏			
	方法：按照要求学习，不断优化方法			
	用时：合理安排时间，按时完成任务			
学习过程	预习：主动阅读文本，主动解决问题			
	听讲：上课认真听讲，积极举手发言			
	讨论：积极参与讨论，大胆发表意见			
	展示：敢于自我展示，学会完整表述			
	作业：常态作业保质，创意作业用心			
学习结果	识字：生字会读会写，书写规范整洁			
	阅读：朗读落落大方，课外阅读勤奋			
	表达：说话充满自信，倾听习惯良好			
	梳理：学会整理笔记，学会梳理要点			
	综合：课堂表现良好，作业正确率高			
综合评语	自评：			
	互评：			

注：根据班级实际情况，每个单元进行2—3次学习评价，也即每2—3个课段评价一次。评价的意义在于引导、激励和校正。“学习态度”“学习过程”“学习结果”3大方面共15个维度，达标一个维度，获得一个“优”（可用“√”表示）。获13—15个“优”，得5分；获10—12个“优”得4分；依此类推，但打分均应在3分以上（含3分）。

《语文课程标准（2022）》的发布和使用，为当前语文教学带来一个不大不小的思维浪潮。把课标“融”进课堂，是语文教学的现实需要，也是教师成长、学生发展的必由之路。这需要教师准确把握课标精神，深入理解教材意图，不断优化统整策略，着力提升“融”进艺术。唯有如此，我们才能更进一步地用好教材、用好课标，有效促进学生语文核心素养的发展。

“雪融化后是春天”，课堂教学就应当追求这样的诗意。

选择“感觉”

教研的“感觉”。看到某一个场景，听到某一个故事，读到某一段文字；勾起了某些回忆，想起了某个观点，触发了某种灵感；觉得“有戏”，产生“冲动”，不吐不快，欲罢还休。怀一颗敏感的心，用一种果敢的行，善待“感觉”，不忘“初心”。

教研选题、专业发展要相信自己的感觉。通过反思教学实践和不断尝试新的教学方法，我们可以逐渐培养自己的直觉和经验。

本节所选两文，一篇是针对“大单元教学”产生的“感觉”，一篇是关于“课题成果的培植和发掘”方面所产生的“感觉”。只要感觉“有戏”，就应当“博学之，审问之，慎思之，明辨之，笃行之”。

请勿轻言“大单元教学”

近日，某个教师专业群里谈及“大概念教学”，继而延伸至“大单元教学”。笔者发现，能参与讨论者寥寥无几，大多是冷眼旁观，抑或兴致索然。在笔者看来，这既在情理之中，也在意料之外。该群的教师，从地域来说，来自全国十多个省、自治区、直辖市；从学段和学科来说，涉及自幼儿园到高中的大多学科；从职级来看，初级到正高级皆有之，还有多位特级教师。该群的反应，具有一定的代表性。

本着一种理性务实、虚心学习的态度，笔者通过广泛查阅资料，结合语文教学现状，围绕“大单元教学”这一话题，写成此文，以供参考。

早期的“大单元教学”

通过文献检索发现，在基础教育领域，“大单元教学”一词可追溯到 20 世纪 90 年代。

比如，《语文教材的理论框架——“文体大单元”构想》（1992）一文提出把高中语文教材进行“大单元”处理。具体而言，就是把分散在各册教材中的课文按照记叙文、文学作品、说明文、议论文和应用文（均包括文言文）等进行文体归类，合并为五个大的文体单元，以此安排高中三年语文教学进度。①

这种“文体大单元”的建构方式兼顾着单元和单篇的知识体系，在单篇教学中比较注重课文的知识教学，关注“篇章五点”和“语句五点”，比如“语句五点”包括汉字、语境、语义、语法、修辞等。教学中，作者将“单元”与“单篇”有机整合，并有针对性地进行相应的强化训练，以期形成“智能和技能训练体系”。

这种大单元教学，关注学生的知识落实和技能形成，从当时来看，应当是一种较为实用的教材处理框架和有效的语文教学方式。但用今天的眼光看来，它似乎忽视了学生心智和技能方面相互促进、螺旋上升的特点。

再如《试论“大单元教学观”——兼谈义务教材单元构建的创新》（1993）一文认为，所谓“大单元教学观”，就是用整体联系的观点，以教学的阶段性、渐进性、目标性为基本思路，去进行教材设计和教学设计。②说得通俗一些，就是立足于当时通用的语文教材，对其编排体例进行二次建构，并选择一种具有个性化的教学模式和训练程序来实施语文教学。这样的单元教学思想便是“大单元教学观”。

这种“大单元教学观”，吸收了当时教材单元编排的“合理成分”，并别出心裁地进行了“类单元”的整合，强调“全面开放”的教学思想，注重语文教学与生活的紧密联系。值得一提的是，作者在单元结构上实现了多样化的探索，比如从语文智力层面设计了“训练感悟力”“训练分析力”“训练评判力”等具有层进式的语文智力训练，使得大单元真正“大”了起来、“活”了起来。但是，我们也可以想象到，这样的处理方式会让许

---

① 杨玉林．语文教材的理论框架——“文体大单元”构想［J］．语文学习，1992（09）．

② 邓禹南，肖红耘．试论“大单元教学观”——兼谈义务教材单元构建的创新［J］．中学语文，1993（07）．

多学生产生无所适从之感，比如“语文教材怎么用”“明天将上什么课”“如何有效地进行预习”等。

综上所述，早期的“大单元教学”主要是从实用主义出发，立足于通用的语文教材，依据文体特征或其他联系，将课文与单元进行个性化的重构，进而引入生活活水，着力于语文能力训练，以追求较高的教学效率，提升学生的学业成绩和心智水平。从中，我们也可以看到，教者或学校往往需要投入巨大的心力与财力，否则无法支撑其教材重构、内容重组、课堂重建。而这些，不是一般的教师和学校所能承受的。单从教学效果来看，也会因为教者素养和学校师资的参差不齐，存在一定的学业质量风险。

近年的“大单元教学”

自“核心素养”提出，特别是《普通高中语文课程标准（2017 年版)》颁布后，“大单元教学”便在文章、书籍、会议上逐渐成为一个热词。但此时“大单元”的含义已悄然发生变化。

比如，《整合资源读写联动，落实语用能力培养——成师附小语文嵌入式大单元教学读写联动的研究实践》(2017）一文指出，可通过简、删、调、换等方式，精心整合教材资源，有效嵌入课外资源，探索读写联动的操作策略，提升学生的语文素养，尤其是提升学生的读写能力。①

从该文来看，成师附小虽然也有适度的教材资源整合，但从其实质上看，还是依托于教材单元进行教学策略调整的。该校在单元教学中补充了大量的课外材料，并关注材料内容的科学性、示范性、多样性、儿童化，以及呈现方式上的丰富性等特点，让学生能在阅读、积累、对比中获取更多的语言养料与思维养分。但总体而言，其冠以一个“大单元教学”之名，想必是确立“单元核心目标”，使其目标“大”了；嵌入较多的课外阅读材料，使其容量“大”了。

---

① 姚嗣芳，等. 整合资源读写联动，落实语用能力培养——成师附小语文嵌入式大单元教学读写联动的研究实践［J］. 教育科学论坛，2017（11）.

再如，《三维目标融合，在真实情境的大单元教学中实现——以统编本八年级上册第五单元为例》（2019）一文提出，可通过单元整体架构、真实情境创设、学习任务驱动来融合三维目标，发展核心素养。该文发表时，统编教材八上第五单元由四篇课文（《中国石拱桥》《苏州园林》《蝉》《梦回繁华》）以及写作、口语交际和名著导读《昆虫记》构成。作者以“文明的印记”为主题，设计了如下任务框架（见下图），让学生在“大主题”“真情境”“大任务”中整合三维目标，完成单元教学。①

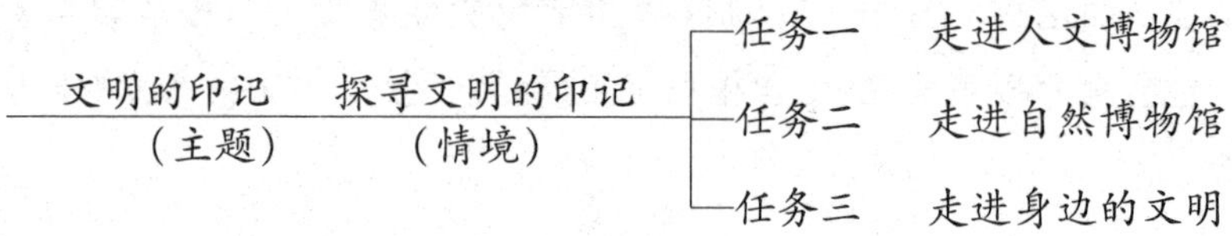

八年级上册第五单元任务框架

显然，这里的“大单元”，从其内容体例以及文章标题来看，已经完全是教材单元了。而其中的“大单元”之“大”，想必是指向其思想内核——三维目标，以及我们常说的“大主题”“大任务”。

从上述两文可以看到，近年来一些学校、教师提出的“大单元教学”，与早期的“大单元教学”相比，其内涵与形式发生了明显的变化。近年的大单元教学更多的是依托教材单元，在主题的确立、情境的创设、任务的设计、内容的补充等方面使其变“大”。

何谓“大单元教学”

到底什么是“大单元”和“大单元教学”呢？如果连这两个基本问题还没搞清楚就大谈“大单元教学”，的确有些草率。

何谓“大单元”，不同的学者会有不同的解释。崔允漷教授提出的“大单元”，是建立在有别于教材单元的“单元”基础之上的“微课程”。他认为，“单元是一种学习单位，一个单元就是一个学习事件、一个完整

① 贾秋萍．三维目标融合，在真实情境的大单元教学中实现——以统编本八年级上册第五单元为例［J］．语文建设，2019（11）．

的学习故事，因此，一个单元就是一个微课程”。同时，“一个学习单元由素养目标、课时、情境、任务、知识点等组成，单元就是将这些要素按某种需求和规范组织起来，形成一个有结构的整体”。从上述意义出发，崔教授主张的“大单元教学”之“大”，主要是“指向学科核心素养的教学倡导大观念、大项目、大任务与大问题的设计”，以此来提升教师的站位、改变教师的格局、扩充课堂的思想、发展学生的核心素养。① 像跨学科学习、校外语文实践活动等，应当都属于崔教授所提出的“大单元教学”。

徐洁老师认为，大单元“是指基于一定的学科目标或经验主题的学习单位，它既可以是教材中的自然章或单元，也可以是围绕学科大概念重构的学习内容”②。这样的解释，一线教师似乎更容易理解，至少可以围绕“学科目标”和“教材中的自然章或单元”来进行教学设计，而“经验主题”更具个性化色彩，可以更好地发挥教师的主观能动性，比如笔者的“同步作文”教学和“陪你读名著”系列便属此类。

刘徽博士则提出用“大概念”来重构单元教学。她把“单元”从不同角度进行划分，比如，宏观单元、中观单元和微观单元，学科单元和跨学科单元等。在此基础上，她提倡用“望远镜思维”或“放大镜思维”进行教学设计。对于其设计步骤，刘博士列举了刘月霞老师提出的“深度学习实践模型”，即“选择单元学习主题—确定单元学习目标—设计单元学习互动—开展持续性评价”③。

刘月霞老师的“深度学习实践模型”，立足点应当也是“教材单元”。这种模型为教师提供了较为简洁的设计路径，但在实际操作中，特别是在“开展持续性评价”方面具有一定的挑战性。这种挑战性，是新课标“教—学—评”一体化要求所提倡的。大多数教师通过不断学习和实践摸索能逐步达到一定水准。

上述关于“大单元”的表述，其共同点均指向“核心素养”，但推广

---

① 崔允漷．如何开展指向学科核心素养的大单元设计［J］．北京教育（普教版），2019（02）．

② 徐洁．新课程方案与课程标准的关键词辨析［N］．中国教师报，2023-01-18.

③ 刘徽．大概念教学：素养导向的单元整体设计［M］．北京：教育科学出版社，2022：70-121．

起来又存在着诸多问题：一是概念不明，这让许多学校难以进行统筹，许多教师难以设计教学；二是难度较大，比如“大观念”不便提炼，“大项目”不便设计等；三是容易混乱，比如“大单元”与“教材单元”之间的关系难以厘清，目标定位难以区分；四是随意性强，不同的教师会有不同的选择，难免会有失误；五是风险性高，画虎不成反类犬，核心素养难达成，学业质量难保证；等等。

鉴于此，笔者认为，关于“大单元教学”，专业学者可以充分论证，先行教师可以不断摸索，最理想的状态是能够从学科实际出发，提出可供借鉴、可供效仿、可供推广、可供验证的教学范式。

关于“语文学习任务群”

与“大单元教学”有着一定联系的，新课标中有“学习任务群”和“学习情境”等关键词；而依托语文教材，有更容易操作并指向核心素养的“单元整体教学”。

新课标指出“语文学习任务群由相互关联的系列学习任务组成，共同指向学生的核心素养发展”。在义务教育阶段，语文学习任务群分为三个层次。一是基础型学习任务群“语言文字积累与梳理”，该任务群几乎与每一个单元、每一篇课文密切相关，所以称为“基础型”。二是发展型学习任务群，包括“实用性阅读与交流”“文学阅读与创意表达”“思辨性阅读与表达”，此类任务群相对独立、螺旋上升、逐步进阶。三是拓展型学习任务群，包括“整本书阅读”“跨学科学习”。笔者认为，语文学习任务群有点类似于刘徽博士提出的“宏观单元”，而她提出的“微观单元”则又类似于我们常说的“教材单元”，比如初中语文教材每册均有六个单元。相形之下，研究和设计“学习任务群”应当更有理论支撑，也更有教学必要。

作为一线教师，我们该如何用好“语文学习任务群”呢？笔者以为，可以从以下四个方面着手。

一是“语文”为本。语文学习任务群只能是“语文”的，它必须符合语文课程的基本特点，并为发展学生语文核心素养服务，即坚持“以一带三”思想，让学生在文化自信、思维能力、审美创造的统筹作用下，努力发展语言运用能力。

二是“学习”为要。语文学习任务群是通过学生的“学习”来完成的，因而，它既要符合学生身心发展规律，也要符合语文学习规律。即坚持循序渐进、螺旋上升的原则，让学生在“识字与写字”“阅读与鉴赏”“表达与交流”“梳理与探究”这些语文实践活动中，习得语文知识，提高语文能力，发展核心素养。

三是“任务”驱动。语文学习任务群的关键在“任务”，难点在于创设真实的语文实践情境，设计科学合理、饶有情趣、富有挑战性的“学习任务”。这方面最能考验教师的教育情怀和教育智慧。

四是“群”的大观。强调“群”的大观，就是在使用任务群进行语文教学设计和实施语文教学时，要有一个系统的语文教学观：既有宏观层面的，也有微观层面的；既有单元的，也有单篇的；既有“人群”（学生）的，也有“物群”（语文）的；既有当下的，也有长远的；等等。

回望“单元整体教学”

总体而言，统编版初中语文教材均为“主题组元”，每一个单元都有一个较为显性的主题。从其任务指向而言，可分为“阅读·写作”单元（笔者命名）和“活动·探究”单元。

“阅读·写作”单元，就其阅读类别而言，通常情况下采用的是“教读—自读—名著阅读”三位一体的体例。这样的单元，从其学习目标来看，均为“双线组元”，即“人文主题”和“语文要素”相互渗透、并驾齐驱。教者依托“单元提示”和课文内容以及“预习提示”“思考探究”等助读系统进行“单元整体教学设计”，难度不是太大。

“活动·探究”单元，均以“任务一”“任务二”“任务三”的形式呈现。对于此类“单元整体教学设计”，教者大多可以依据教材提供的“任务”来组织实施语文实践活动。

笔者之所以在教材单元上不吝口舌，乃是想说，在“大单元教学”尚未得到“官方认证”（如写进课程标准或某个文件）、条件尚不成熟（绝大多数一线教师无法设计，甚至有抵触情绪）之际，不妨着力在“单元整体教学”的设计与落实上，多下功夫，多加研究，多予推广。事实上，一些学校、一些团队、一些期刊，已经在“单元整体教学设计”上投入了研究，并形成了成果。比如《语文教学通讯》B 刊已经推出了上下两期合刊（2021 年 7－8 期、2022 年 1－2 期），囊括了初中语文教材各个单元的单元整体教学设计。虽然其中的一些教学设计还不太成熟，但就其出发点而言，均以“课段”的形式指向了真实情境，指向了具体任务，指向了学习评价，指向了核心素养。

需要说明的是，无论是哪种形式的单元教学，都不能淡化单篇教学。相反，在一些经典课文的处理上，比如“定篇”（包括现代文、文言文、古诗词），单篇教学或许更加重要。因为，学好这些经典课文更有利于学生的语文积累及核心素养的发展。

结论与声明

先说结论。从语文教学的现实来看，笔者认为，能从教材单元出发完成单元整体教学设计、落实单元学习目标、促进学生核心素养提升，就是一种比较理想的教学状态了。至于寻求单元之间的“关联整合”，寻求“妙手偶得”，甚至是“神来之笔”的“内在关联”，形成真正意义上的“大单元教学”，还有很长的一段路要走。因为，在目前身处教学一线的教师队伍里，包括特级教师、高级教师在内，只有极少数在“大单元教学”方面能提起兴趣、参与研究，而能落实课堂、卓有成效者，更是寥若晨星。鉴于此，笔者认为，局长、校长、教研员们在面对一线教师群体时，请勿轻言“大单元教学”；如果要谈，可以暂且先作为一项课题实验或个体研究来进行。

再作声明。笔者自认为是一个理想的现实主义者，也是一个保守的前卫主义者，向来对执着探究和锐意改革者怀有敬佩之心和敬仰之情。说得明白一些，对文中列举的专家教授、一线教师，还有实验学校，笔者都是非常敬仰和特别敬佩的，也一直在努力追随。本文抛砖引玉，请阅读此文者广泛讨论，但不要产生误解，不要断章取义。

课题成果的培植和发掘应做到“知情意行”

谈起课题成果的发掘，笔者想起曾经参与过的一个关于写作教学的省级立项课题。笔者将其提炼出“农村初中写作‘教—学—评’一体化的‘四点’研究”① 这一主题。其四点包括“基点：教材与学情”“支点：素材与素养”“锚点：下水与建模”“焦点：教学与评价”。并因此形成单元教学视角下的“写作教学六步攻略”，即“单元统筹—目标设置—情境创设—支架助力—独立写作—评价修改”。该成果有效推动了此项课题的顺利结题，并让写作“教—学—评”一体化更好地落地生根、开花结果。

笔者将围绕课题成果的培植和发掘，谈谈个人的一些看法。

课题成果的培植与发掘

课题成果，从其表现形式来看，包括学术论文、研究报告、调查报告、实验报告、经验总结、典型案例、实施方案、软件开发、专著出版、教材出版，等等。本文围绕学术论文这一常见的成果形式，谈谈关于课题成果培植和发掘的一些看法，供有意做好课题研究的同仁们参考。

课题成果的培植，可以理解为对课题研究的精心培育和呵护。这包括对研究过程的细致规划、对研究数据的严谨处理、对研究方法的不断优化，以及对研究成果的反复验证等。培植的过程就像培育一棵树，需要耐心、细心和恒心，通过不断浇水、施肥和修剪，使课题研究成果茁壮成长。

课题成果的培植，需要做好以下三个方面的工作。

一是建立良好的研究基础。在开始课题研究之前，我们需要深入了解

① 程爱群，吴再柱．基点·支点·锚点·焦点——农村初中“教—学—评”一体化的教学研究［J］．中学语文教学参考，2023(19)：3-7.

相关领域的前沿动态和研究现状，积累相关的知识和经验。同时，也需要建立良好的研究团队和研究环境，为课题的深入研究提供支持和保障。

二是制订科学的研究计划。在课题研究过程中，我们需要制订科学的研究计划，明确研究目标、研究方法、研究步骤和研究时间等，以确保研究的顺利进行和成果的质量。

三是注重材料的收集和分析。在课题研究中，一手的研究材料是至关重要的。研究者需要确保数据的准确性和材料的可靠性。同时，也需要运用科学的方法对数据材料进行处理和分析，以得出正确的结论和成果。

课题成果的发掘，则是对研究成果的深入挖掘和应用。在研究过程中，我们经常会发现一些有趣的、有价值的成果，但这些成果往往只是冰山一角。我们需要通过进一步的发掘，深入了解这些成果的内涵和外延，挖掘出更多的价值和应用前景。这就像是在矿井中挖掘宝藏，需要不断地探索、挖掘和提炼，才能找到更多的宝贝。

课题成果的发掘，也需要做好以下三方面的工作。

一是深入挖掘研究的价值。在课题研究中，我们需要深入挖掘课题的研究价值，探索课题在解决实际问题或推动学术发展方面的作用和意义。

二是拓展成果的应用范围。在课题研究中，我们需要将研究成果与实际需求相结合，拓展研究成果的应用范围，为实际问题的解决提供帮助和支持。

三是持续改进和不断完善。在课题研究中，我们需要不断反思和改进研究过程和方法，以提高研究成果的质量和水平。同时，还需要关注相关领域的前沿动态和研究进展，及时调整研究方向和策略，以保持研究的领先地位和成果优势。

课题成果的培植和发掘是相互促进、相辅相成的。在培植过程中，我们会不断发现问题、挑战和机遇，这些都是发掘过程中的重要线索和方向。在发掘过程中，我们还会不断发现新的价值和应用前景，为培植过程提供新的动力和方向。

因此，课题成果的培植和发掘是一个持续不断的过程，需要我们在研究过程中始终保持敏锐的洞察力和创新精神，不断探索、挖掘和应用研究成果，为推动相关领域的发展做出更大的贡献。

课题成果的培植和发掘，应做到“知情意行”

“知情意行”是一个心理学概念，它指的是人的认知、情感、意志和行为四个方面的相互作用和影响。在培植和发掘课题成果方面，我们可以借鉴“知情意行”的概念来理解和实践。

下面，笔者结合具体课题案例，略作阐释。

1. 知：价值性和创新性的统一

在课题成果的培植和发掘中，“知”代表对课题的深入理解和认识。这包括对课题的研究背景、研究目的、研究方法、研究结果等方面的全面了解。只有对课题有深入的了解，才能更好地进行后续的培植和发掘工作。

笔者认为，“知”意味着价值性和创新性的统一。其价值性体现在课题成果能够解决实际问题、推动学术发展或为社会带来积极影响。其创新性则在于课题成果在方法、观点或理论上有所突破，为相关领域带来新的启示和思考。这种统一，体现了研究者对课题的深入理解和洞察，以及对价值的敏锐捕捉和创新思维的运用。

在一个综合类规划课题“乡村大课堂：‘后乡村时代’农村学校高质量发展的育人新变革”的研究中，一项名为《探索“后乡村时代”农村学校高质量发展之路》① 的成果，很好地诠释了“‘知’意味着价值性和创新性的统一”这一观点。

价值性挖掘。此项成果中，作者概述了农村学校在“后乡村时代”面临的挑战和机遇。这些挑战包括教育资源不足、师资力量薄弱、教育质量不高等问题，同时也存在着社会变革、经济发展、国家重视等机遇。

创新性探索。作者提出了许多新的教育理念和模式，如“铸魂立人，回归乡村教育本质”“五大目标，开辟育人新路径”等。以“铸魂立人”为例，作者从唤醒使命、以人为本、文化发力、科研驱动四个方面进行了

① 郑巍巍．探索“后乡村时代”农村学校高质量发展之路［J］．中国基础教育，2023(08)：63-67.

论述，富有创新思维，不乏实用和推广价值。其“五大目标”则为农村学校的高质量发展提供了新的思路和方向。这“五大目标”包括：（1）“大空间”：学习空间新路径；（2）“大课程”：学科实践新路径；（3）“大项目”：五育融合新路径；（4）“大机制”：学习机制新路径；（5）“大师资”：团队研修新路径。

如果说，“铸魂立人”“五大目标”偏向于共性价值，那么“民艺复兴，活化乡村大课堂”更有个性智慧。该校以“民艺复兴”为主题的多站式乡村大课堂，通过系统性的融通与整合，为师生建构起一个学习、体验、交流、合作的大空间。它包括：“仙友阁·满桂庭”“史话馆·先生归来兮”“桂馥长廊·巷百味”“一粟三味·田园牧歌实验室”“继薪庐·非遗创生馆”“民艺复兴群村落课程博物馆”。

《探索“后乡村时代”农村学校高质量发展之路》这一课题成果，为我们提供了很多有价值的内容和启示，为农村学校的高质量发展提供了更加全面而深入的支持和帮助。

2. 情：主观性和客观性的统一

在课题成果的培植和发掘中，“情”代表对课题的情感态度，包括对课题的热情、兴趣、责任感等方面的情感体验。只有对课题有深厚的情感，才能更好地投入时间和精力进行研究和创新。

笔者认为，“情”意味着主观性和客观性的统一。其主观性表现为研究者对课题的热情、兴趣和投入，这种情感驱动研究者不断追求和探索。其客观性则要求研究者保持冷静、理性和科学的态度，对课题进行深入分析和客观评估。这种统一体现了研究者情感的驱动与理性思维的结合，为课题的深入研究提供持续的动力和支撑。

在一个重点课题“指向学科素养的数学单元学习群的实践研究”中，一项名为《小学数学学习关键期及其困难破解的实践探索》① 的成果，雄辩地阐释了“‘情’是主观性和客观性的统一”这一观点。

主观性。在开展小学数学学习关键期及其困难的研究时，研究者首先

① 庄惠芬，马伟中．小学数学学习关键期及其困难破解的实践探索［J］．中国基础教育，2023(03)：36-39.

发挥主观能动性，通过对中心小学所辖管的十多所小学的数学教师开展问卷调查，对区域42所小学的小学生数学学习情况做了普适性筛选，在此基础上真实而全面地了解学生在学习过程中的实际困难和需求。研究者根据自己的专业知识和经验，对学生的学习困难进行判断和分析，并就此提出针对性的解决方案。

客观性。在研究过程中，研究者需要保持客观的态度，对学生的学习情况进行客观的评估。研究者需要收集大量的数据和信息，如学生的学习成绩、学习态度、学习方式等，并对这些数据进行客观的分析和解读。该课题研究者发现并确定了小学数学学习的三个关键期，即适应期（一年级）、马鞍期（三年级）、衔接期（六年级）。这项发现，为诊治方案的确立提供了理论和实践依据。

主观性和客观性的统一。通过主观性和客观性的统一，研究者可以更加准确地把握学生的学习情况和需求，提出更加有效的教学策略和解决方案。其主要包括两大方面：一是匹配儿童学习关键期的进阶设计，即用“游戏化学习”消除学生适应期的恐惧感，用“境脉式学习”突破学生马鞍期的分化点，用“建模式学习”弥合学生衔接期的断层带；二是建立与关键期学习困难相匹配的教学支持源，即基于“三材”（教材、学材、习材）的学习材料支持系统，基于魅力课堂的学习动力激发系统，基于关键期匹配的学习评价系统。

研究者作为课题成果的培植者和发掘者，需要具备深厚的专业知识和丰富的实践经验，具备创新意识和开放思维，不断探索新的研究方法和思路，为课题成果的培植和发掘提供新的思路和方向。《小学数学学习关键期及其困难破解的实践探索》这一成果，为我们提供了关于小学数学（不仅仅是）学习关键期及其困难破解的实践探索的有益启示。

3. 意：意愿性和决断性的统一

在课题成果的培植和发掘中，“意”代表对课题的意志力，包括对课题的坚持、毅力、决心等方面的意志品质。唯有对课题有坚定的意志，才能克服困难和挑战，持续推进课题的研究和发展。

笔者认为，“意”意味着意愿性和决断性的统一。其意愿性体现在研究者对课题的执着追求和坚定的信念，这种意愿推动研究者克服困难、持续努力。其决断性则要求研究者具备果断决策的能力，能够在关键时刻做出正确的选择，为课题的发展提供关键支持。这种统一体现了研究者坚定的意志与果断行动的结合，为课题的突破和发展提供了强大的的动力。

在一个关于“中小学劳动课程表现性评价策略研究”的课题研究中，有一项题为《全景劳动：文化立意的课程变革》① 的研究成果，在“意愿性和决断性的统一”上有显著体现。

意愿性。在进行中小学劳动课程表现性评价策略的研究中，研究者首先需要具备强烈的意愿和动机。他们需要深刻理解劳动课程的重要性，以及表现性评价在提升学生劳动技能和综合素质方面的重要作用。该项成果指出，通过调研发现，当前劳动课程建设存在诸多问题，比如资源匮乏、路径单一、活动零散、评价呆板等，因而亟需建立系统化的劳动课程体系，构建全面、完整的劳动课程，以此丰富儿童的劳动体验，促进学生劳动素养的充分发展。

决断性。在研究过程中，研究者需要具备决断的能力，需要根据研究结果和实际情况，果断决定研究方向和策略，确保研究的顺利进行。该项课题研究者提出，全景劳动课程应当具有六大特性，即全人性、全能性、全息性、全维性、全程性、全域性，并因此提炼出全景劳动课程的实践模型，从六个方面实施“文化立意”的劳动课程变革，即“知行融通的具身互换”“靶向素养的多维发展”“多元立体的共生样态”“多措并举的探索路径”“导向全程的综合评价”“灵活统整的动态场域”。

决断性还意味着当遇到困难和挑战时，比如来自中考的压力、家长的阻力、教师的摩擦力等，研究者需要坚定信心，勇于面对并解决这些问题，确保研究的顺利推进。需要指出的是，几乎所有的课题实验都会有来自人力、物力、财力、能力等方面的困难和挑战，这需要研究者既要有果敢的行动，更要有坚忍的耐力和吃苦的精神。

《全景劳动：文化立意的课程变革》这一成果，为我们在中小学劳动课程表现性评价策略方面提供了很好的启示。在课题成果的培植和发掘

① 王华月．全景劳动：文化立意的课程变革［J］．中国基础教育，2023(04)：67-69.

中，我们要注重意愿性和决断性的统一，注重和突出研究者自身的价值，为培养创新人才提供更加全面而深入的支持和帮助。

4. 行：理论性和实践性的统一

在课题成果的培植和发掘中，“行”代表对课题的实际行动，包括对课题的研究、实践、创新等方面的实际行动能力。唯有如此，才能将研究成果转化为实际的应用价值，为教育的发展和进步做出贡献。

笔者认为，“行”意味着理论性和实践性的统一。其理论性强调课题成果的理论基础和研究方法，为实践提供科学依据和指导。其实践性则强调课题成果的实际应用和效果，能够将理论知识转化为实际操作和解决方案。这种统一体现出理论与实践的紧密结合，为课题成果的应用和推广提供有力的支持。

有一项名为《以自主课程引领学生自信成长》① 的研究成果，是研究者在“基于自主学习的教学方式变革实践研究”的课题研究中获得的。笔者从“‘行’是理论性和实践性的统一”这一角度出发，略作阐释。

理论性。在进行基于自主学习的教学方式变革实践研究时，研究者需要具备深厚的理论素养，需要深入理解自主学习的理论框架、教学策略和评价方法等，为研究提供科学的理论支撑；还需要积极学习和借鉴国内外相关研究成果和经验，不断完善和丰富自己的理论体系，为课题成果的培植和发掘提供有力的理论支持。比如，此项成果中关于“自信教育”“自主课堂”“实践与创新课程”等方面的理性阐释，需要一定的理论基础。

实践性。在研究过程中，研究者需要注重实践性和应用性，需要通过实际的教学实践不断探索和验证自主学习的有效方式和策略，总结经验教训，为课题成果的培植和发掘提供实践依据。该成果整体构建了“三层六领域”自主课程体系（“三层”，即基础型、拓展型、自主型；“六领域”，即人文与社会、实践与创新、体育与健康、艺术与审美、数学与思维、科学与技术）；在落实“双减”政策、推进五育融合过程中，实施一体化课程和“学科＋”跨学科融合课程；在促进学段衔接、构建“自主课堂”教

① 徐名松，刘保锋．以自主课程引领学生自信成长［J］．中国基础教育，2023(11)：74－77.

学模式、落实深度学习等方面进行自主课程的实施与优化。

在研究中，研究者需要将理论性和实践性统一起来。也就是在深入理解自主学习理论的基础上，积极开展教学实践和探索，不断总结经验和教训，为课题成果的培植和发掘提供科学的理论和实践支撑。通过这种统一，研究者可以更加全面地了解自主学习的本质和规律，提出更加科学有效的教学方式和策略，为培养自信、自主的学生提供有力的支持。

《以自主课程引领学生自信成长》这一课题成果，为我们提供了关于基于自主学习的教学方式变革实践的启示。当然，研究者还需要积极与广大一线教师合作，共同推动教学方式变革的实践和研究工作，为教育改革和发展做出更大的贡献。

需要补充的是，课题成果除了需要培植和发掘外，还需要善于提炼。课题研究所提炼的成果通常具有创新性、实用性、科学性、系统性、简明性等方面特点。鉴于这些特点在上文的表述中都有所呈现，这里不再赘述。

结 语

课题成果的培植和发掘是一个系统性的过程。每一项研究成果都凝聚了研究者的智慧和心血，都是“知情意行”的美妙凝聚。

在课题成果的培植和发掘中，“知情意行”犹如四根支柱，共同支撑起我们探索的殿堂。其中，“知”是稳固的基石，为我们提供稳固的基础和广泛的知识视野；“情”是生命的脉络，是贯穿于研究过程的情感和体验，为我们的研究注入更多活力；“意”是照明的灯塔，照亮我们的研究方向和目标，引导我们不断前进；“行”是行动的桥梁，连接理论与实践、理性与感性，将我们的研究成果转化为实际的力量。

每一个支柱都拥有独特的价值，为我们带来别样的启发与思考。当我们深入理解并巧妙运用这四个要素时，我们便能拥有力量，引导课题成果向着我们期望的方向发展。而当我们真正做到“知情意行”的完美统一时，我们便能揭开课题的神秘面纱，欣赏到那隐藏在背后的美丽风景。

第四章　论文写作

“做”到位

教研论文是“做”出来的。“做中学”“做中思”“做中悟”“做中语”，都强调一个“做”字。

教研论文的写作往往基于实际的教学情境和经验，在实践中学习，不仅意味着积累经验，更意味着在实践中发现问题、寻找研究线索，这便是“做中学”；在实践过程中，我们需要不断地反思、质疑、探索，对遇到的问题进行深入分析，这便是“做中思”；通过亲身体验，我们能够更加深入地感悟教学现象的本质和内在规律，以形成教研论文的创新点和亮点，为读者提供新的启示和思考，这便是“做中悟”；语言表达是教研论文写作的关键，我们需要不断锤炼自己的语言表达能力，用准确、简练的语言描述研究过程和结果，同时，还需要注意论文的逻辑性和条理性，使读者能够清晰地理解研究的核心观点和价值，这便是“做中语”。

本节两篇文章，一篇是站在一线教师的角度，谈论如何撰写教研论文；另一篇是一个课题研究申请报告，讲述如何准备去“做”。

一线教师怎样撰写教研论文

作为一线教师，我们在教学实践中埋头苦干，却大多苦于无法将自己的经验和思考转化为文字，让更多的人了解我们的见解和方法。这不能不说是一个遗憾。

每一位教师都是一位实践者，也是一位研究者。我们的教室就是我们的实验室，我们的学科、我们的学生就是我们的研究对象。如果我们能适时地把自己的实践智慧和研究心得转化为文字，那么，无论是教师自己的教育人生，还是我们的这个教育世界，一定会更加敞亮、更加温暖。

明确自身的优势与劣势

有诗云："不识庐山真面目，只缘身在此山中。"作为一线教师，要想弄清楚如何撰写论文，首先得明白自己的优势和劣势，以便趋利避害、弥补短板。

先说优势。教师至少要具备以下三点。

问题导向明确。我们在《课程标准》的学习与使用的过程中，在教材解读和课堂教学中，在固有经验与学生学情的冲突碰撞中，一定会产生许多真实具体的问题。问题即选题，上述问题的出现使得我们撰写论文的问题导向大多比较明确。

教学经验丰富。很多一线教师具有五年、十年乃至更长的教学经历，解决过无数的实实在在的教育问题，这将让我们具有许多切实可行的教学经验。我们能够针对自己所在学校、班级、学科的具体情况进行分析和研究，所形成的问题解决方案也将更加具有针对性和可操作性。

案例素材充足。我们在日常工作中会遇到各种各样的情况，比如有关教材解读的、课堂教学的、考试检测的、作业设计的、班级普遍的、学生个体的、成功经验的、失败教训的，等等。这些能够为我们提供丰富的素材和案例，使教研论文更有说服力和可信度。

再说劣势。大概也有三点。

研究方向受限。我们可能更关注具体的教学实践，而对一些宏观的教育政策、学科理论，包括《课程方案》《课程标准》等纲领性文件的研究不够深入，往往导致"只顾埋头拉车，不顾抬头看路"。

理论水平有限。我们可能更注重实践操作，而对教育理论、学科理论等方面的学习不够深入，不能很好地"站在巨人的肩膀上"去看教育。许多情况下，我们往往只能就事论事，而不能纵横捭阖、举一反三，导致文章理性不足、高度不够、深度不够。

学术规范不足。我们大多没有接受过系统的论文写作培训，可能对学术规范不够了解，比如文章的基本结构、论证的有效方法、引用的问题回避、查重的适当比例等，导致写作技巧不够熟练，难以写出能合规的、高质量的学术论文。

无论是优势还是劣势，这都是客观存在的，也是我们无需回避的。只要我们能够保持清醒的头脑，舍得在这方面花一些精力，我们便能把优势不断扩大，把劣势慢慢缩小。

实施有效的写作训练

罗马不是一天建成的，论文不是一天就能写好的。只要我们保持乐观、增强自信、依照路径、多下功夫，我们收获的将不只是论文的发表，还有教育智慧的日益丰满、教育人生的更多幸福。

积极主动成长。我们要有终身学习的意识，及时更新自己的知识技能结构；同时，要关注教学研究领域的新进展和新发现，特别是像《课程方案》《课程标准》一类的纲领性文件，我们要常读常新。

做好日积月累。积累是教师写好论文的基础。世上无难事，只怕有心人。“操千曲而后晓声，观千剑而后识器。”唯有厚积，方能薄发。经验告诉我们，订阅教育报刊，常读教育专著，写好读书笔记，做好相关索引，这些都是积累素材、丰富理论的有效方式。

树立问题意识。能提出好的问题，才能有好的研究。我们需要在平时的教学实践中多留心、多思考，以理论和实践的融合来发现问题、提出问题。特别要加强教学反思，及时发现自己的不足，不断追求教学艺术。

积极参与交流。学校要为教师创造更多学习和交流的机会，建立有效的激励机制，增加教师进行教育研究和论文写作的内驱力。我们自身也应把握这些机会，积极参与，不断克服自己的惰性思维，增强自身的成长内驱力。

反复实践总结。论文的撰写，不是一蹴而就的过程，需要经过反复的实践和总结。在写作过程中，教师要注重对实践的描述和分析，用事实说话，用理性分析，使论文更具说服力。同时，我们也要善于从实践中总结经验、提炼理论，不断提升论文的思想性。

寻求有效指导。在写作过程中，我们可以寻求他人的反馈和指导，积极听取同事、导师、编辑或其他专业人士的意见和建议，通过听取他人的批评和指导不断修改和完善论文，逐渐提高论文的质量。

培养良好习惯。良好的写作习惯有助于提高写作效率和质量。我们可以尝试制订写作计划，定期进行写作练习，培养自己的高阶思维能力和书面表达能力，特别是要有作品意识和精品意识，有想法就要有文字，动了笔就要写完整，成了文就要出精品。

关注行文规范。在撰写论文时，我们要关注论文的格式和规范，如论文框架、论证逻辑、引用格式、参考文献等，这将有助于保证论文的科学性和严谨性，提高论文的可读性和可信度。不以规矩，不成方圆；没有规范，哪来精品？

注重语言锤炼。论文的语言表达需要通俗、简练、清晰，避免使用过于口语化或者复杂的词汇和句式。写完后，自己要反复默读或朗读，在默读或朗读的过程中发现自己语言方面存在的问题，精心修改，千锤百炼，力求言简意赅、达意传神，避免冗长烦琐、晦涩难懂。

要有创新精神。在选文选题上，要学会关注“理论与实践中的重点、热点、难点、薄弱点、争议点、空白点”，敢为人先，敢于碰硬，敢于挑战自我。论文的内容需要有自己的独特性和创新性，避免缺乏新意、缺少创意。

水滴石穿，绳锯木断，久久为功，功在不舍。本手寻常见，妙手偶得之；俗手因短视，神手苦练成。撰写论文，亦是如此。

把握写作的三个关键点

教育是一种“做”的哲学，教研论文也必须立足于“做”的基础之上。做中学，做中思，做中悟，做中语：此乃真做、真学、真思、真经。个人认为，“做”到位、“想”清楚、“写”明白，是教育写作的三个关键点。

1. “做”到位

关于撰写论文的“做”到位，主要指的是在教学研究过程中的实践操作环节。这包括对研究问题的深入了解、对研究方法的合理选择、对研究过程的细致实施等。

这里，以我在《语文教学通讯·初中刊》发表的第一篇作品《教学反思：求真·向善·唯美》为例，略作说明。

差不多在20年前，我不知在哪里看到“教学反思”这一术语。乍一看，我觉得“里面有戏”。但其时，我并不知道反思什么、如何反思。但那时的我，喜欢用自己的行动、自己的思考去演绎、去判断。接下来的日子，我几乎做到了每一节课下来都要在备课本的空白处写上几句话，及时记下自己的上课心得、遗憾、感悟。

几个月过去后，一个周末的上午，这篇《教学反思：求真·向善·唯美》的文章便一气呵成。“求真”——客观审视教学得失，“向善”——努力完善自我人格，“唯美”——不断追求艺术境界：这便是我所理解的教学反思。这篇文章之所以写得这么顺利，我认为，最重要的一点，就是“做”到位了。

“做”到位，要求我们在研究过程中要有实践意识，将理论知识与实践经验相结合，通过对实际问题的解决来推动研究的深入。同时，我们还需要具备实验意识，能够设计并进行科学实验，以收集可靠的数据和证据来支持研究结果。

“做”到位，要求我们具备一定的批判性思维和创新精神。在研究过程中我们需要对已有文献进行深入分析和批判，找出研究空白和研究漏洞，从而提出有创新性的研究问题和研究方法。同时，我们还需要具备勇于挑战已有理论和观念的勇气，以推动学科的发展和进步。

“做”到位，要求我们在研究过程中，具备较强的合作精神和发展意识（这主要说的是做课题研究）。我们需要与其他研究者、实践者以及学生建立良好的合作关系，共同推动研究的进展。同时，我们还需要具备发展意识，关注学科发展的前沿和趋势，不断提升自己的专业素养和研究能力。

“做”到位，是一线教师写论文过程中必不可少的一环，它不仅关系到论文的质量和水平，也关系到教师的专业发展和提升。只有将这些方面都做到位，才能写出高质量的论文，为教育教学实践提供有益的指导和支持。

2. “想”清楚

“想”清楚是指在写论文前，教师需要对论文的选题、研究问题、研究方法、数据的收集和分析等方面进行深入思考与规划。这包括对选题的背景和意义进行深入了解、明确研究的问题和目标、选择合适的研究方法和工具，以及制订详细的数据收集和分析计划等。

这里，我以我在《黄冈师范学院学报》上发表、人大复印资料《初中语文教与学》杂志转载的《师生双重视角下的“整本书阅读”个性化攻略例谈——以统编本七年级名著导读为例》为例，简要说明。

首先，关于这个选题，我“做”得比较到位。其时，统编版七年级语文教材上指定阅读的12本名著，我都一一仔细阅读了，并分别写出了一篇导读文案，也给学生进行了多轮的导读。

因为上述“做”，我对教师和学生“双重视角下的‘整本书阅读’”有了比较全面的了解。也就是说，我对这个选题“想”清楚了。

于是，我集中一个“五一”小长假的时间，完成了这篇论文。这里，我把本文的“摘要”和“关键词”摘录出来，让读者有个大体印象。

摘要：推动名著阅读，是一种国家意志。这种意志，在《课程标准》、语文教材、高考试题等方面均有所体现。名著阅读，需要站在教师和学生双重视角下来推动。教师视角包括课程视角、素养视角、减负视角、适度视角和共鸣视角等。学生视角包括童心视角、差序视角、多元视角、有用视角和简化视角等。双重视角下的“整本书阅读”，可以采用个性化攻略，比如搭桥式、跳读式、对话式、倾听式等。

关键词：整本书阅读；国家意志；教师视角；学生视角；个性化攻略

“想”清楚，需要明确论文的选题和研究问题。选题应该是自己熟悉和感兴趣的领域，并且具有现实意义和学术价值。研究问题则应该具体、明确，能够为论文提供具体的讨论和分析对象。这需要我们认真阅读和研究相关的文献和资料。了解研究领域的前沿和动态，为论文提供理论支持和实证依据。同时，我们还需要对文献和资料进行深入分析和评价，以支持自己的研究结论。

“想”清楚，需要选择合适的研究方法和工具。这包括文献综述、问卷调查、实地观察、实验记录等不同的研究方法和数据收集工具。我们需要根据研究问题和目标，选择最合适的研究方法和工具，以确保研究的科学性和可靠性。当然，我们需要根据自己的实际情况和能力，选择可行的研究方案和工具，以确保研究的可行性和可操作性。

“想”清楚，需要制订详细的数据收集和分析计划。这包括确定样本数量、制定数据清洗和整理方案、选择合适的统计分析方法等。我们需要根据研究问题和选用的数据收集工具，制订详细的数据处理和分析计划，以确保数据的准确性和可靠性。

“想”清楚是写论文的前提和基础。只有对论文的选题、研究问题、研究方法、数据收集和分析等方面进行深入思考和规划，才能确保论文的质量和水平。因此，教师在写论文前应该注重思考和研究，制订详细的研究计划，以确保研究的科学性和可靠性。

3. “写”明白

“写”明白是指在论文写作过程中，我们需要站在读者角度，清晰、准确地表达自己的研究思路、方法和结果，使读者能够轻松地理解论文的内容。

这里，我从《教学反思：求真·向善·唯美》一文中稍作摘录，以便读者对“求真”“向善”“唯美”有个较为清晰的认识。

> 这里的“真”，即真诚、真实。给人评课，总难免带些世故。……但写教学反思，给自己评课，则大可不必这样前思后想，可以直奔主题，一语中的，“直捣黄龙”，用百分之百的真诚对待自己的课堂教学。
>
> 这里的“善”，是指善良、有善意、有爱心等，它是一种人本主义关怀，对于我们教师而言，则主要是指高尚的师德、纯洁的师魂。“向善”，就是在教学反思中，积极调整价值取向，不断改变教育观

念，努力完善自我人格。

我这里所说的“唯美”，是指对教学方法的不断优化，对教学艺术的不断追求，积极探寻适合农村中学的语文课堂“教学模式”，努力形成自己的教学风格，实现从“搬运工”向“研究者”的角色转换。

“写”明白，需要注意语言的准确性和简洁性。写作时我们要使用专业术语和学术规范，避免使用模糊或含糊不清的词汇，以确保论文的表达清晰、准确。同时，我们还需要注重论文的结构和逻辑关系，使论文的各个部分有机联系在一起，形成一个完整的整体。

“写”明白，需要注意数据的呈现和分析。在论文中，数据是支持研究结论的重要依据。因此，我们需要选择合适的图表和统计方法来呈现和分析数据，使读者能够直观地了解数据的特征和规律。同时，我们还需要注重对数据的解释和说明，以帮助读者更好地理解研究结果。

“写”明白，需要注重论文的讨论和结论部分。讨论部分是论文的核心，它应该对研究结果进行深入分析和解释，并指出研究的局限性和未来研究方向。结论部分则应该总结研究的主要发现和贡献，并强调研究的价值和意义。

“写”明白，还要注意论文的格式和排版、文献的参考和引用、论文的修改和完善。在完成初稿后，我们需要进行多次修改和完善，以确保论文的语言、格式、逻辑都准确无误。

“写”明白，是写论文的关键之一。“做”到位了，大多能“想”清楚；“想”清楚了，大多能“写”明白。由此可见，“做”到位、“想”清楚、“写”明白，是写好论文的三位一体，只不过在某篇具体文章或者某个具体环节中略有侧重而已。

作为一线教师，我们的教学生活大多充满智慧与情感，我们的笔下本应流淌出激情与感悟，而教研论文是我们对教育生命的一种动情歌唱、对教育世界的一种深情告白，是我们对教育的热爱与执着、对未来的呼唤与期待。让我们以撰写论文的方式，描绘出教育的美好图景，照亮更多的同行者和后来者的教育旅程。

新时代“家校协同”下的“追光教育”研究

问题的提出、课题界定、国内外研究现状述评、选题意义与研究价值

1. 问题的提出

家庭教育对一个人的成长影响巨大。习近平总书记指出：“办好教育事业，家庭、学校、政府、社会都有责任。家庭是人生的第一所学校，家长是孩子的第一任老师，要给孩子讲好‘人生第一课’，帮助扣好人生第一粒扣子。”

教育学生，需要家校合作。《中华人民共和国教育法》（2021 修正）第五十条指出：“学校、教师可以对学生家长提供家庭教育指导。”《中华人民共和国家庭教育促进法》对于“家校协同”提出了具体要求，比如第四十条指出：“中小学校、幼儿园可以采取建立家长学校等方式，针对不同年龄段未成年人的特点，定期组织公益性家庭教育指导服务和实践活动，并及时联系、督促未成年人的父母或者其他监护人参加。”

中共中央办公厅、国务院办公厅《关于进一步减轻义务教育阶段学生作业负担和校外培训负担的意见》对于“家校协同”也有明确规定，比如第二十一条指出：“完善家校社协同机制。进一步明晰家校育人责任，密切家校沟通，创新协同方式，推进协同育人共同体建设。教育部门要会同妇联等部门，办好家长学校或网上家庭教育指导平台，推动社区家庭教育指导中心、服务站点建设，引导家长树立科学育儿观念，理性确定孩子成长预期，努力形成减负共识。”

家校协同，已经成为新时代教育的一个重要组成部分。我们也正是在这种背景下提出“新时代‘家校协同’下的‘追光教育’研究”这一课题。

本课题旨在探究新时代背景下家校合作的最优途径和最佳方案，进一步构建教育的良好生态，促进学生的全面发展、健康成长。

2. 课题界定

新时代“家校协同”下的“追光教育”研究，关键词有两个，一个是“家校协同”，一个是“追光教育”。故该课题将紧紧围绕这两个关键词进行探索和实践。其中，“家校协同”是前置条件，“追光教育”是研究重点和目的。但是，家校协同离不开社会的支持，它往往需要与妇联、社区一起造势、相互借力、有机融合。同时，本课题主要立足于中小学，学段包括小学、初中和高中，地域包括农村和城镇。

国内外研究现状述评。关于家庭教育方面的研究，不胜枚举；关于家校协同方面的研究，相对较少；而“追光教育”这样的表述，似乎尚未发现。

关于教育，我国唐代文学家、哲学家、思想家韩愈曾说：“师者，所以传道授业解惑也。”“传道、授业、解惑”，更多的是从教师主体这个角度出发，用教师渊博的知识见识、丰富的人生经验来教育学生、帮助学生。在一定程度上，在韩愈的心里，学生是客体，相对处于一种被动状态。

德国教育家第斯多惠则认为：“教学艺术的本质不在于传授本领，而在于激励、唤醒、鼓舞。”“激励、唤醒、鼓舞”，更多的是从学生主体这个角度出发，把“自动性”视为人的发展的主观基础。在第斯多惠的心里，学生是主体，相对处于一种主动状态。

因为时代不同、国度不同、文化不同，我们不必纠缠谁是谁非、谁优谁劣。事实上，就教育而言，“传道、授业、解惑”和“激励、唤醒、鼓舞”两者并不冲突，而且应当相互兼容。无论是“传道、授业、解惑”，还是“激励、唤醒、鼓舞”，都有一个重要任务，那就是引导学生完善人格、追求理想、成就自我。这种过程，便是我们所提出的“追光教育”。

光是信仰，光是梦想。一个孩子，如果心中有光，积极追光，他必将好好学习、天天向上，他必将克难奋进、发愤图强。追光教育，即通过教师、家长、学生等各方的积极作为，在家庭、学校、社会等方面形成一种向上的氛围，助力学生珍爱生命、完善人格、学会自我管理，帮助他们成长为一个健康阳光的人。

3. 选题意义与研究价值

从2021年出台的关于教育的法律法规来看，我们认为，新时代是一个特别关注学生身心健康成长的教育时代，是一个内外联动、标本兼治、减负提质的教育时代，是一个促进教育公平、优化教育生态的教育时代，是一个对学校、教师提出严峻考验的教育时代，是一个对家长素质提出更高要求的教育时代。

在这个时代背景下，我们进行“家校协同”下的“追光教育”研究，无论是对于学生、家长、教师，还是家庭、学校、社区，都有着一定的社会价值和时代意义。本课题将着眼于全面贯彻党的教育方针，着眼于全面发展学生的核心素养，在家庭、学校、社会这三者之间努力整合资源、营造氛围、搭建桥梁、协同发展。

课题研究目标、研究内容、研究重点和创新之处

1. 研究目标

（1）通过研究，进一步明确新时代“家校协同”下的“追光教育”的内涵与途径，发现“家校协同”下“追光教育”的普遍规律，能比较有效地予以推广；（2）让参与研究者更有新时代教育意识，更加理解新时代教育理念，增强教育情怀，提高家校协同的研究能力，提高家校协同的针对性和有效性；（3）让学生进一步热爱生命、热爱生活、热爱学习，增强自我管理意识和自我教育能力，在德智体美劳等方面得到更加全面的发展；（4）让家长进一步明确家庭教育的重要性，掌握一定的家庭教育方法，在孩子的生命成长过程中更有榜样作用；（5）让参与研究的班级、学校、家庭研究氛围更浓，教育效果更好，教师、家长、学生都能获得不同程度的正能量，得到不同程度的成长。

2. 研究内容

我们将主要从主体、途径、意涵三方面进行研究。

（1）追光之主体。包括家长追光、教师追光、学生追光；家庭追光，学校追光，社会追光。

（2）追光之途径。课堂追光——学科知识追光、班会追光；课外追光——家访追光、活动追光、阅读追光等。

（3）追光之意涵。追寻健康之光、道德之光、智慧之光、艺术之光、劳动之光；追寻自律之光、合作之光、创新之光；追寻青春之光、信念之光、梦想之光、生命之光等。

3. 研究重点

主体方面：教师、家长、学生。途径方面：活动追光、阅读追光、家访追光。意涵方面：追寻健康之光、追寻道德之光、追寻创新之光。

4. 创新之处

（1）从追光主体看，本课题将家长、教师、学生均纳入其中，而不仅仅是学生，这三个主体之间相互影响、相互促进；（2）从追光途径看，本课题关注了活动追光、阅读追光等课外追光，而不仅仅局限于课堂，它更关注了“人”的多种需求，尤其是精神方面的需求；（3）从追光意涵看，本课题从德智体美劳等方面进行了丰富，更加符合新时代教育理念。

研究思路、研究方法、实施步骤

1. 研究思路

（1）组建队伍。本课题参与者大体包括“有位者”“有识者”“有志者”三类。“有位者”（比如校长）能让课题研究有组织保障和经费支撑，“有识者”可以保证课题研究的质量，“有志者”能不怕辛苦、专心致志。（2）制定方案。“凡事预则立，不预则废。”制定科学可行的研究方案，保证整个研究工作有条不紊地进行。（3）夯实基础。广泛阅读相关书籍，了解与本课题相关的理论、动态，站在他人研究的基础上进行更高层次、更有价值的课题研究。（4）深入调研。没有调查就没有发言权。广泛地与教师、家长、学生进行访谈，扎实开好座谈会，做好统计与分析，搞好跟踪调查。（5）积累转化。从课题研究起步阶段开始就注重过程的积累，特别是相关图片、文字的保存与整理，逐渐地实现成果的转化，形成有较高质量的研究论文并力争发表，努力转化为能有效落实的“家校协同”方案，转化为家长、教师和学生的“追光”行动。

2. **研究方法**

大体而言，我们将采用文献研究法、调查研究法、行动研究法、比较研究法、案例研究法、经验总结法。文献研究法，即广泛地阅读相关书籍和报刊文章，包括学生心理、学校德育、家庭教育等方面的著作；调查研究法，即在家庭、学校、社区等区域进行有目的的调查研究；行动研究法，即在课题研究的同时，及时地内省、发掘、提升，正所谓“在大海里学游泳，在战争中学战争”；比较研究法，即针对不同的研究主体进行横向或纵向的比较，寻找内在的规律；案例研究法，即以某些较为特殊的个体进行观察、比较和分析，并由此举一反三；经验总结法，即在某些阶段或在某个节点，及时地进行经验总结，以便积少成多、由浅入深地实现课题研究螺旋式的提升，不断地将课题研究转化为可看见、可累积、可推广的物化成果。

3. **实施步骤**

本课题研究大体分为三个阶段：

（1）准备阶段。制定实验方案，成立课题研究组，召开课题研究参与者会议。查阅书籍资料，调查家校协同现状，收集实验的相关素材。组织课题组成员交流学习、调研等方面的心得。各参与者确定各自的子课题，并根据情况整合为若干个子课题组。

（2）实施阶段。围绕“家校协同”和“追光教育”两个关键词，围绕追光主体、追光途径、追光意涵三个方面，进行扎实有效的课题研究。定期对课题成员研究情况进行专题调研和会议交流，及时做好理论探讨、案例分析、论文撰写、材料整理等工作。

（3）总结阶段。对各子课题组、各参与者进行检测。撰写课题实验总报告。汇编各子课题优秀论文。汇总各子课题典型个案和优秀课件、论文，做好准备结题工作的各项准备。

“想”清楚

撰写教研论文需要“想”清楚，意味着在撰写教研论文时要有明确的目的和思路，深入思考研究问题，构建合理的论文框架，并注重语言表达的准确性和完整性。这样的思考和准备，能够提高教研论文的质量和水平。

把课文特质想清楚，写好文本解读；把典型意义想清楚，写好教学案例；把得失利弊想清楚，写好教学反思；把前因后果想清楚，写好教育叙事；把个性特点想清楚，写好青春少年；把思想价值想清楚，写好读书笔记；把经验教训想清楚，写好教学总结；把论点论据想清楚，写好教研论文。

本节两篇文章，一篇讲的是写好教研论文需要“问题意识、主人心态、模块思维、工匠精神”，一篇则是关于“做到位”“想清楚”的教学案例。

写好教研论文需要“四轮驱动”

好的教研论文，是教师教学思想的结晶，是教研成果的重要载体。要想写出一篇让人眼前一亮的教研论文，需要一定的才识和技巧。但仅此还不够。笔者认为，它应包括问题意识、主人心态、模块思维、工匠精神等“四轮驱动”。唯有如此，我们的思想之车才能在纸墨间奔驰，在教学中闪光。

问题意识：敢于质疑，刨根问底

问题意识是指在进行教研论文写作时，需要从实际教学问题出发，关注问题的提出和解决。

问题意识，能帮助我们把教学实践和教育理论联系起来，能够指导我们的研究思路，帮助我们找到研究的重点和方向。同时，在论文写作中，问题意识也可以帮助我们清晰地阐述研究目的和意义，让读者更好地理解我们的研究价值。

比如，许多年前我的一堂语文公开课结束后，一些老师认为我的课讲得不错，理由是教师指导有方、学生活动充分、知识落实到位；一些老师则认为这节课不能很好地体现课改精神，说“课改课”就应当更大程度地相信学生、放开课堂。基于这样的争论，我觉得“放与不放”“如何开放”是当下课堂普遍存在的争议问题。于是我就结合课例，刨根问底，写成了《理顺开放课堂的辩证关系》一文，后来发表在《中国教育报》上。

再比如，近年来“大单元教学”这一新型的教学方式，在学术期刊、教研论坛、网络媒体上宣传、讨论得非常热烈。大力推广的，极力反对的，不理不睬的，均有之。显然，这是一个非常有争论的问题，也是一个必须面对的问题。于是，我在中国知网里搜索相关文献，一直追溯到20世纪90年代，结合新课标公布前后专家教授、一线教师的相关文章，对其概念和实践进行了系统的梳理，进而提出自己的主张，写成了《请勿轻言“大单元教学”》一文。该文在《语文教学通讯·初中刊》上全文刊载。

在语文教学实际中，我们经常会遇到一些问题，比如学生的学习兴趣不浓、阅读理解能力不足、写作能力欠缺、文化差异等，导致对课文内容理解困难、教师教学方法难以创新、单元教学难以实施、学习任务群难以落实、跨学科学习目标难以达成等。有思想、有追求的教师，一定会抓住这些问题进行“深挖洞、广积粮”，积极寻找解决方案，写出一篇又一篇优秀的教研论文。

在当前教育改革中，问题意识主要体现在对教育实践中客观存在的矛盾或问题的持续关注和敏锐察觉。这些问题包括但不限于教育公平、教学质量、新课标的落实、学生全面发展、教联体的正常运作等方面。通过问题意识，我们可以对这些影响教育改革的关键问题进行深入研究，理解其产生的原因和影响，从而提出具有针对性的解决方案。

例如，教育公平是当前教育改革的重要议题之一。通过问题意识，我们可以注意到教育资源在不同地区、不同学校之间的不均衡分配，以及由此带来的教育机会不均等问题。对此，我们可以进行深入的研究，分析这种不均衡现象的成因和影响，并探讨如何优化教育资源的配置，以实现教育公平。

再如，教学质量也是教育改革关注的重点。通过问题意识，我们可以关注到教学中存在的问题，如教学方法单一、教学内容与现实脱节、学生参与度低等，并对其进行深入研究。为此，我们可以探索多元化的教学方法，提高学生的参与度和学习效果，同时也可以引入新的教学技术和工具，提高教学质量。

此外，学生的全面发展也是教育改革的重要方向。通过问题意识，我们可以关注到学生评价体系中存在的问题，如过于注重分数、忽视学生心理健康、忽视学生个性发展、弱化学生的体育和劳动教育等。对此，我们可以深入研究并探讨如何建立科学的评价体系，立足当下的教育现状进行一些可行的改良和优化，尽可能地促进学生的全面发展。

总之，我们应结合当前教育改革，结合实际的教育教学，善于发现并深入研究问题，提出切实可行的解决方案，以此写成有价值、高质量的教研论文。这样的方式，一方面能促进自身的专业成长，另一方面能更好地推动教育改革的深化和发展。

主人心态：大胆创新，舍我其谁

这里的主人心态，指的是以研究者的身份进行教研论文写作，体现写作者的主体性和创造性。主人心态，意味着在写作过程中，我们需要以积极的态度去对待论文的研究问题、研究内容和研究结果，把自己当成研究问题的主人，努力探索和解决它。具体来说，主人心态体现在以下几个方面：

一是充满热情，持续关注。一旦将某个问题作为研究对象，我们便需要深入了解问题的背景、现状和趋势，明确自己的研究目的和意义。唯有如此，我们才能保持写作的持续动力和灵感。

二是主动寻找，认真筛选。在写作过程中，我们需要了解前人的研究成果和观点，为自己的研究提供理论支撑和实践借鉴。同时，也需要对文献资料进行深入分析和评价，找出研究的不足和突破口。

三是独立思考，大胆创新。在写作过程中，我们需要保持独立思考和创新的精神，不拘泥于前人的研究成果和观点，努力探索新的研究思路和方法。同时，也需要对研究结果进行深入分析和解释，挖掘其背后的原因和机制。

四是遵守规范，确保原创。在写作过程中，我们需要以认真负责的态度对待论文的每一个部分，包括标题、摘要、关键词、正文、结论等。同时，也需要遵守学术规范和道德准则，保证论文的真实性和原创性。

笔者在《中国教育报》上发表的第一篇文章《和谐校园，校本教研的绿地》就是这样写成的。

那是在2005年，“校本教研”作为一种新型的教研方式，在理论上已基本被广大教师所接受。但在实践中，许多学校并不能很好地开展。在笔者看来，其中既有思想观念的抵触，也有专业瓶颈的限制，不过更多的还是缺少适宜这种教研范式的生长土壤。

如何让校本教研落地生根呢？笔者查阅了手头有限的书刊，在互联网上搜索相关的文章。经过一个多月的努力，浏览了一两百篇此类论文，之后我结合本校及周边学校实际完成了此文。

笔者认为，真正的校本教研，只会根植于和谐的校园。具体而言，包括以下三个方面：一是“干群融洽，才有浓郁的教研氛围”，二是“心态平和，才有持久的个人反思”，三是“彼此和乐，才有得力的同伴互助”。而培育和谐“绿地”，深入推进校本教研，需要从四个方面着手：一是“理念统帅，目标引领”，二是“营造氛围，崇尚学术”，三是“多元评价，易位竞争”，四是“内搭平台，外和邻里”。

在今天看来，这些观点和主张或许比较平淡，但在当时的农村学校，这些都是难能可贵的。

在教育改革不断迈向深水区的当下，用主人心态投入校本教研，意味着我们将以主动的态度参与到校本教研中，不再是被动的接受者，而是积极的参与者和推动者；意味着我们具有强烈的责任感和奉献精神，关注学校和学生的发展，愿意为学校教育教学质量的提高付出努力和心血；意味着我们将与同事紧密合作、共同探讨，乐意为团队合作的良好氛围添砖加瓦；意味着我们将保持持续学习的作风，不断更新自己的知识和技能、追求专业发展，提高自己的专业素养；意味着我们将以各自的创新动力和实践能力，不断探索新的教学方法和教育理念，将理论与实践相结合，推动学校的创新发展。

简单地说，主人心态将让我们更有教研主见，更有探索教育规律的勇气和智慧，并将为校本教研注入新的活力，进而促进自身的专业成长，推动学校的可持续发展。若能如此，有价值的教研选题必将源源不断，有深度的教研论文也必将接踵而至。

模块思维：化整为零，各个击破

模块思维，这里是指将复杂的问题分解为不同的模块，然后进行分类研究和深度分析，进而形成一篇既系统又精致的教研论文。通过分模块的方式，我们可以更加清晰地呈现论文的思路和结构，读者阅读起来也更容易理解和接受。

在写作论文时，如何运用“模块思维”呢?

一是将研究的问题分解为多个模块。问题可能比较复杂或庞大，为了更好地进行研究，可以将它分解为多个相对独立的模块。每个模块可以是一个具体的问题或研究方向，例如如何提高中学生的阅读理解能力，可以分为词汇量、阅读量、阅读习惯、阅读策略等多个模块。

二是对每个模块进行深入研究。针对每个模块，我们可以采用反思实践、搜集文献、调查问卷、实验数据等方式方法，探讨每个模块中的问题、现状、影响因素、解决办法等。

三是将多个模块进行关联和整合。在对每个模块进行深入研究后，我们需要将其“打通任督二脉”，形成一个完整的研究体系。这可以帮助我们更好地理解研究问题的全貌，以及各个模块之间的相互关系和影响。

四是构建论文的模块结构。在撰写论文时，我们需要根据研究问题的模块划分构建论文的模块结构，将每个模块作为一个独立的章节或段落，分别介绍其内容、方法、结果等。这样可以使得论文结构清晰、层次分明、易于阅读和理解。

运用“模块思维”，将有助于我们写出一篇结构清晰、逻辑严谨、科学可靠的教研论文。比如，上文谈到的《理顺开放课堂的辩证关系》一文，笔者就是合理地运用了模块思维，将“开放课堂的辩证关系”这一论题分解成“放开展示，不放指导”“放开体验，不放示范”“放开对话，不放效率”“放开课堂，不放质量”四个模块，结合课堂教学实际，进行一一论证。文末补充“放开过程，不放目标”“放开形式，不放内容”，使得整篇文章更为严谨。

在课程建设中，“模块思维”同样非常重要。课程是一个复杂的系统，涉及多个方面和要素，如选用教材、教学内容、教学方法、教学资源、学生需求等。通过运用“模块思维”，我们可以更好地进行课程设计和课程建设，提高课程的质量和效果。

课程建设中，在对每个模块进行深入研究后，教师需要将它们进行关联和整合，形成一个完整的课程建设方案。比如，在选用教材和学生需求模块之间，需要考虑到教材内容与学生需求之间的匹配度和适应性。

笔者在进行《黄梅文化黄梅人》这一课程的建设时，首先从课程定位、课程理念、课程目标、课程内容、课程评价等角度进行一个系统的思考，而后将课程内容分为序章与主体两个大模块，再之后将序章分为“千年古县”“灵润黄梅”“地史概况”“文化资源”四个小模块，将主体分为“中华优秀传统文化与黄梅”“革命文化与黄梅”“社会主义先进文化与黄梅”三个小模块（其实不小）。通过这样的化整为零、分点突破的方式，一个完整而丰实的地方课程便呈现在学生面前，并写成一篇文章《如何做好课程建设与学习评价——以〈黄梅文化黄梅人〉为例》。

运用模块思维，既有助于我们写出高质量的教研论文，也有助于我们建设有品位的个性课程。当然，模块思维的作用远非如此。

工匠精神：抱元守一，精益求精

工匠精神，这里是指在写作过程中追求完美和精益求精的态度。

如何运用“工匠精神”来写好教研论文呢？

*一是心无旁骛。*工匠精神的首要特质，就是专注和投入。在写教研论文时，我们需要全身心地专注于研究问题，搜集和分析数据，深入探讨和

研究。只有投入足够的精力和时间，才能写出高质量的论文。

二是精益求精。在写教研论文时，我们需要不断追求卓越，对论文的结构和内容进行反复推敲和修改。只要功夫深，铁杵磨成针。

三是关注细节。细节决定成败。在写教研论文时，我们需要从论文的格式框架、内容摘要、语言表达、标点符号、参考文献等方面，进行精细的打磨和持续的完善，让论文更加严谨、科学、可靠。

四是不断创新。工匠精神强调持续学习和不断创新。我们需要努力学习并掌握新的知识技能，保持对研究领域的敏感度和洞察力。唯有如此，才能写出具有创新性和前瞻性的论文。

可以说，在一些优秀期刊上登载论文的作者，绝大多数都是具有工匠精神的作者，是经历过千锤百炼后的美丽绽放。

论文创作，往往与课题实验密切相关。在课题实验中，工匠精神同样非常重要。因为，实验是一种严谨的科学研究方法，需要我们专注于实验的设计、操作和数据分析等方面，追求实验结果的准确性和可靠性。具体来说，课题实验中的工匠精神包括以下这些方面。

一是精心设计实验方案。这包括确定实验的目的、原理、方法和步骤等。只有精心设计实验方案，才能保证实验的方向性和价值性。

二是注重实验操作细节。例如，工具的使用、样品的处理、数据的记录等，都需要严格按照操作规程进行。

三是反复验证实验结果。这包括对实验数据的处理、分析和解释等。只有这样，才能得出科学可靠的结论。

四是持续改进实验方法。实验方法需要不断改进和完善，以提高实验的效率和质量。这包括对实验技术的创新、对实验工具的改进、对实验方法的优化等。

课题实验有了工匠精神的加持，其实验结果才能得到保证，而与之相关的论文、著作也会更有学术价值和推广意义。

综上所述，问题意识是写作的起点，主人心态是写作的态度，模块思维是写作的方法，工匠精神是写作的追求。

以问题意识为导引，以主人心态为动力，以模块思维为指导，以工匠精神为灵魂，在这“四轮驱动”的共同作用下，我们定能写出高质量的具有创新性、前瞻性、实用性的教研论文，为实现专业成长发挥我们的智慧，为推动学术进步贡献我们的力量。

如何做好课程建设与学习评价

——以《黄梅文化黄梅人》为例

多年来，笔者一直有个愿望，就是作为一名黄梅教师，应当通过我的课堂，让学生比较全面地了解黄梅文化，了解本地名人，以此增强学生热爱家乡、建设家乡的朴素情感，并以本地的、他乡的、过去的、当下的卓越人物为榜样，让学生各自树立起或远或近、或大或小的奋斗目标，也让自己在建设这门课程的同时更系统更深入地了解这片生我养我、滋我润我的红色土地。

终于在2023年春分前后，笔者以设计师、搬运工的身份，开始了地方课程《黄梅文化黄梅人》的建设工作，并形成了初步成果。

下面，笔者将从课程目标、课程内容、课程资源、学习评价等方面略作介绍。

课程名称： 黄梅文化黄梅人。

课程定位： 依据三种文化，立足黄梅古今，聚焦卓越人物，传播优良品质。

具体而言，就是依据中华优秀传统文化、革命文化、社会主义先进文化，立足黄梅古往今来知名的文化资源、重大事件，聚焦于不同时代、不同领域的有代表性的卓越人物，以此传播大境界、好品质、高品位、正能量。

课程理念： 用优秀文化熏陶人，用卓越人物影响人，用本地资源培植人。

在三种文化统帅之下，努力挖掘本土相关文化资源，特别是重大事件的发端、结果、影响，以及卓越人物的故事、业绩、作品等，让悠久的历史、淳朴的民风、真实的人物、典型的事例、上好的作品、可感的文化交相辉映，深入人心。

课程目标： 让学生比较全面地了解黄梅文化、了解本地名人，以此增强热爱黄梅、建设黄梅的情感和意愿，并以某个或某几个卓越人物为榜样，各自树立奋斗目标，力求让学生“忘不了黄梅乡情，记得住黄梅乡愁”，能完成一篇关于“我和我的黄梅”的话题作文。

课程内容： 课程包括序章及主体的三个部分。序章包括“千年古县”“灵润黄梅”“地史概况”“文化资源”等。

千年古县。 2018 年 12 月，经中国地名文化遗产保护专家委员会鉴定，确认黄梅县为中国地名文化遗产“千年古县”。黄梅境内建县始于汉文帝十六年（前 164），初名寻阳。隋开皇十八年（598），改为黄梅县，因县境北有黄梅山、黄梅水而得名。之后经数度更名，至唐武德八年（625），复为黄梅县。此后，县名沿用至今。

灵润黄梅。 其中“灵润”二字，源于黄梅县四祖寺破额山出水口的“灵润桥”。该桥为省级文物保护单位，元至正十年（1350）由四祖寺住持祖意禅师募缘修建而成。灵润，乃雨露美称，亦喻恩德。

地史概况。 交代地理位置，比如黄梅县位于大别山南麓、长江北岸，乃鄂赣皖毗邻地区等。概述历史情况，比如在黄梅这块热土上，曾树立起红十五军诞生的旗帜，无数英雄儿女抛头颅、洒热血，为中国革命、建设献出了宝贵生命。

文化资源。 简要介绍黄梅境内古遗址、古墓葬、古建筑、古石刻、国家重点文物保护单位、省级文物保护单位、国家 4A 级景区、国家级自然保护区、国家级非物质文化遗产、国家地理标志保护产品等方面情况。比如，黄梅县国家级非物质文化遗产有四项：黄梅戏、黄梅挑花、黄梅禅宗祖师传说、岳家拳。

第一部分：　中华优秀传统文化与黄梅

内容包括：“黄梅古十景”，即东山白莲、西山碧玉、南山古洞、北山乔木等；南朝宋文学家鲍照；李白《夜宿山寺》故事；岳震、岳霆与《武穆遗书》；明代理学家瞿九思；明代兵部尚书汪可授；清代名臣帅承瀛；“黄梅名伶”邢绣娘传说；国家级非物质文化遗产黄梅戏；中华优秀传统文化的核心思想理念、中华传统美德、中华人文精神。

以诗、画相结合的方式，介绍“黄梅古十景”。比如，介绍西山碧玉时，引用清代石乔年的《题碧玉流》：“危桥空栈步峰头，涧道崎岖水碧流。一派寒湍吹似雪，半山清响散为秋。幸留石上公权笔，曾驻江干子厚舟。到此红尘都涤尽，劳劳身世几时休。”配以当代本地画家程继文的国画《西山碧玉》，让学生获得更多美的享受，并认识到古县黄梅悠久的历史、美丽的风光、厚重的人文，产生作为黄梅儿女的自豪感和幸福感。

介绍南朝宋文学家鲍照时，着重讲述鲍照给刘义庆献诗言志故事，并简要交代鲍照“行路难”十八首、历代名人评鲍照等情况，以此激发学生胸怀鸿鹄之志、坦然面对困难等。同时，笔者也展示自己的一首小诗《雨访鲍照园》：“李杜文章千古传，世人鲜知鲍在前。君若嗟叹行路难，不妨寻梅鲍照园。”以此激励学生勤于动笔、大胆创作。

介绍明代理学家瞿九思，着重讲述他的《万历武功录》一书。该书是记载明万历时期农民起义和民族关系的传记体史书，是研究万历以来阶级斗争与民族关系的重要史料。

介绍清代名臣帅承瀛，着重介绍他两任钦差大臣，负责查办山西、陕甘贪腐案，巡按山东审理徐文诰冤案，为之平反昭雪；任浙江巡抚之后，他立志改革图新，在水利方面颇有建树，编著《浙江水利备考》一书等。

通过这些名人轶事的介绍，学生可以感知古县黄梅，特别是那些卓越人物，拥有中华优秀传统文化中的“革故鼎新、与时俱进的思想”“惠民利民、安民富民的思想”“天下兴亡、匹夫有责的担当意识”“精忠报国、振兴中华的爱国情怀”“崇德向善、见贤思齐的社会风尚”等优秀品质。

第二部分：革命文化与黄梅

内容包括：革命文化内容主题，如伟大建党精神，红十五军诞生纪念地，开国少将帅荣，中央红军长征路上牺牲的第一个师长洪超，革命烈士吴亮寅，革命烈士宛希先，革命烈士宛希俨，革命烈士邓雅声，《红色记忆·柳林烈士陵园》。

中国工农红军第十五军，诞生于1930年。蔡申熙任军长，陈奇任政治委员。为纪念红十五军这支英勇部队，1985年，经中央军委批准，拨款修建红十五军诞生纪念地。该纪念地，位于黄梅县大河镇吴祥村牛头山。入口处是高大的花岗石雕花牌楼门，横额镌刻“中国工农红军第十五军诞生地”。纪念塔正面是徐向前元帅手书碑名“中国工农红军第十五军成立纪念碑”。红十五军诞生纪念地被湖北省政府列为省级重点文物保护单位，系黄梅县爱国主义教育基地。

介绍开国少将帅荣，简要讲述他在万里长征、抗日战争、解放战争等历史时期的事迹，荣获二级八一勋章、一级独立自由勋章、一级解放勋章等方面情况；着重介绍帅荣同志始终以革命利益为重、不计较个人得失、鞠躬尽瘁、艰苦奋斗的革命精神。

介绍革命烈士洪超，着重讲述他1933年在一次战斗中身负重伤、失去了左臂的经历，讲述他1934年10月21日带领部队在信丰新田百石村战斗时不幸被一颗流弹击中头部而壮烈牺牲的经历，讲述时任红三军团军团长彭德怀获悉此消息后对洪超的高度评价。

介绍革命烈士吴亮寅，笔者引用毛泽东的一首七言绝句：“孩儿立志出乡关，学不成名誓不还。埋骨何须桑梓地，人生无处不青山。”因为笔者和吴亮寅烈士是同村人，故结合小时候父辈、祖辈给我讲述吴亮寅立志求学、英勇战斗的故事来介绍，很有感染力。

介绍革命烈士宛希先，主要讲述宛希先“跟着毛委员干革命”，响应毛泽东的号召，成为第一个站出来表示坚决革命到底的人。

介绍革命烈士宛希俨，主要讲述宛希俨“撰发檄文讨蒋”：1927年1月3日，英帝国主义在汉口租界调水兵上岸武力驱赶集会群众，造成“一·三”惨案。惨案发生后，宛希俨等人在《汉口民国日报》上连篇披露惨案真相，并奋笔疾书了社论《收回租界问题》。面对蒋介石叛变革命的阴谋，宛希俨发表署名社论《要求中央党部国民政府立即迁鄂》等文章，揭露并批判蒋介石违抗国民党中央政治会议关于迁都武汉的决定，指出其对革命运动的危险性。

介绍革命烈士邓雅声，讲述了烈士的“红色家书”。在这封红色家书的末尾，有烈士的四首《绝命诗》。其中一首为："平生从不受人怜，岂肯低头狱吏前！饮弹从容向天啸，长留浩气在人间！"

介绍《红色记忆·柳林烈士陵园》时，笔者引用了黄梅电视台在烈士陵园里录制的一段录像。该录像主体为一段口述史。柳林乡，又名古角山，位于鄂皖两省交界，是湖北省27个红色乡镇之一，曾是红九团、新四军42团的主要活动地。在大革命时期，柳林人民为革命做出了重大的贡献和牺牲，献出了2000多个忠诚儿女，新四军42团团长熊桐柏就长眠于柳林河畔。1951年中央南方慰问团在柳林召开大会，台前书："刑场上，牢狱中，如许健儿成烈士；柳林下，大河边，一杯浊酒慰英灵。"

理想信念、爱国情怀、艰苦奋斗、无私奉献、顽强斗争和英勇无畏等革命传统，在这些英雄儿女身上得到了充分体现。

第三部分：社会主义先进文化与黄梅

内容包括：社会主义核心价值观；中共二十届中央委员、十四届全国政协副主席周强；北京大学原副校长、中国社会科学院哲学社会科学部学部委员汤用彤；中国工程院院士瞿金平；中国科学院院士桂建芳；中国科学院院士刘胜；中国现代作家、诗人、小说家冯文炳（废名）；武汉大学文学院教授、博士生导师、享受国务院政府特殊津贴专家於可训；中国当代神话作家周濯街；中国音乐家协会会员黎耀成；时任中国第一艘航空母舰"辽宁舰"政委梅文；童话作家萧袤（聂萧袤）；中国书法家协会会员袁质斌；中国摄影家协会会员徐华；国家级非物质文化遗产岳家拳传承人雷杰；中国"最美医生"邢锦辉；"浙江工匠"、写进浙江2022年高考试卷的黄梅"90后"杨杰；第31届中国戏剧梅花奖得主、国家一级演员梅院军；国家级非物质文化遗产——黄梅挑花；等等。

介绍周强同志立足于国家法治建设。比如，2020年，时任最高人民法院院长的周强向全国人大会议工作报告时指出，要大力破解长期困扰群众的"扶不扶""劝不劝""追不追""救不救"等法律和道德风险，坚决防止"谁能闹谁有理""谁横谁有理""谁受伤谁有理"等"和稀泥"做法。

介绍汤用彤，立足于他的教育生涯，以及黄梅一中"汤用彤纪念馆"；

介绍瞿金平、桂建芳，立足于其科学研究和科学成果；介绍冯文炳，立足于他的文学作品及其墓地；介绍於可训，立足于他的学术著作和文学评论；介绍周濯街，立足于他的99部神话小说和改编成电视剧的作品，比如《七仙女正传》《黄梅戏宗师传奇》；介绍黎耀成，立足于他的文艺创作，比如歌曲作词《好上加好》《黄梅飘香》；介绍梅文，立足于他时任中国第一艘航空母舰“辽宁舰”政委时接受中央电视台的采访，尤其是他关于科技强军、人才兴军的感叹；介绍萧衮、袁质斌、徐华等人，主要是介绍他们的人生追求，以及在各自领域的优秀作品；介绍雷杰，立足于非物质文化遗产的传承；介绍邢锦辉，立足于扎根基层当乡医，牢记父辈“行医即行善”之教诲；介绍杨杰，立足于他勤学苦练、精益求精，从一名普通的学徒工最终成长为浙江省劳动模范、浙江工匠。

不同的领域，不同的境遇，但这些人有一个共同的特点，那就是追求卓越、勇攀高峰。他们身上充分体现了社会主义核心价值观。

课程资源： 与上述文化资源相关的文字、图片、音像资料。比如，中国地名文化遗产“千年古县”牌匾图片，灵润桥图片，《印象湖北之黄梅篇》视频，“黄梅古十景”简介、题诗、图片，《我和我的黄梅》演唱视频，屠洪刚演唱《精忠报国》视频，《黄梅有戏》视频，《红色记忆·柳林烈士陵园》（口述史）视频，《黄梅飘香》演唱视频，袁质斌书法作品，徐华摄影作品，笔者题诗《雨访鲍照园》《拜谒冯文炳先生墓地》，等等。课程资源主要来源于“灵润黄梅”（黄梅微讯）、百度百科、腾讯视频等媒体，均已经过笔者初步鉴定；少数资源来源于笔者实地考察所拍摄的照片。将上述资源制成一个集文字、图片、视频于一体的PPT课件，努力做到内容丰富、形式多样、可信度高、感染力强。

课程实施： 课程包括“输入”与“输出”两个环节。输入环节，教者依据课件进行现场解说，学生适当互动，其中的视频资料按需求播放即可。输出环节，学生自主完成“我和我的黄梅”话题作文。

课时安排： 3课时（共约120分钟）。第一、二课时，为输入环节；第三课时，为输出环节。

课程管理： 一边组织实施，一边丰富完善，一边深入发掘。

主要通过实地考察、文献考据、专家访谈、长者访问等形式，向纵深处开掘，向高远处探寻，努力将其做成一个有高度、有深度、有感染力、有传播力的地方课程，为更多的学生成长服务。

学习评价： 分“输入评价”和“输出评价”两部分，由自我评价和小组评价共同完成。评价量规表如下。

《黄梅文化黄梅人》学习评价量规表

评价项目	评价指标	评价权重	自我评价	小组评价
输入	A. 学习能做到全身心投入 B. 能及时做好简要的笔记 C. 能针对学习内容提出有价值的问题 D. 能针对疑问，以请教他人或网络搜索的形式获得答案	5分 5分 5分 10分		
输出	E. 能在单位时间内完成一篇不少于500字的话题作文 F. 对“黄梅文化黄梅人”有基本了解 G. 对“黄梅文化黄梅人”有正确的情感态度价值观 H. 对“黄梅文化黄梅人”有个性化的认知	5分 5分 5分 10分		
综合评语	自评：			得分
	互评：			

注：学习之前，让学生知晓该评价量规，以此引导学生提高学习的有效性。评价得分为自我评价与小组评价得分之和，满分为100分。

“写”明白

教研论文需要“写”明白，要求作者在撰写教研论文时，能站在读者的角度提出鲜明的论点、提供充分的论据、使用简明的语言、规范引用参考文献，并进行仔细的审阅和修改。同时，注意摘要的清晰性、术语和定义的恰当性、背景信息的充分性、格式和排版的规范性，等等。

本节两篇文章，一篇是《跟着毛主席学写作》，一篇是《给好论文定个“标准”》，但愿能为读者从不同层面提供参考借鉴。

跟着毛主席学写作

我曾经是一个谈写作就色变的人。

那时，且别说能遇上一个能指导我写好文章的名师，身边连一个能发表文章的人都没有。

于是，我对写文章充满了一种神秘感，对于能在报刊上发表文章的人几乎要敬佩得五体投地。

然而，当我阅读了毛主席的一些文章后，我的那种神秘感逐渐地消失了。我似乎逐渐找到了一些感觉，并慢慢地觉得我也能写出一些拿得出手的文章了。

思想有高度，语言要通俗

世界什么问题最大？吃饭问题最大。什么力量最强？民众联合的力量最强。什么不要怕？天不要怕、鬼不要怕、死人不要怕、官僚不要怕、军阀不要怕、资本家不要怕。

这段文字出自毛主席的《〈湘江评论〉创刊宣言》。

本文开头，作者抓住“世界革命”和“人类解放”的主题，阐述了这些运动对于强权和民众联合力量的影响。通过这个主题，我们可以了解作者对当时世界形势的看法和对革命的倡导。

接着，作者明确提出了自己的观点，即“世界什么问题最大？吃饭问题最大。什么力量最强？民众联合的力量最强”。这些观点展示了作者对社会问题的深刻洞察和对民众力量的高度重视。三问三答，引发读者思考，激发读者共鸣。

作者在文章中运用了通俗易懂并具有鼓舞性的语言风格，使得读者能够更加轻松地理解和接受他的观点，例如，“时机到了！世界的大潮卷得更急了！洞庭湖的闸门动了，且开了！浩浩荡荡的新思潮业已奔腾澎湃于湘江两岸了！”进一步增强了文章的感染力和号召力。

白话如水，通俗易懂，行云流水，大气磅礴。毛主席的文章告诉我们，写作就要思想有高度，把问题想清楚，语言尽可能地通俗一些。

开门见山摆问题，条分缕析去阐明

谁是我们的敌人？谁是我们的朋友？这个问题是革命的首要问题。

综上所述，可知一切勾结帝国主义的军阀、官僚、买办阶级、大地主阶级以及附属于他们的一部分反动知识界，是我们的敌人。工业无产阶级是我们革命的领导力量。一切半无产阶级、小资产阶级，是我们最接近的朋友。那动摇不定的中产阶级，其右翼可能是我们的敌人，其左翼可能是我们的朋友——但我们要时常提防他们，不要让他们扰乱了我们的阵线。

这两段话，出自毛主席《中国社会各阶级的分析》一文的首尾两段。

作者写作《中国社会各阶级的分析》，是在大革命失败后党内存在“左”倾和右倾错误思想、对革命的前途感到迷茫的背景下。作者通过分析中国社会各阶级的特性和关系，阐明了无产阶级在革命中的领导地位和工农联盟的重要性，为中国共产党制定正确的路线和策略提供了理论基础。

文中，作者条分缕析，逐一分析了当时中国地主阶级、买办阶级、民族资产阶级、小资产阶级、半无产阶级、无产阶级等阶级的基本特点。这些分析对于我们认识和理解中国社会的发展历程和现状具有重要的参考价值。

作者在文中强调了调查研究的方法和策略，即通过深入实际、广泛调查、科学分析等方法，获取真实可靠的数据和信息，从而得出正确的结论和建议。这对于我们在学习和工作中学会如何正确地分析和解决问题具有很好的借鉴意义。

文章结尾进行归纳概括，即要明晰谁是我们的敌人，谁是我们的朋友，要提防哪些人，进而对两种机会主义给予了批判。

本文可称得上说理文章的经典之作。此文告诉我们，写作论述性文章应当开门见山地摆出问题、条理清晰地进行分析、旗帜鲜明地得出结论。

同时，本文具有深远的理论意义和实践价值。通过深入学习和理解这篇文章，我们可以更好地认识中国社会的发展规律和现实情况，掌握科学的方法论，为实现中华民族伟大复兴的中国梦贡献出自己的力量。

善于比较， 善作例证， 善用修辞

讲到长征， 请问有什么意义呢？ 我们说， 长征是历史纪录上的第一次， 长征是宣言书， 长征是宣传队， 长征是播种机。 自从盘古开天地， 三皇五帝到于今， 历史上曾经有过我们这样的长征吗？十二个月光阴中间， 天上每日几十架飞机侦察轰炸， 地下几十万大军围追堵截， 路上遇着了说不尽的艰难险阻， 我们却开动了每人的两只脚， 长驱二万余里， 纵横十一个省。 请问历史上曾有过我们这样的长征吗？ 没有， 从来没有的。 长征又是宣言书。 它向全世界宣告， 红军是英雄好汉， 帝国主义者和他们的走狗蒋介石等辈则是完全无用的。长征宣告了帝国主义和蒋介石围追堵截的破产。长征又是宣传队。它向十一个省内大约两万万人民宣布，只有红军的道路，才是解放他们的道路。不因此一举，那么广大的民众怎会如此迅速地知道世界上还有红军这样一篇大道理呢？长征又是播种机。它散布了许多种子在十一个省内，发芽、长叶、开花、结果，将来是会有收获的。

这段文字，出自《论反对日本帝国主义的策略》一文。在此文中，作者借助历史比较、列举事例和排比、比喻等手法，阐述了长征的重要意义。

其一，作者运用历史比较的方法，将长征与历史上的其他事件进行比较。他指出，长征是历史纪录上的第一次，具有独特的意义。通过比较，作者突出了长征在历史上所具有的特殊地位和不可复制性。

其二，作者通过具体的事例来展示长征所经历的艰难险阻和红军战士们的英勇无畏。他列举了红军在长征中所遇到的种种困难，如空中敌机的侦察轰炸、地上几十万大军的围追堵截、途中遇到的艰难险阻等，强调了红军战士们不畏艰险、勇往直前的精神。这些具体事例展示了红军战士们的英勇形象和坚定的信念。

其三，作者运用了排比、比喻的手法来强调长征的意义。他通过“宣言书”“宣传队”“播种机”等排比句，生动形象地描述了长征在宣传、播种和影响方面的巨大作用。这些句子不仅增强了文章的气势，也使得读者能够更加深刻理解长征的重要性和影响。

其四，作者总结了长征的结果和意义。作者指出，长征是以中国共产党胜利、敌人失败而告终，是中国共产党领导的一次伟大的革命斗争。同时，作者还强调了中国共产党在领导革命战争中的重要作用和共产党人的信仰与毅力。

上述分析方法和表达技巧，对于我们写作说理具有重要的启示作用。同时，通过深入学习这篇文章，我们可以更好地认识中国革命历史和中国共产党的发展历程，增强爱国主义情感和历史使命感。

从战争中学习战争，在大海里学习游泳

读书是学习，使用也是学习，而且是更重要的学习。从战争学习战争——这是我们的主要方法。没有进学校机会的人，仍然可以学习战争，就是从战争中学习。革命战争是民众的事，常常不是先学好了再干，而是干起来再学习，干就是学习。从“老百姓”到军人之间有一个距离，但不是万里长城，而是可以迅速地消灭的，干革命，干战争，就是消灭这个距离的方法。说学习和使用不容易，是说学得彻底，用得纯熟不容易。说老百姓很快可以变成军人，是说此门并不难入。把二者总合起来，用得着中国一句老话：“世上无难事，只怕有心人。”入门既不难，深造也是办得到的，只要有心，只要善于学习罢了。

这段话选自毛主席《中国革命战争的战略问题》一书，题为《重要的问题在善于学习》。作者认为，学习战争应该从实践中学习，而不应该只从书本上学习。正如他在《实践论》中所说：“你要知道梨子的滋味，你就得变革梨子，亲口吃一吃。”

一是了解战争规律。作者在文章中强调了解战争规律的重要性。学习战争规律可以帮助我们更好地理解战争的本质和特点，掌握战争的基本原则和方法，可以通过阅读军事著作、研究战争史、参加军事课程等方式来学习战争规律。作者认为，只有通过学习战争规律并结合实践经验，才能真正提高作战能力。红军指挥员需要不断学习和掌握战争规律，并将其应用于实际战争中。

二是重视实际情况。作者强调指挥战争要符合实际情况的重要性。在制定战略和战术时，我们要充分考虑敌我双方的情况、地形、气候等因素，并根据实际情况做出正确的判断和决策。红军指挥员的这种能力需要在实践中不断积累和锻炼，同时也需要在理论学习中不断提高自己的素养。

三是关注治学方法。作者谦虚、勤奋、严谨、务实。在具体的学习方法上，作者提倡通过实践摸索和总结经验来学习。他认为，只有在实践中不断尝试和摸索才能真正掌握战争规律。他还强调了红军指挥员要善于学习外国的先进经验和军事技术，以提高自己的作战能力；要及时总结经验教训，找出不足之处并加以改进。通过反思自己的实践过程，我们可以不断提高自己的能力和水平，并避免犯同样的错误。因此，作为红军指挥员，不仅要有勇气和决心，还需要具备高超的战术和战略素养。

总之，毛主席在《重要的问题在善于学习》一文中，深刻阐述了学习战争规律、掌握规律并应用于实践、提高主观指导能力等方面的重要性。这些思想和方法对于我们今天的学习和工作仍然具有指导意义。学习战争如此，教学研究也是这样。

起承转合，符合章法

白求恩同志是加拿大共产党员，五十多岁了，为了帮助中国的抗日战争，受加拿大共产党和美国共产党的派遣，不远万里，来到中国。去年春上到延安，后来到五台山工作，不幸以身殉职。一个外国人，毫无利己的动机，把中国人民的解放事业当作他自己的事业，这是什么精神？这是国际主义的精神，这是共产主义的精神，每一个中国共产党员都要学习这种精神。

这段大家耳熟能详的句子，出自《纪念白求恩》一文。该文是一篇经典之作。文章概述了白求恩同志来华帮助中国人民进行抗日战争的经历，表达了对白求恩逝世的深切悼念，高度赞扬了他的国际主义精神、毫不利己专门利人的精神和对技术精益求精的精神，并号召全党向白求恩同志学习。

本文对于我们学习和认识白求恩同志以及他的国际主义精神具有重要的价值。从起承转合的角度来看，这篇文章的结构清晰、逻辑严谨，同样值得我们学习和借鉴。

文章的开头部分（起）简洁明了，直接引入主题。作者开篇就点明了白求恩同志的国际主义精神和毫不利己专门利人的精神，为全文奠定了基调。接着，作者通过对比手法，突出了白求恩同志的高尚品质和伟大精神，让人印象深刻。

文章的承接部分（承）详细介绍了白求恩同志的生平和他在中国抗日战争中的贡献。这一部分通过具体的历史事件，生动地展现了白求恩同志的伟大形象和崇高品质。

文章的转折部分（转），主要介绍了白求恩同志对技术精益求精的精神。这一部分的描述不仅展现了白求恩同志的职业素养，也进一步加深了我们对他的认识和理解。

文章的结尾部分（合），高度评价了白求恩同志的伟大精神和品质，并号召全党向他学习。作者强调了白求恩同志的共产主义精神和他对中国人民的深厚感情，表达了对他的敬仰和怀念之情。同时，作者也提出了对未来的展望和期许，希望我们能够继承和发扬白求恩同志的精神，为共产主义事业而奋斗。

请看这一段饱含深情、富有洞见的话语：

> 我和白求恩同志只见过一面。后来他给我来过许多信。可是因为忙，仅回过他一封信，还不知他收到没有。对于他的死，我是很悲痛的。现在大家纪念他，可见他的精神感人之深。我们大家要学习他毫无自私自利之心的精神。从这点出发，就可以变为大有利于人民的人。一个人能力有大小，但只要有这点精神，就是一个高尚的人，一个纯粹的人，一个有道德的人，一个脱离了低级趣味的人，一个有益于人民的人。

总之，本文不仅能让我们更加深入地了解白求恩同志的生平和精神，也为我们提供了一种学习和认识事物的方法。通过深入学习和研究这篇文章，我们可以更好地领会其中的思想和精神内涵，为我们的成长和发展提供有力的支持。

《纪念白求恩》一文告诉我们，文章的谋篇布局要有一定的章法，要尽可能地做到“起要平直，承要春容，转要变化，合要渊永”。同时，排比短句的运用，往往能使文章的语言更有气势，情感更加炽烈，朗读起来更有节奏感。只有这样，言之有物、言之有序、言之有理、言之有情、言之有质，文章才能达到预期的效果。

给我打气，给我指路，让我自信

一个人，当他性情焦躁、心神紊乱时，行走于宽阔平坦的阳关大道上，耳边传来高亢激昂的民歌音乐，他会说这是刺耳的噪音；眼前五彩缤纷的广告牌，他说那是粗糙的涂鸦；一个路人不小心碰了他一下，他会气势汹汹地吹胡子瞪眼睛。

一个人，当他心态平和、心情愉悦时，走在崎岖不平的山间小路上，小鸟叽叽喳喳的叫声，在他的耳里，是一支婉转悠扬的小曲；那嶙峋的怪石，参差的树枝，在他的眼里，成了一幅风景优美的山水画；脚下的小石头把他绊了一下，他甚至险些跌了一跤，但他拣起小石头说：别太顽皮了。

心态影响着情绪，情绪生发出行为，行为决定着结果。搞校本教研也如同走路、赏景，首要的是一种心态，一种笑对惨淡、乐向人生的平常心态，一种怀疑过去、扬弃昨天的改革心态，一种能者为师、不进则退的学习心态，一种源于课堂、研于行动的实干心态，一种跌倒爬起、愈挫愈勇的勇士心态，一种关注过程、实事求是的科学心态，一种立教为生、舍我其谁的园丁心态，一种校兴我荣、校衰我耻的主人心态。心态正，方向则正；方向正，弯路则少；弯路少，效率则高。

上面这三段文字，出自《用良好的心态进行校本教研》一文。该文是我的首作。

也正是在此文发表之后，我才有动力、有恒心持续写作至今，在大大小小的报刊发表了若干作品，还出版了几本不错的著作。

不知作为读者的你，在阅读完上面这几段文字后会有何感想。但我很清楚地告诉你：这是在我阅读了毛主席的系列文章后，才有勇气这么写“校本教研”的；而那时——2004 年，“校本教研”这种提法才刚刚开始呢。

回首过往，我想说，我的写作课是毛主席主讲的；或者说，是毛主席的文章给我打气、给我指路、让我自信、教我写作的。

给好论文定个“标准”

在一次大型教研会上，主办方交给笔者一个任务：点评论文。此次研讨会，参与人数有数百之众，人员组成比较多元，其中包括大学教授、学科教学语文方向研究生、“优师计划”本科生，以及一线语文教师等。点评不能信口开河、忽悠应付，要对教研论文进行优与劣的价值评说。基于此，给“好论文”定个“标准”且具有一定的约束性、统一性与实践性，显得尤为必要。需要说明的是，这里的“论文”主要是指一线教师所写的与教育教学实践密切相关的“教研论文”，而非探讨教育理论的“学术论文”；此处所谓“标准”，也并非严格意义上的“衡量事物的准则”，它只是给一线教师在写作时提供一个方向或一些思考；同时，一篇论文若能达到其中的部分“标准”，也可能是好文章。

于是我反思自己在一些专业报刊上发表的文章，寻找它们“优秀”的共性；查阅名家文章，借鉴他人精准之言，经过深思熟虑，终于为“好论文”确定了“六条标准”。会上，笔者将这“六条标准”及相关理由公之于众。没想到，它几乎得到与会者的一致肯定。

下面，笔者结合自己发表的文章和他人之作，对好论文的“标准”逐一阐释，希冀为基础教育教师提供教研参考。

第一条：问题具有普遍性

用问题引导思维，用问题引领研究，用问题引发关注，用问题引起行文，这是论文写作的常用方法，但“问题”应当具有普遍性。问题具有普遍性，是指教研论文所研究的问题应该具有普遍的实践意义和理论价值，能够引起广泛关注和共鸣。

比如，笔者认为，学校德育效果不尽如人意，这是很多教师都能认识到的问题，但其根本原因是什么，却很少有人刨根问底。笔者根据多年的德育实践，提出了“做学生角度的德育”主张，也就是做“学生视角、学生喜欢、学生受益”的德育，并写了题为《以学生角度设计德育方案》的文章，发表在《中国教师报》上。

再比如，学科教学中，“教死”与“教活”是困扰一线教师的普遍性问题：何时“教死”、何时“教活”，如何“教死”、如何“教活”，既需要有基本标准，也需要有方法支撑。笔者结合自己在阅读教学和写作教学中的一些感悟，提出“教死”与“教活”需要“因人而定”“因材施教”等观点，并以《“教死”或“教活”，只看“人的发展”》为题刊发在《中学语文教学参考·中旬刊》上。

矛盾的普遍性与特殊性相互联结，普遍性寓于特殊性之中，并通过特殊性表现出来，特殊性也离不开普遍性。这是唯物辩证法的基本观点。写作论文时，关注普遍性问题，或是在特殊性问题中寻找它的普遍性，这样的文章会更有价值。在教研论文的写作时，选取的问题应当针对教育教学实践中具有普遍性的难点、痛点或关键点。

例如，在语文教学中，如何将语文学习与“三种文化”（中华优秀传统文化、革命文化、社会主义先进文化）有机结合，是具有普遍性的问题。针对该问题进行研究，探寻更有效的教学策略和方法，可以引起广大教师的关注和共鸣，以此推动教育教学的改进。

问题具有普遍性，要求我们在研究过程中考虑到问题的复杂性和多维度，从多个角度进行分析和研究，从而得出更全面、更深入的结论和建议。

需要强调的是，问题具有普遍性，并不是要求教研论文的研究结果具有普遍适用性，而是要求其研究结论和建议能够为类似问题的解决提供有效思路、有用方法和有益启示。

当前，学生心理健康是一个热点问题。学生面临的学习压力和心理压力越来越大，如何帮助学生缓解压力、提高心理健康水平成为一个普遍关注的问题。针对这个问题进行研究，可以寻求更科学的方法和策略，帮助学生更好地应对心理压力和挑战。

人工智能在教育领域的应用也是一个热点问题。随着这方面技术的发展，越来越多的教师和学校开始尝试利用人工智能来改进教学方法，提高学生的学习效率。针对这个问题进行研究，可以帮助我们更好地应用人工智能技术来优化教育过程，提高学生的学业成绩。

这些热点问题都具有普遍性，而且《语文课程标准（2022）》中的“跨学科学习”任务群也提出了相关要求。针对这些问题进行研究，可以寻找更科学、更实用的方法和策略，帮助我们更好地跟上时代发展步伐。

第二条：选题具有创新性

选题具有创新性，是指选题能够关注教育教学实践中的新问题、新现象、新方法等，通过研究提出新的观点、思路、方法，或者验证已有研究成果的不足之处，为教育教学提供新的理论指导和实践借鉴。

具体来说，我们可以从以下这些方面着手。

一是捕捉新问题。在教育教学实践中，新的问题和挑战不断出现，比如学生学习动力不足问题、教育与科技融合不到位问题、教学评价方式单一问题、教育公平性不充分问题等。这些问题的解决需要新的思路和方法。教研论文可以通过针对这些新问题进行深入研究，提出新的解决方案，为教育教学实践提供新的思路和方法。

二是研究新现象。随着教育的发展，新的现象和趋势不断出现，比如科技与教育的深度融合、教育的游戏化、个性化学习、学生课业负担过重等。这些现象和趋势需要深入研究。教研论文可以尝试揭示其背后的规律和机制，为教育教学实践提供新的理论支撑和实践借鉴。

三是探索新方法。在教育教学实践中，新的教学方法和技术不断出现，如探究式学习、实践性学习、翻转课堂、多元评价等。这些方法和技术可以提高教学效率和质量。教研论文可以通过探索这些新方法的应用和效果，为教育教学实践提供新的思路和技术支持。

四是完善旧成果。已有的研究成果往往存在不足之处，需要进一步验证和完善，比如整本书阅读、学生减负问题等。我们可以通过对已有研究成果的不足之处进行验证和分析，提出改进和完善的方案与建议，为教育教学实践提供更准确的理论指导和实践指引。

选题的创新性是好的教研论文的重要标准之一，它要求我们具有敏锐的洞察力和创新思维，能够捕捉热点、关注痛点、发现亮点、寻找锚点，推陈出新，敢为人先。

《中国学生发展核心素养（征求意见稿）》公布不久，其时中央电视台正在播放《中国诗词大会》第一季，笔者随即发现了两者之间的联系，便写了一篇《古诗词与核心素养：最美的遇见》文章。这篇文章以古诗词为例，阐述语文学科中蕴藏着丰富的“核心素养”方面的资源，并提出古诗词学习方法，以此发展学生的核心素养。该文一投到《中国教育报》，很快被录用刊发。

之后，笔者一鼓作气，又写了一篇《对“核心素养”的三个追问》。三个追问是：何谓“素养”；“核心素养”有无阶段性；“核心素养”的内核是什么。文末指出：“养”乃长久的育化，也就是说，素养不是“教”出来的，不是“训”出来的，而是“浸润”出来的，是在长期宽容的、开放的、丰富多彩的活动——生活场景中熏陶出来的，正所谓“养之有素”。此文在当时也很有新意，因为它阐释了许多教育工作者普遍关注的一些问题。该文也很快发表在《未来教育家》杂志上。

2020 年 9 月 11 日，习近平总书记在科学家座谈会上指出：“广大科技工作者要树立敢于创造的雄心壮志，敢于提出新理论、开辟新领域、探索新路径，在独创独有上下功夫。”对于教师而言，创新性也是我们的生命力，因为“安于现状，只会畏缩不前；创新迭代，才能勇往直前”。

第三条：内容具有思想性

思想性的有无和深浅，往往决定作品的价值和寿命。笛卡尔的“我思故我在”，恩格斯的“世界上最美的花朵是思维着的精神”，爱因斯坦的“发展独立思考和独立判断的一般能力，应始终放在首位”等哲理名言，都揭示了思想性的重要意义。

内容具有思想性，是指论文在研究问题、分析现象、提出观点和思路时，能够有独特的思考和深入的分析，揭示问题的本质和规律，为教育教学实践提供有价值的理论指导和方法引领。其大体包括以下几个方面。

一是独特的观点和思路。例如，在研究“如何提高学生的学习动力”时，论文可以提出从学生的兴趣、情感、价值观等方面入手，通过培养学生的内在动力来提高学习效果，这样的思路比单纯强调外部激励更有思想性。

二是深入的分析和探讨。例如，在研究“学生沉迷手机游戏”的现象时，论文可以从心理学、社会学、教育学等多个角度进行分析，提出相应的解决方案和建议。这样的分析更有深度。

三是批判性思维。也就是对已有研究成果进行评述和分析，进而提出改进和完善的方案与建议。例如，在研究“开放性课堂”时，我们可以通过对已有教学方法进行比较和分析，提出新的教学方法和思路。这样的批判性思维更具有思想性。

四是理论联系实际。例如，在研究“如何培养学生的创新思维能力”时，论文可以结合认知心理学、教育学等理论，提出具体的教学方法和策略。这样的理论联系实际更具有思想性。

写好教研论文，需要研究者针对当前教育热点问题进行深入研究，提出独特、创新的观点和思路，并考虑其可行性和可操作性。这样的研究可以为我们的教育教学提供有价值的策略指导和方向指引，推动教育的改革和发展。

整本书阅读是一个不老不新的问题。每周的语文课时量不变，但随着课文数量的减少，“上课文”的时间可减少1/5。然而，“语文教学不读书、读书少的通病”依然没有得到医治。笔者直面现实，分析背后的根本原因，提出“教师先读，再陪学生读”“从教师着手，推动名著导读”等可行性建议，写成《没有合格“导师”，何来“名著导读”》一文。该文发表在《中国教育报》上。

之后，笔者围绕整本书阅读进行了大量的实践和研究，并因此发表了许多文章。窃以为，《师生双重视角下的“整本书阅读”个性化攻略例谈》一文最有思想性。笔者认为，名著阅读需要站在教师和学生的双重视角下来推动。其中，教师视角包括课程视角、素养视角、减负视角、适度视角和共鸣视角等；学生视角包括童心视角、差序视角、多元视角、有用视角和简化视角等。该文在《黄冈师范学院学报》发表不久，就被人大报刊复印资料《初中语文教与学》转载。

第四条：论证具有科学性

论证具有科学性，是指研究方法具有合理性和科学性，引用数据具有准确性和可信度，文献综述具有完整性和可靠性，研究结论具有可靠性和可重复性等。唯有如此，才能保证研究结果的客观性和准确性。

研究方法的合理性和科学性。好的教研论文在研究问题时会采用科学的研究方法，以揭示问题的本质和规律。例如，在进行“学生心理健康状况”的研究时，我们可采用随机抽样、问卷调查等方法，对样本进行统计分析，这样能够客观地反映学生的心理健康状况。

数据的准确性和可信度。例如，在进行“学生学习效果与教学方式关系”的研究时，我们可采用随机分组的实验方法，对实验组和对照组进行对比分析，并利用统计软件进行数据处理和分析，这样的数据能够客观地反映教学方式的差异和效果。

文献综述的完整性和可靠性。好的教研论文在进行文献综述时会比较全面地收集相关文献，客观地分析和评价已有研究成果，从而为研究问题提供可靠的参考和借鉴。例如，在进行“学生自主学习能力培养”研究时，我们可对国内外相关文献进行系统性的综述和分析，总结出当前的研究现状和不足之处，为进一步研究提供可靠的参考。

研究结论的可靠性和可重复性。例如，在进行“学生课外阅读能力与学习成绩关系”的研究时，我们可通过问卷调查和成绩数据分析得出两者之间存在正相关的结论。这样的结论能够为教学实践提供有价值的指导。

此外，还应关注实施方案的可行性和可操作性。例如，对于劳动教育的实施，需要考虑学校的实际情况和学生的兴趣爱好，设计出符合学校特色和学生需求的实践活动；对于核心素养的培养，需要结合课程内容和本地学生的实际情况，制订出具体、可行的培养计划和策略。

2006年，笔者在写作《绿色·阳光·和谐——一线教师谈中考语文试题》一文时，特意买来两本2005年全国各地中考语文试题集。笔者广泛浏览、定点分析、寻找规律，之后从“阳光：给予关爱，还以自信”“绿色：引导读书，促进发展”“和谐：如乐之和，无所不谐”三个方面论述了好的语文试题应有的特点。这样的文章自然可信可靠、科学严谨。该文发表在《语文教学通讯·初中刊》上。

2021年，国家“双减”政策发布，一石激起千层浪。从学科教学来说，我们该如何减负增效呢？对此，笔者写了一篇文章《潜心教研，笑迎“双减”》，从三个角度探讨了这个问题，即“用好语文教材：站在编者的角度”“坚持有效取向：站在教者的角度”“发展核心素养：站在学生的角度”。文章指出，教育减负，是为回归教育本源，更为全面发展育人；在实施教育教学的过程中，我们绝不能简单地矮化目标、窄化要求、弱化功能；只有潜心教研、全心育人，才能为学生发展、民族复兴做出应有的贡献。这种将宏观问题用鲜明观点、具体案例作论证的写作方式，自我认为是既有说服力又有操作性的。该文发表在《未来教育家》杂志上。

“我平生从来没有做出过一次偶然的发明，我的一切发明，都是经过深思熟虑、严格试验的结果。”爱迪生的这句关于科学发明的独白揭示了“科学性”的重要意义。论文写作同样需要用“科学性”来支撑。

第五条：　实践具有指导性

法国哲学家笛卡尔说，“最有价值的知识，是关于方法的知识”；我们常说，“授人以鱼，不如授人以渔”，都强调了方法指导的意义。

实践具有指导性，指的是文章在发现现实矛盾、解决实际问题、强调实践价值、反思实践过程，以及提出有效策略等方面为教育教学提供了具有指导性的实践经验和分析。这样的教研论文不仅具有学术价值，更有实践指导意义。

这里，先以笔者当年在《中国教育报》上发表的《如何写好教学反思》一文为例。该文以本人教学反思实践为例，从“追求真”“追求善”“追求唯美”三个维度，围绕论题进行论证。在当时而言，该文具有很好的实践指导意义。

再比如在《语文教学通讯·初中刊》发表的《关于名著阅读推进课的建构思考——以〈钢铁是怎样炼成的〉为例》一文，也有较强的实践指导意义。该文从“立足的基点”“推进的维度”“可用的策略”“问题的设计”四个方面，结合具体案例，对如何进一步延续学生的阅读兴趣这一问题进行了比较全面的论证。例如，其中“可用的策略”包括“答一答：基本信息”“说一说：阅读感受”“问一问：阅读困惑”“读一读：精彩片段”“讲一讲：故事情节”“猜一猜：事态发展”等，这样的论文（案例）在实际教学时几乎是拿来即用的。

笔者手头的《黄冈师范学院学报》里《名师谈教学》栏目中的许多论文，比如赵小妹老师的《任务群视域下革命文化叙事类题材课文的教学策略——以四年级上册〈为中华之崛起而读书〉一课为例》，蔡尤臻、段新义老师的《博采众长，弘扬社会主义精神文明——初中语文“社会主义先进文化”类课文教学探析》（以下简称《博采》），杨大忠老师的《教学情境的界定、设置与反思》等，也都有很强的实践指导意义。

以《博采》一文为例，该文结合《为人民服务》《国行公祭，为佑世界和平》《谁是最可爱的人》等课文，从“先忧后乐，为民服务”“心怀祖国，为国尽力”“英勇无畏，不惧牺牲”“许身事业，乐于奉献”“着眼未来，勇于探索”“踔厉奋发，不懈追求”等六个方面，挖掘出社会主义先进文化精神营养，并分别提出相应的教学建议，给一线教师的教学实践提供了较为具体的参考借鉴

实践具有指导性，大体包括以下这些方面：

一是问题的针对性和实践性较强。例如，在进行“提高课堂教学效果”的研究时，我们应针对课堂教学中存在的问题提出具体的教学策略和方法，如设计教学互动、引导学生参与、增加课堂趣味等，这些策略和方法具有较强的实践指导意义。

二是策略的可操作性和适用性强。例如，在进行“学生自主学习能力培养”的研究时，我们可以提出一些具体的培养策略和方法，如制订学习计划、寻找学习资源、引导自我评估等。这些策略和方法不仅具有可操作性，而且能够适用于不同学科和不同层次的学生。

三是个体差异的关注度高。例如，在进行“学生阅读能力提升”的研究时，我们可以根据不同学生的阅读水平和兴趣爱好，提供不同的阅读材料，提出可行的阅读方法建议，帮助学生更好地提升阅读能力。

四是实践过程的反思性强。例如，在进行关于“教学质量提升”的研究时，我们可以通过对实践过程的观察和反思，提出改进教学质量的具体建议，如优化教学设计、利用网络资源、加强课堂互动、关注学生反馈等，这些建议能够为教学实践提供有益的参考。

当前，教育领域面临许多热点问题，如上文提到的人工智能在教育中的应用、学生心理健康等。好的教研论文不仅会对这些问题进行深入研究，还会提出具有实践指导意义的解决方案。

第六条：行文具有规范性

记得当年笔者在《中学语文教学参考·中旬刊》上发表的一篇文章《有一种素质，叫主动成长》，执行主编将其称为范文。想必此文在规范性方面做得不错吧。

该文围绕主题，从四个方面进行论证，即“能主动成长者，他一定会把读书作为永远的课业”“能主动成长者，他一定会把学生作为终生的研究”“能主动成长者，他一定会把写作作为生活的常态”“能主动成长者，他一定会把求索作为职业的情怀”。文章结尾，还进行了一种诗意的升华——

> 主动是一种生命状态，他“不需扬鞭自奋蹄”；主动是一种职业追求，他“衣带渐宽终不悔”；主动是一种人生智慧，他“心有灵犀一点通”。拥有主动之精神，便可拥有诸多素质，亦可形成个人之风格。一名语文教师若能主动地成长，他必将能成为一位优秀的教师，甚至是一位名师、一位专家。

上文提到的《师生双重视角下的“整本书阅读”个性化攻略例谈》和《关于名著阅读推进课的建构思考——以〈钢铁是怎样炼成的〉为例》等

文章，个人认为，在行文的规范性方面都做得不错。

“不以规矩，不能成方圆。”教研论文的行文规范性是指论文写作应该遵循一定的学术规范和标准，包括文献引用、语言表达、论文结构等。下面稍作解释：

文献引用规范。包括文献的来源、引用格式、文献类型等。文献引用应该采用标准的引用格式，以确保论文的可信度和可读性。

语言表达规范。教研论文的语言表达应该准确、清晰、简洁，符合学术规范。论文中应该使用专业术语和学术用语，避免使用口语化和非正式的语言表达。同时，论文中的句子结构和语法也应该符合规范，避免出现语法错误、标点错误、错别字等问题。

论文结构规范。教研论文的结构应该清晰明了，包括标题、摘要、关键词、引言、正文、结语等部分。每个部分的作用和内容也应该符合学术规范。

图表和公式规范。教研论文中可能涉及图表的制作和公式的表述，图表的设计应该简洁明了、清晰易懂，公式的表述应该准确无误、易于理解。

教研论文的行文规范性是保证论文质量的重要方面之一。规范的行文方式也可提高研究成果的可信度和可推广性，为解决教育问题提供有益的指导和借鉴。

好的教研论文如同巧妙的画作，每一笔都蕴含着一定的内涵。它以个性的方式解读问题，以独特的视角揭示本质，以严谨的逻辑展开论证。每一篇好的教研论文，都是对教育实践的深度思考和科学总结，都是推动教育进步的智慧结晶。

让我们以敏锐的洞察力捕捉教育问题，以创新的思维突破研究难点，以科学的方法梳理思想脉络，通过对教育理论的深入学习、对教育实践的深度反思，写出一篇又一篇优秀的教研论文，为提升专业素养、推动教育进步发出我们智慧的声音。

第五章　文章发表

教研有节奏

节奏，是一种有规律的音乐现象，一种有规律的工作进程。轻重缓急，抑扬顿挫，这样的音乐，节奏明快而韵律美好。循环往复，拾级而上，这样的人生，优雅淡定而与时俱进。

有节奏地生活，意味着对生命主旋律的个性弘扬，对生活主旋律的自信把握。有节奏地教研，意味着有阶段性的教研主攻方向，有阶段性的教研成果收获。

本节两篇文章，前者从宏观上讲述如何保持教研节奏、做出更多成果，后者则从语文教学角度回顾自己如何保持教研节奏、获得专业成长。

紧跟时代步伐，保持教研节奏

从来没有哪个时代像今天这样瞬息万变。如何把握时代的脉搏，将最新的教育理念和技术融入日常教育教学之中，是每一位教育工作者必须面对和思考的现实问题。

每个教师都是一位探索者。我们不仅要向学生教授知识，更要引领学生追寻梦想、实现自我。在这个一日千里的时代，我们不能裹足不前，而要时刻保持敏锐的洞察力、坚定的执行力，紧跟时代步伐，保持个人节奏。这样，我们的教育才能真正与时俱进，培养出更多有理想、有担当、有本领的时代新人。

这里，笔者根据《从“小课题”到“大选题”》一文，整理出曾经做过的一些教学研究，让读者有一个感性认识。

表1 "小课题" 与 "大选题" 统计表

序号	类型	起始年份	选题名称
小课题1	课堂模式	2000年	"5·3·1" 课堂教学模式
小课题2	课堂模式	2003年	"双体互促" 课题实验
小课题3	课堂模式	2012年	理顺开放课堂的辩证关系
小课题4	语文教学	2003年	写教学反思
小课题5	语文教学	2003年	层进式阅读
小课题6	语文教学	2011年	立足于试题的研究
小课题7	语文教学	2006年	同步作文
小课题8	德育管理	2010年	德育 "双六一"
小课题9	德育管理	2011年	做学生角度的德育
小课题10	德育管理	2014年	关于 "特别学生" 的教育
大选题1	选题著作	2013年	乡村教师突围
大选题2	选题著作	2009年	公民教育与现代学校
大选题3	选题著作	2016年	乡村少年成长
大选题4	选题著作	2017年	整本书阅读
大选题5	选题著作	2021年	卓越教师的成长特质（后补）
大选题6	选题著作	2022年	从语文课标到语文课堂（后补）
大选题7	选题著作	2023年	思维导图名著领读（数字作品，后补）
大选题8	选题著作	2023年	教育家精神与教学研究

传统与现代并非孤立存在，而是相互依存、相互影响。紧跟时代步伐，意味着我们既要吸收新的教育理念和技术，又要坚守教育的本质和价值。保持教研节奏，则是要在变革与稳定之间寻找平衡，既要不断创新和尝试，又要确保学生身心和教育质量不受损害。这种平衡是新时代教师专

业成长的关键所在。

下面，笔者将结合个人的成长实践，从四个方面略作阐述。

在教育人生中规划自我

对于一个准备终身从教的人来说，在讲台上的这三四十年光景不算太长，也不算太短。一个善于规划、及时调整、深入反思的教师，他将走得更远、飞得更高。

破茧成蝶：明确目标与定位。我们每个人都是一只蝴蝶，都需要从茧中挣脱出来。我们需要明确自己的目标和定位，就像找到茧上的那一个小口，明确自己的兴趣、专长和价值观，设定一个既具有挑战性又可实现的目标。请记住，目标是用来追逐的，不是用来压垮自己的。比如，笔者在三十五岁的时候开始教育写作。第一年，我在省级期刊上发表了两篇文章；第二年，我暗暗发力，朝着《中国教育报》迈进；这个目标实现后，第三年，我又跟自己叫板，决心在语文专业期刊上涉足，幸运的是，这个愿望也如期实现了……就这样，一步一个脚印，一步一个台阶，走到了今天。

振翅高飞：持续学习与奋进。一旦破茧而出，我们将面对更广阔的世界。这需要我们不断地学习，勇于挑战自己。就像蝴蝶努力振翅高飞，需要持续吸收新的养料，掌握新的技能，瞄准新的方向，开拓新的路径。同时，我们也要敢于面对困难和挫折，因为它们会使我们更加坚韧。比如，工作的无助、考绩的落后、评优的落选、表彰的无望、职称的停滞、经济的困窘、家人的病痛等，几乎每个职场人都会遭遇。唯有积极向上、坚韧不拔者，才能脱颖而出、一往无前。在这一过程中，阅读将是最好的加油站。读教育专著，读学术期刊，读名人传记，读经典名著，读古今哲学，一路阅读，一路充电，一路打气，我们终将会元气满满、器宇轩昂。

多彩人生：保持多元与平衡。飞得再高，也不要忘记降落休息。在追求职业发展的同时，也要关注生活的平衡，培养自己的兴趣爱好，与家人和朋友共度美好时光。人生不止有一种颜色，只有通过多元化的体验才能绘出属于自己的多彩画卷。挤出时间，让自己“有闲”；省吃俭用，让自己“有钱”。抓住“有闲”“有钱”的宝贵时机，或带上妻儿老小，或约上三五好友，不时来个农家乐，偶尔搞个合家欢。生命在于运动，生命更在于平衡，名与利，得与失，劳与逸，忙与闲，大多取决于心态。“不如意事常八九，可与语人无二三”，关键在于我们用怎样的人生态度来对待职场生涯。

教育人生中的自我规划就像蝴蝶的蜕变过程，需要明确目标、持续学习和保持平衡。只有这样，我们才能在教育这片广阔的天地里自由飞翔，绽放出最美的自己。

在时代变迁中保持自我

时代变迁是不可避免的，但我们在变迁中要保持自我，坚守自己的教育信仰和价值观念。我们要坚持以学生为中心的教学理念，关注学生的个性差异和全面发展。同时，我们还要不断学习新的知识和技能，更新自己的教育观念和方法，以适应时代发展的需要。

时代变迁：革新技术与要求。当前，我们正处在一个技术更迭、信息爆炸的时代，人工智能、大数据、云计算等新兴技术正在深刻地改变着教育领域。教育数字化转型已成必然之势，并悄然而至。同时，中小学生心理健康问题、新时代教育评价问题、立德树人和育人方式创新问题、拔尖创新人才与面向全体的关系处理问题、新教材新课标的解读与落地问题、核心素养的培植问题，这一切都扑面而来，让我们无法回避。时代变迁是一把双刃剑，它既带来了前所未有的机遇，也带来了前所未有的挑战。在这样一个快速变化的时代，我们很容易被时代的浪潮所裹挟，从而失去自我。如何在时代的洪流中保持自我，已成为一个亟待解决的问题。从笔者个体经验来看，唯有学习学习再学习。记得当初购买家用电脑时，我在学校算是比较早的一个，但也就是这样的“春江水暖鸭先知”，让我跟上了时代发展步伐，即便到了今天，也不至于太落伍。

自我坚守：博弈传统与创新。在保持自我的过程中，我们常常会陷入传统与创新的矛盾之中。一方面，我们希望坚守自己的传统价值观和文化特色；另一方面，我们又必须不断创新，以适应时代的变化。这就需要我们在传统与现代之间找到一个平衡点，既不失却自我，又能与时俱进。记得十年前，面对开放课堂的“放与不放”，笔者选择了一条“中间路线”，也就是在教师主导和学生主体、教师讲授和学生自学、教师指导和学生探究、教师示范和学生体验、学习内容和学习形式、学习效率和课堂容量等方面，寻求了一种“中庸之道”，既不逃离时代，也不迷失自我，结果取得了良好的教学效果，收获了优秀的教研成果。

回归本质：关注成长和发展。尽管教育技术不断革新，教育要求不断变化，教育提法不断更换，但教育的本质始终是关于“人”的成长。在运用新技术时，我们应始终关注教育本质，关注学生的个性化需求，促进学生全面发展。我们应当成为技术的驾驭者，而不是被技术所驾驭。在面对日新月异的新名词、新概念、新要求时，我们应始终围绕“人”做文章，一方面坚持自我成长、自主发展，另一方面坚持五育并举、立德树人，用教师的成长推动学生的成长，进而推动教育的发展、社会的进步。依靠“人”，为了“人”，发展“人”，完善“人”，这始终是颠扑不破的教育真理。

保持自我并非一成不变，而是需要在动态中不断调整和改变。我们需要有足够的耐心和毅力，在变迁的时代中不断完善自己，实现自我价值的最大化，通过持续的学习和成长在时代的洪流中找到自己的位置，实现个人的价值。

在宏大主题中寻找自我

宏大主题通常指的是具有广泛影响力和重要性的教育议题，如全球教育、可持续发展、核心素养、立德树人、课程思政等。在研究宏大主题时，我们可能面临信息量大、研究范围广、个人观点容易被淹没等问题。如何在这样的主题中找到自我、展示自我、发展自我，个人认为，不妨从以下三方面着手。

立足本位：依托兴趣与学科。每位教师都有自己的专业背景和特长。在研究宏大主题时，应结合自己的专业知识和经验，依托本地、本校或本学科，寻找独特的视角和切入点。比如 21 世纪初，基础教育领域提出

“校本教研”这一要求，笔者从本校、本地出发，结合当时全面构建和谐社会这一时代背景，围绕《和谐校园，校本教研的绿地》这一选题进行挖掘、论证。同时，当时一些专家提出教学反思、同伴互助、专家引领是“校本教研”的三大要素，笔者从任教的语文学科出发，在教学反思方面投入较长时间的实践性研究，完成了《如何写好教学反思》《教学反思：求真·向善·唯美》等文章，均发表在主流报刊上。

独立思考：深入研究与反思。对于宏大主题，我们需要进行深入的文献回顾和实地研究，了解该主题的前沿动态和实际情况。在研究过程中，我们应保持独立思考，不盲目追随他人观点，而要提出自己独到的见解。比如，公民教育是一个宏大主题。笔者对此很有兴趣，但如何找到合适的切入点呢？深思熟虑之后，笔者决定研究“公民教育与现代学校”这一方向。笔者阅读了国内外许多学者的相关文献，并结合现代学校实际情况，从“公民教育”“公民学校”“公民校长”“公民教师”“公民课堂”“公民家长”“公民学生”七个维度发掘，提出了许多原创性、个性化的观点，比如“公民学校”，应当是“规则意识强、行为举止美、文化氛围浓、教育质量高”；“公民教师”，应当是“心中有梦、眼中有人、教育有道、管理有术”；“公民课堂”，应当是“生命在场、生活在线、生长自然、生态平衡”；“公民学生”，应当是“自立的自然人、自律的社会人、自主的学习人、自强的成功人”。显然，这样的研究是非常有价值的。

挥洒个性：亮出见解与特质。研究宏大主题，如同绘制一幅壮丽的画卷。教师在其中不仅是画师，更是创造者，用自己的视角和色彩为这幅画卷增添独特的风景。每位教师都有自己的教学风格和教育理念，在研究宏大主题时，应努力将这些特色融入其中，形成个性化的研究成果。比如，《语文课程标准（2022）》也是一个不小的研究主题，背景大、理念新、概念多、操作难，是专家教授和一线教师的普遍共识。笔者在反复阅读、分点突破后，完成了《从语文课标到语文课堂》这一著作，其中不乏许多独特见解，比如“核心素养，教者先‘养’”“请勿轻言‘大单元教学’”“情感观：从‘喜欢’出发”“情境观：以‘生活’引入”“实践观：以‘活动’促进”等，并结合具体教学案例，提出了许多可行性强的课标“落地”方法。作为新时代教师，我们应当不拘泥、不逐流、不畏难，勇于创新，开拓进取，让个性在研究中闪光。

在研究宏大主题时，我们需要找到自己的光。这束光是信仰、是热情、是个性、是坚持。只有这束光，才能照亮教育的道路，引领我们前进。

在深度读写中发展自我

教学研究是教师发展的重要途径，通过研究，我们可以不断探索新的教学方法和理念，提高自己的教学水平。有质量的教学研究，需要深度阅读、高阶思维、个性写作来支撑。

深度阅读：解锁知识与情怀。在知识的殿堂里，深度阅读是那把解锁的钥匙。它不仅让我们接触表面信息，更引导我们深入挖掘，与作者的灵魂对话。每一次翻页，都是对未知领域的探索；每一个字句，都可能引发思维的火花。深度阅读，不仅仅是阅读，更是心灵的觉醒，对教育情怀的敬畏与尊重。它不仅仅是一场简单的旅行，更是心灵的蜕变和成长。

在阅读《读书成就名师》一书后，笔者对阅读有了这样的一种认识：读书更重要的作用，是给人一种内心的静谧，所谓“读书至乐在宁静”。我们大多数人虽然难以成为“名师”，但能有目的、持续地读书，一定可以成为“明师”：明白自己的优势与不足，明晰学生的需要与困惑，明确教育的旨归与起点……这样，我们才可以成为一枝枝“会思考的芦苇”，而不是一个个只会按程序操作的机器人。

高阶思维：通往智慧与光亮。高阶思维超越了简单的记忆与理解，是对信息的分析、评价与创新。高阶思维让我们在知识的海洋中游刃有余，从不同的角度审视问题、洞察事物的本质。高阶思维是我们内心深处的火焰，它燃烧着我们的好奇心和求知欲。点燃这把火焰，让它照亮我们前进的道路，激发我们的创造力和想象力。

在听完一节布封的《马》课后，笔者写下了这样的感想：语文的趣味，学习的兴趣，课堂的魅力，应当从文本出发，在文本的欣赏中持续，在文本的挖掘中深化，在自主的学习中收获，在学生的互动中推向高潮，在教师的引领中走向纵深。语文教学应当不断发展学生的思维能力，提升学生的语文素养，丰满学生的心灵与人格。如果教师在课堂上抛弃了文本的欣赏与挖掘，而仅仅局限于做题与讲题，其必然是肤浅的课堂、低效的课堂。

笔者设计了这样的问题：（1）驯养马与天然马：它们所呈现出来的差别在哪些方面？（2）作者与马：作为动物学家的作者对于两种马各持什么态度？（3）思想与语言：作者的赞美与批评、欣赏与同情，如何通过语言来表达？（4）“我”与马：“我”与这两种马在品质上有何相似之处？

笔者认为，这样的课堂一定会更有深度、更有活力。学生的所得，自然不仅仅是学习了一篇课文，他们还在语文学习的过程中很自然地产生对自我、对自然、对社会的一些思考。这大概才是语文学习的要义所在。

《马》一文中有这样的两句话值得深思：（1）“它的教育以丧失自由而开始，以接受束缚而告终”；（2）“现在即使把它们的羁绊解脱掉也是枉然，它们再也不会因此而显得自由活泼些了”。希望我们的教育，不要从一种束缚走向另一种束缚；我们的课改，不是从一种羁绊走向另一种羁绊。过于程式化的课堂，过于呆板的教学，只会让教师与学生都会丧失思维的灵动和心灵的自由。

个性写作：舞动文字与思想。写作，是我们用文字编织的思想之网，可用它捕捉那些稍纵即逝的灵感。个性写作，更是对自我与他者的探索与表达。每一笔、每一画，都是与历史、与未来的对话。写作是文字的舞蹈，是思想的飞翔。在写作的过程中，我们可以表达内心的情感、分享自己的见解、展现独特的个性。写作让我们成为自己故事的主角，用文字书写属于自己的教育传奇。这里，笔者不想举例，只想说，因为写作，我才可以拥有许多不错的文章和专著；因为写作，我才可以把教育做成诗和远方。

紧跟时代步伐，保持教研节奏，让智慧的火花在时代的星空绽放。让我们在教育的跑道上，规划自我，成为教育的领跑者；在时代的洪流中，保持自我，成为时代的踏浪者；在宏大的主题中，寻找自我，成为思想的独行者；在深度读写中，发展自我，成为智慧的传播者；在教育的人生旅程中，不断探索，不断超越，成为最好的自己。

从“语文教我”到“教我语文”

回顾语文教育生涯，我将其大体分为三个阶段：语文教我—我教语文—教我语文。

语文教我

1985年，我以一名民办教师的身份，登上了乡村小学的讲台。头几年，我一直在“包班”。用今天的话来说，我那时就是一名“全科教师”。

因为没受过师范教育，加之文化程度较低，无论是语文还是其他学科，我几乎都要把教材、教参、教案集一字不落地读上几遍，然后拣其要点讲出来。

就是在这样的苦磨硬泡中，我的文化知识逐渐增多，教学能力也慢慢提升。单从语文学科来说，我将其称之为“语文教我”阶段。

“全科教师”当了几年后，我终于不用“包班”了。应该是1990年，我教五年级语文。那年全镇小学语文教师赛课，为参加全县赛课选苗子。我记得，当初从管理区到镇里，我主讲的是《送孟浩然之广陵》一课。

或许是我的教学基本功还算扎实，或许是在朗读、背诵、疏导等环节学生的主动性发挥得还不错，也或许是在“送别”之际我设计了让学生表演、话别等“桥段”，总之，我赢得了从教生涯中首次在全县赛课中露脸、锻炼的机会。这对于一名民办教师而言，是非常难得、弥足珍贵的。

现在想来，这节课较为单薄。若是在课中能将李白出蜀壮游、李孟安陆结交、孟兄收信赴约等背景略作交代，若是对李白登黄鹤楼“眼前有景道不得，崔颢题诗在上头”的典故和崔颢的《黄鹤楼》诗略作介绍，学生对李孟二人的深情厚谊、对黄鹤楼的逸闻趣事，以及对李孟二人的人格魅力，都会增添一些感性认识。

也就是说，教学《送孟浩然之广陵》一课，并非只为了让学生感知李孟二人的深情厚谊和依依惜别，还应让学生感受到中华优秀传统文化中的守诚信、重人格等核心思想理念。

我教语文

1993 年，我成为一名公办教师。再之后，我从小学调到了初中。从此，语文教学便成了我的志业。

在初中任教的头几年，我依然是以“语文教我”的状态来实施语文教学的。但那时，“自我”的意识逐渐在增长。比如，我开始订阅语文期刊、开始阅读语文专著、开始尝试课堂教学模式的探索。

我最早自主摸索和创建的是一种自称为“5・3・1”的语文课堂教学模式，将一节课 45 分钟大体分为三个阶段：（1）5 分钟的说话训练，让学生说说自己的所见所感，说说自己的成长故事，说说自己的预习心得等。这主要是针对农村学生不敢开口、不善说话的学情特点而设立的；（2）30 分钟的导读点拨，也就是围绕课文的字词教学、结构分析、文段讲解、主旨探究等方面内容，进行学法指导和适当点拨。它重在指导学生领悟课文本身，落实“双基”训练；（3）10 分钟的巩固质疑，也就是针对课文学习，学生各自整理笔记，进而质疑问难，意在让学生逐渐养成敢说、想问、能问、善问的好习惯。

那时大概是在 1999 年，全县举行初中语文教师优质课比赛。从镇内初选，到县里复赛，我采用的都是我所自主创建的“5・3・1”语文课堂教学模式，所讲的课文是老舍先生的《在烈日和暴雨下》。县里复赛中，我的这节“新模式”下的语文课，引起了教研员和听课老师的较大兴趣。

这节课最大的特点，是长课短教、以舍求取。比如，烈日下描写的景物有很多，而我只抓住“风”和“柳”两点：风，一点也没有；柳，低垂着。其他景物，我只读不讲。这便于把较多的时间放在引导学生对主人公祥子的心理和行动的分析上，又便于照应“暴雨下”的“风”和“柳”。

在 10 分钟的巩固质疑阶段，学生的提问和答问让这节课精彩纷呈。比如“文中的两个‘白亮亮’各是什么原因”“文中的‘一头栽在地上永不起来’，为什么不用‘死’”“‘每一种气味都掺和着地上蒸发出来的腥臭’，为什么会‘腥臭’”等问题，可谓是“吹皱一池春水”。

我就是凭借着这种教学模式和这节课，获得了后来参加市里赛课的机会。现在看来，当年的那种教学模式和那节语文课，从课堂角度来看，改变了当时很多学校（尤其是农村学校）的那种逐段分析、一讲到底的教学格局，让师生互动、教学相长逐渐成了课堂主旋律；从教者角度来看，相信学生、关注学法、长课短教、以舍求得等课改理念，逐渐落实到语文课堂；从学生角度来看，说话能力、质疑意识、自信心理、自我展示等方面的素养得到了长足的发展。但是，由于底蕴所限，那节课关于文本内涵的挖掘仍然较浅；同时，从语言运用的角度来看，还大有文章可做。比如，如果根据课文自身的环境描写、遣词造句等方面的例子，设计一些语言运用的训练，这节语文课一定会更有“实用”价值。

这一段时间，我将其称之为“我教语文”阶段。这阶段，“我”的意识继续增强，这种意识在课堂结构、文本解读、教学设计、教学反思等方面都有了较为明显的“个人印记”。

说起教学反思，不得不说起一段难忘的时光。大概是 2003 年，我在《中国教育报》上看到了一篇文章，一下子便被其中的“教学反思”四个字深深吸引了。此后的一两年时间里，我几乎是“每课一思”，备课本被我写得密密麻麻，而且是“红蓝相间”“天地相连”。

在我看来，教学反思的价值有三个方面：求真，客观审视课堂得失；向善，努力完善自我人格；唯美，不断追求艺术境界。

也正是这段反思的日子，让我在语文教学研究乃至教育教改研究方面，有了不尽的源头活水。

在这阶段，我曾写下这样的一首《我教语文的感觉》：

静态的，是联想，是想象；动态的，是比喻，是夸张。
眼见处，花草树木皆有意；耳闻声，虫鱼鸟兽即文章。
独处一室，可思接千载，心游万仞，笔走龙蛇；
群聚一堂，能引经据典，旁征博引，妙语连珠。

显然，那阶段我对语文教育的感觉，主要局限在“思维”与“表达”上。这与当下提出的文化自信、语言运用、思维能力、审美创造等核心素养相差甚远。

教我语文

2022 年教师节前夜，我的个人公众号收到了这样一则留言：

> 本人有幸于初三那年受教于吴老师。一直以来，我的语文成绩一般，但中考我考了 105 分（满分 120）。我就是吴老师文中所述的 2008 年那一届学生。我认为，同步作文对于提高语文成绩的作用非常显著。我还记得当时吴老师写的一篇同步作文，通过各个角度描写母亲的手，表现出母亲的辛苦、生活的艰难。文章富有深情，感人肺腑。在与我们分享这篇同步作文时，吴老师读着读着就哽咽了，我们听着听着就哭了。

后来获悉，留言者乃是我当年的一位余姓学生，他现在正在华中科技大学攻读博士学位。

自我认为，我进入“教我语文”阶段，是从“同步作文”开始的。大概是 2006 年，一到语文检测时，我便和学生们一起做语文试题，一起写考场作文。因为是“同时知题，同场写作，同一要求，同步完成”，我便将其称之为“同步作文”。

这一路写下来，我切身体会到考场作文的艰难，并逐渐摸索出一些“作文模式”，比如“从一个侧面写人”“带一种感悟叙事”“怀一种情愫写景”“分一些层次梳理”等。上文所说的《母亲的手》，所用的写法便是“从一个侧面写人”。

渐渐地，作文教学这块“硬骨头”，变成了我的一件“硬货”。无论是公开课，还是示范课，我常常以作文教学来“抛砖引玉”。时间长了，我所在学校的语文老师们对于作文教学也敢“硬碰硬”了。

再之后，我又把“同步作文”推而广之。比如，中考倒计时 50 天时，我开始为每个学生都写一篇字数不等的观察手记，取名为《这群少男少女》。一段时间后，我以此为题材，主讲了一节“猜猜他是谁”的写作示范课，一节课下来，本班学生“笑语声声、佳作频频”，听课老师“侧耳倾听、以为妙绝”。

到了2017年，我又和八年级学生一起以“乡村少年说”为主题，围绕“说课业”“说课外”“说师友”“说家庭”“说成长”“说梦想”六个板块、八十多个子话题，来共写一本书。一听说要“出书”，全班52名学生个个都来了劲头。一个学期下来，学生该“说”的都已“说”完。剩下的，便是我的整理和打磨了。这便是我2020年出版的《乡村少年成长密码》一书的由来。

在写作过程中，我们不光解决了写作的问题，还解决了许多学生（特别是留守学生、特别学生）的心理问题。

现在回过头来看，无论是“同步作文”，还是“这群少年少女”，抑或“乡村少年说”，它们的确调动了学生的写作兴趣，挖掘了学生的写作潜力，让学生找到了写作路径，但也暴露了一个问题，那就是写作训练并不完整。如果能以教材为蓝本，对两者进行有效兼容，学生的写作训练便更加系统了。

“教我语文”的另一个标志，便是我的“名著导读”系列。自2017年秋季开始，我便把主要精力投入名著导读上。多少个夜晚，多少个假日，我都用来阅读、解读、导读初中阶段的36部名著，甚至在疫情最猖獗的2020年春天，我依然全身心地读名著、写文案。导读文案已在许多报刊登载，《特级教师陪你读名著》一书也已出版，然而，许多学生对于名著“没有兴趣买”“没有时间读”的问题，却一直困扰着我，使我不得开心颜。

陪学语文

回顾自己的语文教育生涯，我感觉与怀特海提出的“浪漫—精确—综合”认知三阶段有点类似。“语文教我”阶段，我对语文教学的感觉是朦胧的、粗浅的；“我教语文”阶段，我开始对相关问题进行具体分析、深入探究；“教我语文”阶段，我尝试打通“人”与“课”、“知”与“行”、生活与语文的藩篱，尽可能地做到“人课同步”“知行合一”。

关于“教我语文”，我曾在一些文章里有过相关论述。主要观点如下——

（1）关于教学追求：生命在场，生活在线，生长自然，生态平衡。

（2）关于专业发展：教我语文，是一种自知之明；教我语文，是一种自信之力；教我语文，是一种自强之路；教我语文，是一种自然之态。

（3）关于开放课堂：放开展示，不放指导；放开体验，不放示范；放开对话，不放效率；放开课堂，不放质量；放开过程，不放目标。

如果继续前行，我将在“浪漫—精确—综合”的后面补上“本源”一词，在“语文教我—我教语文—教我语文”的后面添上一个“陪学语文”。

我将不再强调“我”，也不再强调“教”，而是陪着学生一起生活、一起游戏，一起阅读、一起讨论，一起观察、一起写作，一起求索、一起成长。而我，只是梅贻琦笔下的一条“前导”的“大鱼”而已。

这想必就是人们所说的回归“教育本源”吧。

投稿有阵地

这里，笔者不想做过多阐释，只想简要说说自己的做法。

订阅两三样报刊：学科的，综合的，核心的，普通的。舍不得小投入，发不了大文章；不认真去阅读，学不到真本事。

关注一些公众号：比如《语文教学通讯》《语文建设》《语文学习》等。看看目录，读读样稿，观察动态，留心征稿。

常读两报电子版：《中国教育报》《中国教师报》。学习文章思想，把握教育方向；熟悉版面需求，尝试绽放光芒。别害怕高大上，一不小心你也上。

结识几位编辑老师：勤于投稿，以文会友；经常互动，以情动人。编辑最有人情味，你若上进他必帮。

给自己定个小目标：比如，一周写一篇小文章，一月拼一篇大文章，一季发一篇优秀作品。可以从仿写入手，也可以个性化表达。自古场外无举人，东方不亮西方亮。念念不忘，必有回响。

本节的两篇文章，从不同角度阐释了我的两个发表阵地。

《中国教育报》助我“突围”

在翻阅“发表索引”时，我大体统计了一下，与《中国教育报》“打交道”已有十八九年了，与之发生的大大小小的“故事”有过三四十回。这里既有占用半版的“大文章”，也有三五百字的“豆腐块”；既有我专业成长中的发现和总结，也有他人给我写的书评与鼓励。留下文字的，都是可以看得见的“成果”；留存心底的，则是编辑与师友们给予我的指导与助力。

吸引：给自己一个小目标

2005年新年伊始，我暗暗给自己定下一个“小目标”：今年我要

“冲”上《中国教育报》。这是因为，2004 年我在省级刊物上发了两篇文章，2005 年我得更上一层楼。那时，我已经三十有六。

有了想法，就得立马行动。但“写什么”的问题困扰了我一段时间。我得学会抓住“热点”，扣紧“焦点”。其时，有两个关键词蹦进了我的脑海，一个是“和谐社会”，一个是“校本教研”。前者属于社会学范畴，后者属于教育学范畴。虽然当年还没有“跨界融合”的概念，但直觉告诉我，把这两个关键词结合起来，一定“有戏”。

于是，我开始沿着这个思路发力。一是“向外扫描”，在互联网上用这两个关键词去搜索文章，在一些报刊上去浏览这方面的信息；二是“向内求索”，我问自己，本校及周围学校在这两方面有何困惑、有何作为，自己在这两方面有何思考、有何见解。为此，我历经了许多夜晚的辗转反侧，甚至是整夜不眠。就这样，琢磨了一个多月的时间，我完成了一篇文章《和谐校园，校本教研的绿地》。投稿不久，2005 年 5 月 17 日，本文赫然见报！

这篇文章，我从两个角度展开论述。一是“真正的校本教研，只会根植于和谐的校园”，它包括“干群融洽，才有浓郁的教研氛围”“心态平和，才有持久的个人反思”“彼此和乐，才有得力的同伴互助”三个观点；二是“培育和谐‘绿地’，深入推进校本教研”，它包括“理念统帅，目标引领”“营造氛围，崇尚学术”“多元评价，易位竞争”“内搭平台，外和邻里”四个做法。在我看来，没有和谐的绿地，就没有校本教研的枝繁叶茂。静态的和谐，是没有活力的“一潭死水”；充满竞争的“动态的和谐，才是美，才是艺术”。

在《和谐校园，校本教研的绿地》一文已经投稿而尚未刊载之际，我又把焦点转移到“教学反思”上，采用的办法也是苦磨硬泡。不同的是，这次的苦磨是“写”：每次从课堂下来，第一件事就是写教学反思，三五句，几百字，生怕自己把课堂上产生的思考、迸发的灵感给遗忘了。经过了半年的反思实践，我写起相关文章来几乎是一气呵成。2005 年 11 月 29 日，《中国教育报》刊登了我的《如何写好教学反思》一文。

那时，一个名不经传的乡村教师，一年之内，在《中国教育报》上发表两篇论文，在本校、本县都可称得上“石破天惊”。

那时，我在黄梅县濯港镇第一中学担任教研主任。或许也正是因为这个岗位，我才有这样的冲劲和韧性；同时，也因为这两篇“高大上”的文章，我做起教研工作才更有底气，更加得心应手。正如《如何写好教学反思》一文文末所言：

“‘一个教师写一辈子的教案不可能成为名师，如果写三年教育反思能成为教育行家。’坚持写教学反思，我们的教学艺术和教育思想，就能迈向‘真、善、美’的更高境界!”

顿挫：沉寂三年后的小叙事

大概是用心不专、用功不够，接下来的三年里，我往《中国教育报》上也投过一些稿子，但颗粒无收。记得在 2008 年 5 月 17 日，我给《中国教育报》某个栏目发了一封《又是一个 5 · 17》的电子邮件，表达自己投而不中的苦闷。没想到一两天后，我竟然收到了来自《中国教育报》编辑部的电话，编辑老师的大意是让我关注热点、坚定信心。这于我而言，无异于迷途中看到一丝亮光。

那年，我在濯港镇第二中学任副校长。“新官上任三把火”，我把这“三把火”烧在了学校教学工作的改良上，同时把日常的观察和思考都写成文字、写进博客里。2008 年 12 月份，我往《中国教育报 · 校长周刊》投了一篇《我做副校靠“作文”》的长文。等待一两周后，我又给《中国教育报 · 校长周刊》打电话咨询，编辑老师让我把文章缩短。终于，2009 年 2 月 10 日，经编辑老师修改后的《我当校长靠“作文”》见报了。文中有这样两段话，代表了我当时的心声——

> 当校长要想不至于泯然众人，自然不能仅仅依靠职权来行政，而要用人格来影响，用行为来表达，用作文来培植学校的学术氛围——这是我所追求的一种管理风格。于是，我一边写着我的同步作文（我习惯和学生一起写作文），一边写着我的管理作文，有滋有味地当着副校长。
>
> 把思考变成文字，让大脑深入思考。把思想变成文学，让思想也有文学。用文学的形式来传达思想，交流情感，听众专心而虚心，场面安静而和谐，正所谓润物细无声。

该文中，我从三个方面来叙述我的教学管理，即“用博客交流”“让例会成为校本培训”“用作文构建精神家园”。字数达到3200字，文章占用了半个版面。

在濯港二中期间，我还在《中国教育报》发表了《常给自己心灵鸡汤》（2010年4月30日）等文章。其时，濯港二中正面临撤并。学校人心不稳、生源不齐，恰逢我爱人生病，我们奔赴武汉治病。那一段时间的我，真有点身心俱疲。文章开头，我这样写道：

> 有联曰：‘不如意事常八九，可与语人无二三。’对于常人来说，或许有些夸张，但作为一个吃着五谷杂粮的职场人，不尽如人意之事自然难免。此时，唯有自我调整，别无他法。

该文中，我从“学校·守望不失风度”“班级·迟钝不容抛弃”“家庭·疼痛不忘感激”三个方面进行叙事，表达自己积极作为、顺其自然的生活态度，正如文末写的那样：

> 生命在于运动，生命更在于平衡，平衡的生命要靠我们用激情去焐热，用淡泊去调节，用一生的时间去参悟和修炼。

无论是研究性文章，还是叙事性文章，每一次在报刊上发表，于我等一线教师而言，都可获得精神的鼓舞和心灵的慰藉。而这些对于我们的专业成长，该是多么难得！

互动：参加讨论的小故事

随着暑假的到来，我被调整到黄梅县独山中学，继续任副校长。也是在2010年暑假里，我有幸参加在上海举办的学校管理方面的培训。那一年，世博会也恰好在上海举办，这个难得一遇的好机会，我们自然也要观光体验。

十多天的上海培训，扩大了我的视野，增强了我的信心。上海归来，我写了一篇《办好学校并不难》的小文章。此文中，我表达了这样的观点："成功并不像你想象的那么难。办成功学校，在笔者看来，或许同样也不是像专家讲的、大家想的那么难。作为一个校长，只要具备了事业心和主见，办一所成功学校，也是非常自然和顺理成章的。"本文围绕"事业心"和"主见"展开了一些论述。这一次的投稿我没抱多大希望，没想到，该文在9月28日竟然刊发了。这让我在学校管理中对"事业心"和"主见"这两个关键词有了更多的思考和信心。

2011年秋季，一次出差归来，校长给我转来一则通知：教育局要求各单位分管人事的副校长，围绕"人事工作"写一个总结。在我看来，分管人事的副校长很多时候其实就是一个"幌子"，或是一个"托儿"。这是一个不争的事实。但是，存在的就是合理的，在其位我们就得谋其政。只要我们能摆正心态、顺势而为，照样能履行职责，甚至是别开生面。

用了两天时间，我写了一篇文章叫《我是一个分管人事的副校长》，从三个方面夹叙夹议：一是"直面：用一种大局的观念，去面对那纠结的情"；二是"温情：用一种共情的思维，去安抚那受伤的心"；三是"助长：用一种积极的作为，去影响身边的人"。写完此文，我多了一个心眼：既上交给教育局，还投给《中国教育报》。2011年10月11日，此文全文刊发。其中的一些话语曾经引起了一些议论，但我不以为意，因为，实事求是、开拓进取是我的一贯作风。

在那几年里，我积极参加《中国教育报》的一些话题讨论，也因此发表了一些评论性文字，比如，《校长周刊》评选2010年度校长时，我曾以"读者评委"的身份，给山东昌乐二中赵丰平校长、深圳实验学校曹衍清校长写过推荐评语（2011年1月4日），发表过《重视中职学校内涵发展》（2012年3月6日）、《农村学生基础弱致减负难》（2012年7月3日，头版）、《中考时间安排可否更人性化》（2013年6月20日）、《让孩子过自己的暑假》（2013年7月31日）等时评文章。其中，《农村学生基础弱致减负难》《让孩子过自己的暑假》两文，至今在教育部官网还可以查阅。另有《她让我"著书"又"立说"》一文入选了《永远的记忆——我与〈中国教育报〉的故事》（2013年6月）一书。

尚记得，我咨询《我便是个"捉刀手"》（2009年10月20日）一文的"命运"，编辑老师回复"留用"时，我兴奋了好几天；而《从局长开书单到不必开书单》（2012 年 9 月 6 日）一文发表前，编辑老师打电话来，特意告诉我："我们是《区域周刊》，不是《读书周刊》。"这些小故事，至今想起，仿若昨天，让我倍感快乐和温暖。

推荐：关于"突围"的小心思

2012 年秋季，我被调到本县苦竹中学，还是做副校长。其时，我主管教学工作，恰逢学校正在搞"四学本真课堂"课题研究。对这个课题研究，我从内心是认可的。之前的许多年里，我自发地开展了一些课堂教学模式探索，比如原创性地开展"5·3·1"语文课堂教学模式（5 分钟说话训练，30 分钟导读点拨，10 分钟巩固质疑）研究，迁移式的小组合作学习研究（组内同质、组间异质）等。在校内的一次赛课中，我主讲了一节《在山的那边》。评课时，本校语文教师有两种意见，一种评价认为我的课体现了课改精神，课堂活动充分，读写训练到位；一种评价认为，"课改课"就应当把课堂完全交给学生，否则就是"传统课"。

其时，这样的争论，并非我所在的学校才有。隐隐之中，我发现这是一个非常好的写作素材，便写了一篇《放与不放兴味长》的文章，投稿至《中国教育报·教师周刊》。2013 年 12 月 11 日，编辑老师将其修改，更名为《理顺开放课堂的辩证关系》后刊发。该文当时引起了较大的关注，许多网站纷纷转载。随着文章的发表，我的课改主张和课改信心进一步增强了。

也是在这一年的年末，例行的述职报告开始了。在撰写文案时，我觉得如果依照常态写法，无异于把校长述职报告中的教学管理、教研教改部分进行"扩写"，这样的述职报告对于作为受众的教师而言，只会感到索然无味。我不想走寻常老路，我得另辟蹊径。于是，在述职时，我把教学线的工作一笔带过，只讲了我这一年来的"阅读报告"，题为《书香飘过 2013》。我的这个有点奇葩的述职报告，老师们听得非常专心，给予的掌声也异常热烈。会后，一位领导对我说："吴校长，你的述职报告非常精彩，只是'飘题'了。"这样的评价，在我意料之中，但没料到的是，我将此文投给《中国教育报·读书周刊》，一周后（2013 年 12 月 30 日）竟然发表了。于是，有人戏言：你的"飘题"作文，竟然"飘"上天了。

调动少不了，职务动不了，职称上不了，名师评不了，一度让我那几年的心境比较复杂。于是，“突围”一词频繁地在我的脑海里跳动。我跟自己较劲，开始创作《乡村教师突围》一书。其中，有一篇《做一个有专业底气的副校长》文章，便是在这种心境下完成的。

“在浩瀚的宇宙中，每个人都是一颗流星。当找到属于自己所存在的那个坐标点或所运行的那个路线图之后，我们便会日益勤勉，日益宁静，日益达观。”我时常这样安慰自己。同时，我认为，如果要成为一个有专业底气的副校长，至少需要在以下“四得”上下功夫，即“站得讲台”“写得文章”“懂得管理”“坐得冷板凳”。

我把此文投稿至《中国教育报·校长周刊》，不久（2014 年 5 月 22 日）便获全文刊载。它给我的鼓舞，编辑老师们或许最懂。

也是在 2014 年，我的第二本著作《乡村教师突围》由清华大学出版社正式出版了。《中国教育报》微信公众号在 2014 年 7 月 23 日推出了我的《乡村教师如何从平凡和贫瘠中“突围”》一文，以此荐书。年底，该书双双入选“中国教育报 2014 年教师喜爱的 100 本书”、“中国教师报、中国教育新闻网 2014 年影响教师的 100 本书”。这对于我这位乡村教师而言，又是一次“石破天惊”。推荐词如下：

“本书共分四辑，取自吴再柱校长多年来在教育界行知不辍的累积。在‘心灵突围’一辑中，我们看到的是一个不断挖掘和激发自我的读书人。‘理念突围’里，作者由读书、思考、教研的‘知’转而到‘知行合一’。‘课堂突围’展现了吴校长对教学的孜孜以求。‘学校突围’是吴校长作为管理者的思考。”

2014 年年底，我终于获得了高级教师职称。

助力：追求卓越的小台阶

高级职称，是我的一道门槛。跨过了这道门槛，并不意味着就可以躺平。尽管那时的我，已经四十五六了。

在我看来，追求卓越既需要外在的肯定，比如名师、特级，更重要的则是内在的跨越，比如论文、专著。那时，我已经开始了第三本著作的构思与写作。这是后话。

2016 年正月，央视综合频道开始播放《中国诗词大会》第一季。这种优秀的文化类节目，我几乎每场必看。而此时，《中国学生发展核心素养（征求意见稿）》刚好出炉。看着看着，我发现这两者之间似乎有某种联系，于是，我又来了一次“跨界融合”，写了一篇《古诗词与核心素养：最美的遇见》文章。投稿不久，该文于 2016 年 4 月 27 日在《中国教育报 · 课程周刊》全文刊发。这让我对语文教学和核心素养的研究又开辟了一种别样的途径。

2016 年 5 月 25 日，我在《中国教育报 · 校长周刊》发表了一篇文章《乡村校长的雨天》，这算是我的一次“偶得”。这让我意识到，《中国教育报》以及编辑老师们对乡村教育是这样的“情深深，雨蒙蒙”。

也是在这一年，我的第三本著作《公民教育与现代学校》完稿。2017 年 1 月，由清华大学出版社正式出版。这本书稿的完成，我将其称之为“七年求索，五易其稿，三十万字，一个梦想”。

红安县教研室余向红老师读完后，兴致勃勃地写了一篇书评——《他的高度你也可以企及》。2017 年 4 月 10 日，此文在《中国教育报 · 读书周刊》刊发。于我而言，皆大欢喜。

2017 年秋季，因工作岗位调整，我担任中心学校工会主席一职。我主动请缨，在苦竹中学七年级开设“名著导读”课程。领导们非常支持我的想法，但我稍后却觉得有点儿“自讨苦吃”。

开弓没有回头箭，一本《西游记》我便读了两个月。就是在这样的生磨硬泡之下，《没有合格“导师”，何来“名著导读”》一文，经编辑老师修改后，在《中国教育报 · 课程周刊》发表了。不仅如此，此文还被人民网、光明网等网站纷纷转载。这又给了我极大的精神鼓舞。

后来，关于“整本书阅读”方面的文章，我在一些报刊上发了二三十篇，其中包括 2019 年 5 月 6 日在《中国教育报 · 读书周刊》发表的《选我所荐，读你所爱——〈白洋淀纪事〉阅读攻略：选读式》一文。

2020 年 10 月，我的第五部著作《特级教师陪你读名著》由济南出版社正式出版。这和我在《中国教育报》上发表的两篇“整本书阅读”文章有很强的正关联。

2018 年 1 月 24 日，《教育情怀，最为珍贵——致乡村副校长》一文在

《中国教育报·校长周刊》发表。此文中，我表达了作为乡村副校长的窘境：

一年一度的评模评优，因为你是副校长，所以一般不会被评上优秀教师、优秀班主任和师德标兵；因为你是副校长，所以没资格去参评优秀校长。当副校长的时间越长，你就与‘综合表彰’越远，而且这与你的能力、考绩、人缘无关。

其时，我参评“黄冈名师”，再次落选。我安慰自己：“管他名师不名师、特级不特级，我继续着我的教育情怀，继续自己的教学研究，继续自己的专业发展。若能走到这一步，便值得恭喜了：你将是一个教育学术的无冕之王!”此文的发表，于我而言，又是一次心灵的慰藉。

2019年6月26日，我的文章《校长也有教育名言》在《中国教育报·校长周刊》发表，之后又被人民网、光明网、学习强国等媒体转载。这让我进一步认识到，无论是校长还是副校长，都应当有自己的教育思想、办学理念，而且最好还能够用富有个性的语言表达出来。

幸运的是，2019年2月，我被评为湖北省第十批特级教师。2021年12月，我又通过了正高级教师的评审，同年被认定为“黄冈市高层次人才”。在专业成长的道路上，我又跨越了一级台阶。

展示： 专业成长的小妙招

2022年8月，我的第六本著作《卓越教师的成长特质》在华东师范大学出版社出版。这是我获得特级教师称号后的一部文集。湖北省特级教师、英山县实验中学杨劲松校长阅读此书后，欣然写下了一篇《学习力：教师成长的动力之源》书评。此文于2022年8月31日发表在《中国教育报·读书周刊》上。这种别样的鼓励，让我陡增几分前进的动力。

2023年2月17日，经编辑老师的多次指导，我的《从学情出发，把语文教“活”》一文在《中国教育报·课堂周刊》刊发。

此文中，我主要从三个方面回顾了自己在语文教学方面的成长心得：一是“教法：从学情出发”；二是“写作：以‘同步’切入”；三是“情境：把语文教‘活’”。这些“小招数”，在今天看来似乎云淡风轻，但对于跋涉中的我来说，每一步都费了九牛二虎之力。

2023 年 9 月，我的第七本著作《从语文课标到语文课堂》在济南出版社出版。这一方面是我用一年时间解读新课标的心血凝聚，另一方面则是《中国教育报》等教育媒体多年来给予我指引、帮助的累积结果。

2023 年 12 月 22 日，经主编多次指点、我五易其稿的《愿每位教师都能被教育家精神“点燃”》一文在《中国教育报·好老师专刊》登载，我又一次被教育家精神“点燃”，被编辑老师的教育情怀、工匠精神所感染。

“敢于突破，勇于创新”“克制欲望，不断开掘”“成就他人，超越自我”“有大视野，有大境界”，这便是教育家精神的一些体现。我默默告诉自己，再接再厉、再上台阶，让青春之火、理想之火、奋斗之火永远在心中燃烧。

“蒹葭苍苍，白露为霜。所谓伊人，在水一方。溯洄从之，道阻且长。溯游从之，宛在水中央。”《中国教育报》仿佛就是我心中的“伊人”，感谢近二十年来给予我的指引、慰藉、鼓励、助力，让我在迷茫中看到亮光，在疲惫时看到希望，在顺境中看到远方，在逆境中奋发图强。

以融促跨，以做促创

——初中语文“跨界融合”实施策略例谈

引　言

谈起跨界融合，笔者想起一段佳话。

1991 年 10 月 16 日，中国载人航天奠基人、“两弹一星功勋奖章”获得者钱学森在人民大会堂授奖仪式上即兴演讲，他说：“44 年来，蒋英给我介绍了音乐艺术，这些艺术里所包含的诗情画意和对人生的深刻的理解，使我丰富了对世界的认识，学会了艺术的广阔思维方法。或者说，正因为我受到这些艺术方面的熏陶，所以我才能够避免死心眼，避免机械唯物论，想问题能够更宽一点、活一点”。

军事科学与音乐艺术的跨界融合，竟然发生了许多“化学反应”，真是浪漫极了。同时，无论是钱老还是蒋老，他们也是把自身研究或从事的专业，与文字、文章、文学、文化进行跨界融合的典范。

跨界融合，也就是将不同学科、不同行业或不同领域的一些元素、理念、技术进行融合，以形成新的元素、理念、技术，从而达到最佳效果的一种综合性解决方案。

从学习能力、思维能力培养的角度看，跨界融合便是“跨学科学习”。《义务教育课程方案（2022）》指出：“设立跨学科主题学习活动，加强学科间相互关联，带动课程综合化实施，强化实践性要求。”在育人方式上，“加强知行合一、学思结合，倡导‘做中学’‘用中学’‘创中学’”。这为跨界融合指明了方向，也就是在“做”“用”“创”中来学习语文、提升素养。

跨界融合与教材关联

《语文课程标准（2022）》在“跨学科学习”第四学段的学习内容中，从跨学科、跨视域、跨领域、跨专题、跨媒介等方面进行了简要的指导。笔者结合统编版初中语文教材作简要梳理，详见表1。

表1　初中语文跨界融合与教材关联梳理表

类别	途径与方法	主题与目标	教材关联举例
跨学科	结合数学、物理、化学、生物学等学科学习，或者自己参与的科技活动	围绕理科学习，尝试撰写并分享观察、实验研究报告	七上《动物笑谈》；八上《美丽的颜色》《蝉》《名著导读：昆虫记》；八下《大自然的语言》《恐龙无处不有》《被压扁的沙子》《综合性学习：倡导低碳生活》；九上《怀疑与学问》《谈创造性思维》

（续表）

类别	途径与方法	主题与目标	教材关联举例
跨视域	在心理健康、身体素质等方面，选择师生共同关心的问题，组织小课题组，开展校园调查	围绕身心健康，学习设计问卷、访谈、统计、分析，撰写并发布调查报告	七上《秋天的怀念》《走一步，再走一步》；七下《最苦与最乐》《假如生活欺骗了你》；八下《名著导读：钢铁是怎样炼成的》；九上《论教养》《精神的三间小屋》《孤独之旅》
跨领域	在环境、安全、人口、资源、公共卫生等方面，选择感兴趣的社会热点问题，查找并阅读相关资料	围绕环境、安全等热点问题，记录重要内容，列出发言提纲，参加班级讨论	七上《植树的牧羊人》；七下《太空一日》《综合性学习：天下国家》；八上《综合性学习：我们的互联网时代》《综合性学习：身边的文化遗产》；八下《大雁归来》《在长江源头各拉丹冬》
跨主题	围绕仁爱诚信、天下为公、和谐包容、精忠报国、英勇奋斗、自强不息、明礼守法，以及科学理性、艺术精神等	围绕中华优秀传统文化以及科学理性、艺术精神等，选择专题，组建小组，开展学习与研究，运用多种形式分享学习与研究成果	七上《综合性学习：有朋自远方来》；七下《邓稼先》《说和做——记闻一多先生言行片段》《黄河颂》《木兰诗》；八上《白杨礼赞》《富贵不能淫》《生于忧患，死于安乐》；八下《应有格物致知精神》《我一生中的重要抉择》《大道之行也》；九上《创造宣言》；九下《山水画的意境》《无言之美》《驱散我们的想象》

（续表）

类别	途径与方法	主题与目标	教材关联举例
跨时空	组建文学艺术社团，开展相关文化活动，参与社区文化活动与文化建设	围绕文化活动，在参与过程中写出策划方案，制作海报，记录活动过程，运用多种媒介发布学习成果	七上《综合性学习：少年正是读书时》；七下《综合性学习：我的语文生活》；八下《综合性学习：古诗苑漫步》；九上《综合性学习：走进小说天地》；九下第五单元《活动·探究》（任务二，准备与排练；任务三，演出与评议）

个人认为，上表中相关课文、名著重在培养学生跨界意识，而综合性学习则重在培养学生的跨界思维和实践能力。前者为后者提供知识与意识，后者为前者提升学识与见识。

下面，笔者以“跨学科”这一类为例，简要谈谈它们与这些课文、名著、综合性学习与“跨界思维”的内在联系。详见表2。

表2　部分教学内容所跨学科与跨界意义

内容	所跨学科	跨界意义
《动物笑谈》康拉德·劳伦兹	语文、生物学、动物行为学等	本文主要讲述动物行为学家劳伦兹对鸟类、鸭子和火鸡的研究，以及他与这些动物之间的趣事。通过这篇课文，学生可以了解到动物行为学的研究方法和动物的行为习性，了解到科学家的研究过程和科学精神

（续表）

内容	所跨学科	跨界意义
《美丽的颜色》艾芙·居里	语文、物理学、化学等	本文主要讲述居里夫人发现镭的过程和她的科学精神。通过这篇课文，学生可以了解到物理学和化学的有关知识，包括放射性元素的发现和实验室研究的方法；同时，还可以了解到科学家的探索精神和科学方法的应用
《蝉》法布尔	语文、生物学、生态学等	这篇课文主要讲述了蝉的生命历程和生态习性。通过这篇课文，学生可以了解到生物学和生态学的有关知识，包括昆虫的生命周期和生态系统中的相互关系；同时，还可以培养学生的观察意识和科学精神
《大自然的语言》竺可桢	语文、物候学等	本文是一篇介绍物候学的文章，通过这篇课文，学生可以了解到自然界中动植物的行为与气候变化的关系，以及如何通过观察自然来预测天气和农作物的生长情况。这篇课文可以培养学生的观察意识和科学思维，同时增强学生对自然环境的保护意识
《恐龙无处不有》阿西莫夫	语文、气候学、地质学、古生物学等	这篇科普文章跨越了多个学科领域，包括地质学、古生物学等。通过本文学习，学生可以理解地球的演化过程，了解到恐龙的形态特征、生活习性和生存环境，特别是可以认知到“不同科学领域之间是紧密相连的”这种跨界思维

（续表）

内容	所跨学科	跨界意义
《被压扁的沙子》阿西莫夫	语文、古生物学、物理学、化学、地质学等	这篇科普文章主要探讨了恐龙灭绝的原因。文章从恐龙的死因引出主题，探讨了恐龙灭绝的几种原因，以“被压扁的沙子”作论据，指出“撞击说”是恐龙灭绝的原因。本文将物理学和化学等不同的学科领域相互联系起来，使学生可以大体了解原子弹爆炸的相关知识，并获得一定的科学方法和思辨能力
《怀疑与学问》顾颉刚	语文、历史、生物、哲学等	本文是一篇介绍科学方法的文章。学生可从中了解到科学方法的重要性，以及如何运用科学方法进行怀疑和求证。学习本文，可以培养学生的思辨能力和科学素养，同时激发学生对学习和探索的热情
《谈创造性思维》罗迦·费·因格	语文、数学、物理学、体育、传媒学、心理学等	本文提醒读者要保持好奇心和探究精神，学会从不同角度发现问题和解决问题。文章强调了打破思维定式的重要性，也即创造性思维的重要性。文章鼓励读者积极拓展自己的知识面和兴趣爱好，培养自己的跨界思维和创造性思维能力，为未来的成长和发展打下坚实的基础
《昆虫记》法布尔（名著阅读）	语文、生物学等	这是一部经典的昆虫学著作，通过阅读这本书，学生可以了解到许多昆虫的生活习性，以及作者法布尔对昆虫的细致观察和深入思考。阅读此书，可以培养学生的观察力和科学思维，同时激发学生对自然和生物学的兴趣

（续表）

内容	所跨学科	跨界意义
《倡导低碳生活》（综合性学习）	语文、环境学等	通过这项活动，学生可以了解到全球气候变化和环境污染的问题，以及低碳生活的方式和意义。这项活动可以培养学生的环保意识、公民责任感和社会实践精神

以融促跨，以做促创

实现有效的跨界融合，其关键在于具有跨界融合思维。

跨界融合思维是一种大视野、多维度、多取向的思考方式，它强调跨越不同领域、不同学科之间的界限，通过资源共享、相互渗透以形成新的发展方式。这种思维方式强调对不同领域的知识、方法、技能等进行融合，以产生新的思路和方法。

跨界融合思维在各个领域都有应用。在科学方面，跨界融合思维的价值体现在不同学科之间的交叉融合，比如生物学和化学的交叉融合产生了生物化学，为人类提供了更深入的生命科学理解和应用；在艺术方面，跨界融合思维的价值体现在不同艺术形式的融合，例如音乐和绘画的融合可以创造出独特的艺术风格，或者将科技元素融入传统艺术形式，带来全新的艺术表现方式；在商业方面，跨界融合思维的价值体现在不同行业之间的合作和创新，例如互联网和传统产业的融合催生了互联网经济，创造了新的商业模式和产业链；在教育方面，跨界融合思维的价值体现在不同学科之间的联系和互动，例如教育也可以借助科技手段进行跨界创新，在线教育的普及和发展为学生提供了更广阔的学习机会和资源。

跨界融合思维的核心在于"融合"。这种思维方式强调对不同领域之间的界限进行跨越，但并不是简单的叠加或组合，而是要进行深入的探究和分析，以实现真正的融合和创新。

跨界融合思维的培养需要多方面的努力和实践。它需要教师拓展自己的知识面和视野，了解不同领域之间的联系和共性；需要掌握一定的跨学科知识和技能，具备跨学科的思考能力和实践能力；需要积极探索和尝试新的思路和方法，不断挑战自己的思维方式和创新能力。

基于上述分析，笔者认为，跨界融合思维的培养之要领，在于“融”“跨”“做”“创”四字，也就是“以融促跨，以做促创”。下面，笔者将从五个方面举例说明。

1. **融地域特点，跨学科壁垒**

通过融合不同学科的特点打破学科之间的壁垒，促进学生的全面发展，这是跨学科学习的主要任务。教学实践中，我们可以结合本地相关元素，把握语文学科的人文性和工具性特点，将其他学科的知识和技能融入语文学习中，发展学生的跨界融合思维能力，提高学生的综合素质。

比如，八年级下册综合性学习《倡导低碳生活》，我们可以结合本地（黄冈）特点，来开展这次跨学科学习。

（1）确定宣传主题。可以选取“绿色黄冈 · 低碳生活”作为宣传主题。黄冈市是一个历史悠久的文化名城，然而，随着工业化和城市化的快速发展，环境问题逐渐凸显。因此，这次的宣传目的是提高学生（市民）的环境保护意识，倡导大家积极采取低碳生活方式，共同为黄冈市的可持续发展贡献力量。

（2）撰写宣传文稿。可以结合黄冈市的地域特点，撰写一篇关于低碳生活的宣传文稿。例如，黄冈市拥有丰富的自然资源和文化遗产，如东坡赤壁、遗爱湖公园、大别山自然风光和一些县市的相关资源。但这些资源也面临着环境污染和过度开发的风险。因此，倡导低碳生活，不仅是为了保护环境，也是为了本市的可持续发展。

（3）制作宣传材料。在制作宣传材料时，可以结合黄冈市的地域特点，采用具有地方特色的图片、视频和海报等手段进行展示。例如，可以制作一些展示本市自然风光和文化遗产的海报或视频，以突出地域的独特魅力。在海报和视频中加入一些具体的低碳生活建议和行动计划，以引导市民积极参与到低碳生活中来。

（4）践行低碳生活。例如，可以组织一些环保志愿活动，如清理社区垃圾、植树造林等，以实际行动来践行低碳生活的理念。此外，还可以通过制作低碳生活日志或制订低碳生活计划来督促自己和身边的人更好地践行低碳生活；建议政府出台相关政策，鼓励市民采用乘坐公共交通工具、骑行或步行等低碳出行方式。

上述活动，可提高学生的低碳生活意识，增强社会责任感，在真实的语言实践中提升语文能力和综合素养。

2. 融情感态度，跨学科体验

学习不仅是知识的获取，更是情感和体验的积累。在跨学科学习中，学生需要融合不同学科的情感体验和思考方式，更好地理解和感受所学内容，丰富体验和感受，提高综合素养。

例如，九年级下学期，教师可结合《山水画的意境》《无言之美》《驱遣我们的想象》等课文学习，开展一次跨界融合学习活动，以此发现艺术之美、缓解中考压力。活动设计如下。

（1）确立活动主题。以“发现艺术之美，探索未来生活”为活动主题，旨在通过跨界融合学习活动，让学生在紧张的复习之余发现艺术之美，激发创新思维，同时缓解学习压力。

（2）融合课文内容。《山水画的意境》，让我们了解如何从自然景观中感悟人生哲理；《无言之美》，让我们发现艺术并非仅仅是视觉上的享受，更是心灵的滋养；而《驱遣我们的想象》则提醒我们艺术需要发挥想象，通过创意和联想可以赋予艺术新的生命。这次活动，我们将融合这些课文的内容，通过艺术作品展示、赏析和创作，让学生更加深入地理解和感受艺术之美。

（3）发现身边艺术。在我们身边，其实有很多被忽略的艺术之美。比如，家中的摆设、街角的小公园等地方都可能隐藏着艺术的秘密。这次活动，我们将一起寻找这些艺术元素，发现身边的美。同时，还可邀请艺术家或艺术爱好者分享他们的经验和见解，让学生从不同的角度理解和欣赏艺术。

（4）畅想未来生活。随着科技的发展，未来的生活将发生巨大的变化，可通过演讲、作文、绘画等方式，设想未来的艺术形式、创作方式和欣赏方式等，激发学生对未来的想象。

这次活动将帮助学生拓展关注视野，缓解学习压力，同时激发学生的创新思维和对未来的想象。

3. **融生活实践，跨课堂内外**

“跨学科学习”任务群，需要将课堂内外的生活实践相结合，通过体验式学习和项目式学习等方式，让学生在实际操作中学习和掌握知识。比如，可以通过组织学生参加社会实践活动、社区志愿服务等，将语文知识与社会实践紧密联系，提高学生的语文应用能力和社会责任感。

例如，八年级上学期综合性学习《我们身边的文化遗产》，可结合本地实际，开展一次跨界融合活动。活动安排如下。

（1）推荐评选。学生在课前通过调查和了解，推荐身边具有文化价值的遗产，如传统建筑、历史遗迹、非物质文化遗产等。班级内进行遗产推荐评选，邀请老师或专家进行评审，选出最具代表性的文化遗产作为活动主题。

（2）实地考察。组织学生前往选定的文化遗产地点进行实地考察，了解其历史背景、文化内涵及现状。在考察过程中做好记录，拍摄照片或视频，为后续资料整理提供素材。

（3）资料搜集。结合历史、地理等学科知识，通过图书馆、网络、访谈等渠道搜集相关资料，了解文化遗产的历史演变和文化内涵；整理实地考察获得的照片、视频等资料，制作文化遗产宣传手册。

（4）申请报告。根据所搜集的资料，撰写一份关于所选文化遗产的申请报告，包括其历史价值、文化特色及保护建议等。在班级内进行报告分享，提升同学们对文化遗产的认识和保护意识。

（5）模拟答辩。邀请老师或专家担任评委，就同学们的申请报告进行提问和点评，引导同学们深入思考和理解文化遗产的价值。学生根据评委的点评和建议进行反思和改进，提高对文化遗产的理解和保护意识。

上述活动，能够让学生了解文化遗产的内涵和价值，提高跨学科学习能力，增强对文化遗产保护和传承的意识。同时，活动也可促进学生之间的交流与合作，提高团队协作能力。

4. **融技术应用，跨时空限制**

初中语文“跨学科学习”任务群需要充分利用新技术，通过数字化和网络化等手段，打破时间和空间的限制，为学生的学习提供更加便捷和高效的学习方式。例如，可以通过在线课程、网络直播等方式，将不同地区、不同学校的学生连接在一起，实现跨地域的合作学习。这里以八年级上册综合性学习《我们的互联网时代》为例，作简要说明。

(1) 学会应对小视频。小视频具有直观、生动、易于传播等特点，使得各种信息和知识能够跨越时空限制，迅速传播到世界各地。可引导学生关注和选择一些具有学习价值的视频内容，比如科普、人文、历史等方面的视频，通过观看和学习拓展知识面；可以通过制作和分享一些积极向上、有趣味性的小视频，传递正能量，帮助他人快乐成长；注意控制观看时间，避免过度沉迷于小视频而影响学习和生活。

(2) 网络词语小研讨。网络词语是互联网时代的产物，比如"内卷""硬核""白月光""天花板""凡尔赛""神仙打架""高光时刻"等，它们以其独特的表达方式和特点成为网络交流的必备工具。对于网络词语的使用，教师应引导学生以积极的态度去理解和接受。一方面，应关注网络词语的来源和含义，了解其产生的背景和文化内涵，以便更好地理解和使用；另一方面，应注意规范使用语言文字，避免滥用和误用网络词语，以免对语言文化造成不良影响。

(3) 电子阅读面面观。电子阅读作为互联网时代的新兴阅读方式，以其便利性、互动性和个性化等特点，逐渐成为现代人阅读的重要方式。它提供了海量的阅读资源，使我们能够随时随地获取各种信息；电子阅读的互动性和个性化功能，使读者能够根据自己的需求和兴趣进行选择和定制，提高了阅读效率和质量；电子阅读减少了纸张的使用，为环境保护做出了贡献。但电子阅读也存在一些问题，比如长时间使用电子设备阅读可能会对眼睛造成伤害；电子阅读的信息获取方式可能会导致我们忽略深度阅读和思考；电子阅读的碎片化阅读方式也容易使读者缺乏系统性和连续性的思考。

(4) 互联时代学语文。互联时代下的语文学习具有更多的互动性和开放性。我们可以利用互联网资源进行自主学习和探究，通过搜索、讨论、分享等方式获取更多的知识和信息；可以通过网络平台进行在线学习和交流，与各地的老师和学生进行实时互动和讨论；还可以利用数字化工具进行写作和创作，提高自己的写作水平和表达能力。同时，我们需要注意一些问题，比如，应该学会辨别信息的真伪和质量，应该保持对传统文化的尊重和传承，还应该注重培养自己的独立思考和批判性思维。

总之，“融技术应用，跨时空限制”是互联网时代的重要特征之一。通过不断地学习和实践这些新特点和新模式，学生能够更好地适应这个快速发展的时代，并为未来的发展做好准备。

5. 融多元评价，跨思维定式

跨界融合学习，需要建立多元评价机制，通过多种评价方式和方法全面了解学生的学习情况和综合素质。但这种评价几乎是一件仁者见仁、智者见智的事情，因为这种学习参与人员多、涉及学科多、跨越周期长、呈现方式新、评价维度广。因此，过程性评价、鼓励性评价、团体性评价尤为重要。评价人员可以采用小组互评的方式，也可邀请相关学科教师、家长、社会人士来参与评价。评价量表可参照表3。

表3　跨界融合学习评价量表

评价维度	指标描述	评价星级
整体参与	学习小组内所有人员都参与了项目学习，态度积极	★★★★★
分工合作	小组内有明确分工，组员之间配合积极、相互合作	★★★★★
知识运用	能比较合理地运用相关学科知识，能将知识讲述清楚	★★★★★
作品完整	作品（方案、海报等）能按时完成，能完整呈现出来	★★★★★
价值创意	作品具有解决问题的实际价值，有一定的创意、美感	★★★★★

结 语

跨界融合是一种广角度、多维度、多取向的思考方式，它强调跨越不同学科、不同领域之间的界限，实现资源共享、思维兼容、相互渗透、有效整合，进而形成新的发展模式。

但需要注意的是，无论怎么“跨”怎么“融”，从语文学科出发的综合性学习，应始终围绕文化自信、语言运用、思维能力、审美创造等必备品格和关键能力，在真实的语言运用情境中不断拓宽语文学习和应用的领域，提高语言文字运用能力，培植创新思维的习惯和信心，培养发现问题、分析问题、解决问题的能力，发展学生的核心素养。

修改有耐心

在写出的文里挖呀挖呀挖，挖出了宝贝挖出了泥沙。

把文章的主旨挖呀挖呀挖，挖出价值挖出新意了吗?

把文章的论证挖呀挖呀挖，挖出老套挖出奇葩了吗?

把文章的语言挖呀挖呀挖，挖出病句挖出佳句了吗?

把写出的文字读呀读呀读，读出了大螃蟹读出了小蝌蚪。

把新写的作品放呀放呀放，放出了新观念放出了新气象。

把编辑的意见想呀想呀想，想出了好方法想出耀眼光亮。

把写出的文稿改呀改呀改，改出小桥流水改出星辰大海。

关于文章修改，这里采用儿歌仿写的形式，来表达笔者的一些思考。本节选用的两文，具体讲述了两篇文章的修改过程。

循循以善诱，助我成佳作

近日我翻阅《中学语文教学参考》初中刊，看到 2012 年第 6 期发表的一篇文章——《“教死”或“教活”，只看“人的发展”》，回想起了一幕幕。

此文几乎全是该刊梁主编之功。在此，我首先向梁主编之于我的循循善诱，对冯为民老师的赠书与激励，表示最真切的感谢!

2011 年 9 月，我受邀参加《中学语文教学参考》杂志社在西安举办的“世园论道，给力教研——全国中学语文教学研讨会”。我等薄学之人受邀盛会，大概是在当年 8 期上，我的文章《有一种素质，叫主动成长》被选作卷首语，我同时作为封面人物的缘故吧。

其间，我有幸结识了梁主编。大概是因为都是湖北老乡，我感觉他特别真诚、特别亲切。至今，他一口“标准”的鄂西北口音还常常在我耳边环绕。或许是文章还有点个性，或许是老乡主编的照顾，后来，我的一篇

《教我语文》又发表于同年12期上。作为一本刚刚改版的权威老刊，一年之内登载我的两篇文章，我真是荣幸之至。

那次盛会上，诸多专家名师云集一堂，江苏省教授级特级教师冯为民老师便是其中一位。在一次晚宴上，我与冯老师相识。之后，在回程的当晚，我和他又在房间里有过一段较长时间的交流。

其间，谈起了他的专著《在坚守中成长》，我便斗胆向他索要一本。回来不久，冯老师便将这本质朴又厚重的著作邮寄到学校。或许是该书理论性太强，或许是本人生性比较疏懒，阅读一半后我便将其搁置一旁，一直到临近寒假，我才通读完毕。

春节前夕，我经多日梳理，完成书评《学术背景在坚守中丰厚——读冯为民老师的〈在坚守中成长〉》一文，并发送给冯老师，请他赐教。没想到，春节后，他便写了一篇博客《学做一名丰厚的语文教师——有感于吴再柱老师的〈学术背景在坚守中丰厚〉》。

文中，冯老师很谦逊地说他“至今仍属于一个需要不断学习的语文新手”，“一定会在学做一名丰厚的语文教师的征程中坚实地走下去”。同时，他也给予我许多热忱鼓励和殷切期望。

怀着一丝忐忑，我将书评一并发给了梁主编。大约三周后，我居然在邮箱里看到了他的回复：

> 请将下面的部分独立成文（需结合自己的教学实践深入论述）——《语文教学中的“死活律”》是我最喜欢的一篇短文，也应该是一个教师在语文专业成长中从困惑走向明朗的一个“定律”。冯老师的“死活律”包括三种含义。
>
> 一是“先死后活”，即学习基础的、需要“死记硬背”的知识，必须要老老实实地记住记牢，这样以后才会有渐悟或顿悟。
>
> 二是“不死不活”，这是“死活”辩证法，即许多看似“死”的知识，其实是“活”的源头；只有掌握了汉语言文学的精髓，才有可能达到运用之妙全在乎一心的妙境。
>
> 三是“死死活活”，它有三层意思：其一是有时侧重于“死”，有时侧重于“活”；其二是该讲“死”的地方就得讲“死”，该讲“活”

的地方就讲“活”；其三是“死”的、毫无用处的东西，必须堵死，不准其进入课堂。

通常情况下，我们往往只注意到“死活律”的第一种含义，这便使得我们在课堂上常常有“死活不分”的混淆与模糊。

说实话，梁主编提出的这种写作思路，并不是很好写，一是因为冯老师的“死活律”已经站在一个制高点上，如果我一味地按照他的三种含义来硬套，感觉没有什么新意；二是因为自己当时的语文教学理论素养比较贫乏，要“结合自己的教学实践深入论述”更是困难。但我有时喜欢和自己较劲，喜欢挑战自己，更希望以此来提升自己的专业素养和教学艺术，于是选择了迎难而上。

构思立意，查阅资料，伏案爬格，用了差不多四周时间。我从作文教学角度完成了文稿《“教死”或“教活”，只看“人的发展”》。虽然我自己觉得不太如意，但还是充满喜悦，因为文章毕竟上了一个台阶。

我将文章分别发给了梁主编和冯老师。两天后，我看到了梁主编的回复：

这次写法对路了，但如果将“死”（我也认为“死”有积极的一面）定为“立意点”，文章的意义就会大为弱化。

冯老师也发来了短信，大意是谢谢我对他文章的解读，能从实践的角度来阐述，简明，管用，能给人启发。

之后，梁主编又主动和我在 QQ 上对文章又作了一些指导，告诉我，文章关于“活”的部分要举实例；准备把文章放在“读语录”里，将“死活律”做大。

这对我来说，既让我欣喜，但又是一个难题。但好在我已找到写作方向，经过深思熟虑后用案例的形式，以《谈读书》一课的教学为例，详说在落实具体的语文教学上该如何把握“死活律”。大约一周工夫，修改稿便完成了，我如释重负……

一篇文章，两位专家，三次点拨，历时四月有余，终于“修成正果”。

我之投稿，有数百篇之多，所遇编辑应当不下百十人。我所遇到的编辑，大体来说，都有着古道热肠。他们的风格各异，或直接改动，或婉言拒绝，或提出修改意见，当然也不乏不予回音的。然而，像梁主编这样，多次审阅、多次引导、多次打磨，直至完美的指导，那时，我还是首次碰上。

这实在是我的幸运！

我也完全可以想象得到，像这样帮助作者打磨文章的事，梁主编自然还做过很多。我向梁主编以及像他这样为提高刊物品质、提升作者水平而不惜付出辛勤劳动的编辑们，表示深深的敬意！

我之所得，自然并非一篇文章的发表。

今作小文，一为感谢梁主编、冯老师，感谢他们之于我的循循善诱和殷切期望，一为纪念那篇“来之不易”的《“教死”或“教活”，只看“人的发展”》。

《愿每位教师都能被教育家精神“点燃”》一文是怎样炼成的

一些时候，妙手偶得之间，便写了一篇文章，投稿发表，几乎没啥改动。而在某些时候，一篇稿子需要一而再、再而三地修改，甚至是快要改到崩溃之时，才能符合编者要求。这里，笔者把《愿每位教师都能被教育家精神“点燃”》一文的形成过程如实呈现出来，以便读者能从中获得一些启迪。

互动记录

10 月 30 日（周一）：文稿 1《与时代同行》

柱子： 主编好！昨天往邮箱里投了一篇小文，《好教师》栏目不知是否合用？烦请瞅瞅哈。这里，我也发一次。（文字）

主编： 这篇稿子像散文，但是我们版面强调专业性，这两天有空跟您聊聊，看看有什么适合的话题写。（文字）

主编： 我们这边，每个栏目的设置都是考虑着怎么能帮助教师成长的。估计您也注意到了，我们最近开了一个《循着教育家的方向》栏目，您在成长过程当中是不是也受过一些教育家或者是有教育家精神的一些人的影响？不一定是在您身边直接影响的，有的时候是方向的指引。最近两期我们发了陈明青和冷玉斌的。您是在乡村从教的，如果对这个话题感兴趣也可以写一写，参照一下他们的写法。(文字)

10月30日：文稿2《向教育家精神看齐》

柱子： 是的，那两篇文章我阅读了。前些日子，我也写了一篇关于教育家的文章，但风格体例上有些差别。近日，我将按照您提供的思路来写写。

主编： 好的，您的稿件的定位就是给乡村教师的专业发展鼓劲。

10月31日（周二）：文稿3《做一名践行教育家精神的乡村教师》

柱子： 主编好！烦请看看这篇是否合用？(充满信心)

主编： 吴老师，不是这个角度。我们那个栏目的角度，是名师在成长过程中受到了哪些教育家的影响，或者说是身边那些具有教育家光芒的这样的一些人。虽然他不是名师，但是他身上具有那六条中的一些痕迹，或者是那些点，影响了你的成长，是这样的一个角度，不是写自己。你可以结合自己的经历，但自己的经历中一定是有精神的追求在那里。那精神追求是跟教育家相关的，或者跟教育家精神相关的。(语音50秒转换)

主编： 吴老师，我们的意思是需要传递一种观念。就是说教育家精神，它不是高高在上的，它跟我们每个老师都是密切相关的。它其实跟我们的职业成就，或者说跟我们的职业幸福感，都有密切的关系。(语音25秒转换)

柱子： 谢谢，主编！我再想想。

11月1日（周三）：文稿4《一位具有教育家精神的乡村教师》

柱子： 主编，烦请再看看。(信心满满)

主编： 吴老师，意思是有点儿了，就是现在又有点儿过犹不及了，写这位老师又写得过多了。要在写这个老师的同时，写他对您的指引和您的成长，两者要结合。您现在这一篇呢，能看出来这个老师非常优秀。他对于您的指引让您脑洞大开，但您还得自己往前走呀，不能让人觉得“我没有遇到这样一个老师，所以我不可能有这样的发展”。有这样的老师带着

您，另外，还要加上您自己的努力，在不同的阶段有不同的成长。（语音55秒转换）

主编： 同时，我觉得您也不能只写一位老师。您写他可以，但是您现在的写法，类似于给这位老师立传了，给这位老师写颂文或者怎样的。我希望您能写一写在乡村教育当中乡村老师的困境，然后结合身边这样有教育家精神的老师或者说有些教育家的书，写一下对您产生的一些影响。当然如果说实在没有，也没关系，这个不能强写，必须得有才能写。除了写这一位以外，对您有影响的应该还有好多位。（语音58秒转换）

主编： 以他们身上的品质对您的影响去构建。这篇文章，不能只写一位老师。这有点儿喧宾夺主的感觉。我们是要写有教育家精神的人，但它写的是和您之间的关系，对您的长远的影响，对您从一个普通老师到一位优秀老师的影响。那么，你写的对象最好是不同阶段有不同的老师，能够给您这样的影响，也要表现我们教师成长的自主性。我们教师在成长中要有主动寻找的精神，我们要主动吸纳，遇到困境主动求索，主动想办法。（语音56秒转换）

柱子： 谢谢主编指点！我再琢磨琢磨。

主编： 吴老师，如果您实在是不好改的话啊，我给您个建议，就是您把它分结构。第一部分，就是写这个人的这些事也行，在乡村教办教育、做教育，您也举了他的例子，然后您在后面写自己，比如自己是怎么做的，然后做哪些事情，这样实际上是他对您的影响，这种关系就出现了。第二部分，教学这一块，您也可以写这个事儿，然后是您自己在教学上的探索、有什么主张、有哪些成就。您可以再加一部分他个人的，包括他的师德等方面。（语音58秒转换）

主编： 为了避免这种过于单一的情况，您可以写一写其他的也许不是直接的影响。您在乡村教学这么多年，肯定要学习他人长处的吧。他们不一定是完美的，一方面是身边的人，另外一方面是一些大家的书。受苏霍姆林斯基的影响也是一种影响，您明白我意思吧，就是说，文章末尾，你要有一个总结性的东西，从不同的维度上总结一下哪些方面影响了您。但我是觉得最理想的状态，是应该把乡村教师的困惑和您的成长写出来，跟我们今天的时代对应一下。（语音60秒转换）

主编： 我们写这样一篇稿件，也要有问题导向。就是我们今天的乡村教师在农村做教育是很难的，很难安心去做教育。很多老师想着尽快地离开，到城里去教学。这个是无可厚非的。毕竟城市里边，它整个的舒适程度也好，机会也好，都好些。但是部分教师对教育的价值这一部分的认知，还是不够坚定，我认为是不够坚定的。所以说，您看看能不能针对今天的一些社会问题去谈一谈这个主题。我觉得，这样容易产生共鸣。（语音 48 秒转换）

柱子： 让您费心了！我很感动，很感谢，也很受益！

主编： 那就辛苦了，吴老师！

柱子： 哈哈，甜美的辛苦。

11 月 2 日（周四）：文稿 5《乡村教师也有教育家精神》

柱子： 主编早上好！这是我昨天写的，烦请看看哈。（信心不足）

主编： 吴老师，感觉又写成“两张皮”了，您要不参考一下陈明清老师和冷玉斌老师两个人的写法吧。（语音）

柱子： 好的。（怀疑人生）

——柱子老师几乎崩溃了，几乎要放弃了。

——柱子老师不想放弃。还带着一支队伍呢。“三磨精神”不就是要磨意志、磨思想、磨文章吗？

——柱子老师重新学习陈明青和冷玉斌两位老师的文章。有点启发，但无法模仿，因为我们乡村学校的环境，还有个人成长的经历，与他们那里完全不同。

——晚上七点多，忽然有了一些灵感，开始写作……

——晚上十一点多，主体部分已完成，结尾部分还没写，但写不下去，脑子短路了。睡觉吧。

——翻来覆去，无法入眠。

——凌晨一点多，干脆穿衣起床，继续笔耕。

——11 月 3 日，凌晨三点，我往邮箱里发送《是他们点燃了我》。睡觉。

11 月 3 日（周五）：文稿 6《是他们点燃了我》

柱子： 主编好！这篇稿子，换了一个思路。不知如何？又打搅您了。

主编： 吴老师，您写得很快。但是存在什么问题呢？就是您这次改的吧，就是选的那些人都不是特别的适合，多数不太适合，比如主编啊，比如局长，等等。这种层面的影响，您可以一笔带过，或者说像主编那类，就完全不用写了。最好是聚焦教师专业成长、专业发展这一块，比如说写阅读是可以的，自己阅读的层面不够系统、不够深入，然后写别人对您的影响。（语音 60 秒转换）

通话：计时 22 分 50 秒。内容大体如下：

主编：是不是周围再没有其他教师对您有更深刻的影响？

柱子：我读书不多，所以遇到的这类老师也少。但主要原因是，乡村学校这块，一个教师要再发展起来，仅仅依靠学校教师不够，因为他们的专业水平都大体差不多，必须借助外力。

之后，我把文中主编、局长等人的工作经历作了简要介绍。

渐渐地，柱子和主编之间达成了共识。主编基本认可了柱子的写作思路，又提出一些修改意见，比如，要有问题导向，乡村学校教师的成长有哪些困境；要站在读者角度，对文中的主编、局长的工作经历要适当交代；对自己受他人影响过程中的主观能动性要突出，等等。

11 月 5 日（周一）：文稿 7《教育家精神点燃了我》

柱子： 主编好！文章作了大幅度修改。请审阅。

主编： 吴老师，可以了！

12 月 22 日（周五）：《愿每位教师都能被教育家精神“点燃”》一文正式发表。

几点启示

（1）编辑、主编都是有情怀的。他们都希望报刊文章能吸引人、打动人、影响人。因而在审稿、沟通、指导等方面，他们都不厌其烦，都乐意帮助作者。

（2）报刊投稿要结合时代、结合热点。这正如我们做饭炒菜一样，用最新鲜的时令食材，做最有温度、最有亮点的饭菜。

（3）写稿要有读者意识和问题导向。有问题导向，意味着作者能观察、能思考，能透过现象看到本质；有读者意识，就是站在读者角度去构思、去行文、去打磨细节。

（4）不要轻言放弃。有的稿子，一气呵成，一步到位，说明你的思想、你的思路、你的文章，恰好切中了报刊和编辑的需要；有的稿子，却要历经三番五次的修改，需要我们名副其实地具有“三磨精神”（磨意志、磨思想、磨文章），每一次被“磨”，都是你的幸运。

（5）挖掘自己的故事、自己的思想，总有意外的惊喜。每一个日子都是平凡的，但平凡里蕴藏着动人的细节，把许多个平凡的细节连缀在一起，往往能拼凑成一张成长线路图。

（6）注意日常的积累。今天的一些小故事、小感悟、小练笔，也许能成为你一二十年后某篇文章的好素材。

（7）要敢于投稿、适当互动。不要因为报刊高大上，就害怕向报刊投稿；不要以为编辑老师都很高冷，其实他们都有一颗温暖的心。

附2：要想文章发表（十则）

（1）

要想文章发表，读写才是王道。
读人写物提法，深处最为热闹。

（2）

要想文章发表，真爱必不可少。
立志追求卓越，乐于软磨硬泡。

（3）

要想文章发表，必须舍得烧脑。
选题立意谋篇，新颖别致为妙。

（4）

要想文章发表，心态淡然最好。
笑看云卷云舒，有苦有乐有料。

（5）

要想文章发表，实践必不可少。

教学读写合一，见解细腻独到。

（6）

要想文章发表，知识储备必到。
旁征博引适当，查重十五最好。

（7）

要想文章发表，规范简明最好。
的地标点用准，细节至关紧要。

（8）

要想文章发表，主打不受干扰。
深挖广积多磨，源头活水涌到。

（9）

要想文章发表，学会投其所好。
合时合刊合栏，精准投稿为要。

（10）

要想文章发表，多向编辑请教。
积极投稿互动，渠成必有水到。

第六章　专著出版

文章组合式

教师突围，最首先的是心灵突围，最有效的途径是教育写作。日积月累，积少成多，当文章有一定的量、一定的质时，便可以选择某个主题，用“文章组合式”出版个人专著。当然，书稿要有主题思想、主线贯穿，在组稿成书过程中若发现“某一块”“某一点”不足，就应当适当增补；多了，就应当忍痛割爱。

《我和我的著作（一）》讲述了笔者《我教语文的感觉》《乡村教师突围》《卓业教师的成长特质》三本著作出版的心路历程和相关内容；《致评审专家》一文，是笔者参与职称评审时写给评审专家的一封信，但愿能在某些时刻为读者起到一些参考借鉴作用。

我和我的著作（一）

每一个周末，都是一种寂寞的煎熬；每一篇文章，都是一次艰难的跋涉；每一本著作，都是一件不可复制的痛苦创造。

说什么文思泉涌，说什么妙笔生花，说什么下笔有神，所有的杰作都是灵感与磨砺的结晶。

“磨炼的深度决定你的高度。”无论是三十而立，还是四十不惑，抑或五十知天命，磨炼是一个永恒的主旋律。

——柱子心语

在我的职业生涯里，做得最正确的一件事，大概莫过于爱上写作。一边教书，一边写作，让我这个乡村教师居然也常能有文字见诸报刊，并出版几本不薄的著作，还被评为特级教师、正高级教师。

其实，我是一个写作起步比较晚的人。其时，我已过而立之年，学校任命我为教研主任。如何做好教研工作，既没人指导，也没人陪伴，那时农村学校的网络也不发达，于是我只有边干边学边琢磨。

自我感觉，读书、写作乃必经之路。于是，我开始订阅教育报刊，购阅教育专著。实践证明，这种学习方式是多么正确。记得那时，《中国教育报》《语文教学通讯》是我课余时间读得最多的一报一刊。而教育专著，在我们这个小县城的大小书店里，只有区区的几本，我几乎都读遍了。

2004 年的春天，学校举办了一次专题教研活动，我这个教研主任自然要发言。冥思苦想，洋洋洒洒写了数千言，我尝试把发言稿的第一部分投稿至《湖北教育》。没想到的是，我居然收到了样刊，《用良好的心态进行校本教研》一文赫然其上。那一刻，我的手是颤抖的。那时，学校几乎没有人在省级报刊上发表过文章，我成了“破天荒”的头一个。后来，我又陆续在《中国教育报》《语文教学通讯》等媒体上发表文章。就这样，工作、阅读、写作“三驾马车”并驾齐驱，一直奔走到今天。除了发表过若干文章外，我还正儿八经地“著书立说”。

本文所讲到的三本书，都属于“文集”——平日里已经写好的文章，出版时将其按照一定的逻辑组合成书稿，我将其称为“文章组合式”。

《我教语文的感觉》：磨炼的深度决定你的高度

《我教语文的感觉》是我出版的第一本书。现在看来，该书较为单薄。然而，它在我心中的分量一样很重。我为何要出版这本书呢？该书的《跋：集在不惑》可见当初的一些心迹。其文不长，过录如下：

集在不惑，其意有三。

一曰：结集于不惑年。步入牛年，年届不惑。十六从教，童稚未脱；虽为民师，庆幸三生。启蒙讲台，语无伦次；语数兼教，摸石过河。执教五载，喜录中师……三十有六，首评“魅力人物”；结文成集，名曰“守望家园”。从教二十四载，历经义教几度；生肖运转两轮，其间三逢牛年。三牛成犇，自觉一事无成；“守望家园”，仍感意薄文轻。年不惑，羽稍丰，故结集，作梳理。

二曰：有集在而不惑。名曰“不惑”，其惑却多。人情世故，困惑之首，百思难解，烦丝难断。埋头做事，疏于做人，真诚相待，误会难免。从教语文，先天不足，百般努力，少有建树。性本笨拙，勤于笔耕，师帮友助，略有所获。物欲诱惑，常动俗心，克制有加，浮气难净。明知“道法自然”，却难随遇而安；题字“百折不挠”，只因心性动摇。梳理结集，只为知何处来何处而去，孰可为孰不可为；亦为知尺短寸长，实重名轻。为酬报，为明志，为坚守，为扬弃，守望家园，无憾今生。

三曰：因结集而解惑。我之从教，特质何在？结集深思，遂得“朴实”。“朴”即朴素，不跟风，不花哨；“实”乃实在，寻实用，求实效。依托乡土，立足校本，教学相长，人我共进。专业成长，得益于“读书·尝试·责任”；教学反思，只为了“求真·向善·唯美”；作文求索，坚持“同步·进步·迈步”；阅读教学，推行“层进·治浅·个性”；校本管理，追寻“校本·乡本·人本”。集之渐成，思路渐明；思之愈多，惑之愈清。故曰：借他之石，攻我之玉；走我之路，赏我之景；上下求索，持之以恒。

结此集，酬师友，会同仁，乞指教，以自勉。

——2009 年 2 月

文集形成后，我斗胆向余映潮老师求序。余老师给我亲笔题写了一段话，以此鼓励于我。我将永远铭刻在心——

就职业而言，“热爱”与其说是一种情感，不如说是一种精神、一种境界。读吴再柱老师的文集，我就深深感受到这种境界。

热爱我们的中学语文教学，就能心生敬畏，就能奋发进取，就能规划自己，塑造自己。这样，我们就能成为有一定学术背景的语文人。

“磨炼的深度决定你的高度。”愿以此话与吴老师共勉。

《乡村教师突围》：首先是心灵突围

《乡村教师突围》，是我的第二本书。它也是一本文集，包括四个部分：心灵突围、理念突围、课堂突围、学校突围。

我为何要选用“突围”这一关键词呢？其实，这是我那段时间对自己的一种内心呐喊。说得直接一些，那就是个人的专业成长难以向前迈进：职称没有解决，名师、特级无望，还有作为副校长转悠了三个乡镇。因此，我最急需的便是“心灵突围”。其时，许多地方的乡村教师待遇普遍较低，辞职者有之，罢课者有之，绝望短见者亦有之，所以，需要“心灵突围”的，其实是当时几乎所有的乡村教师。但是，仅仅“心灵突围”是远远不够的；或者说，“心灵突围”了，还要做到“理念突围”“课堂突围”“学校突围”。

2017 年，在一次采访中，关于“心灵突围”，我和当时在读的两位硕士研究生曾有过这样的对话：

问：您于今年 9 月 27 日在我们黄冈师范学院所作的专题讲座中谈道：“我就是一名乡村教师，至今还没有突围，还在乡村。但是，我想我有一个方面突围了——心灵的突围。”请问老师，在您的教学生涯中，是什么因素促成了您心灵的突围，让您坚守在农村？

答：第一，是一种情怀——对教育的热爱，也包括对学生的热爱。这是突围的一个核心要素。第二，在乡村，我可以通过阅读和写作让自己浮躁的心灵安静下来，知道自己想要什么。在阅读中，我不断地开阔眼界，不断地与一些名人大师进行心灵的对话，让自己的内心得到一种安宁。在写作的过程当中，我不断地拷问自己，不断地认识自我、改造自我。总之，情怀与责任、阅读与写作是我心灵能够突围的重要因素。第三，我是农村出身的，实事求是地说，我对农村的孩子，包括对农村这片土地怀有深厚的感情。

关于“心灵突围”，在我看来，我们可以用“个体行为”去把握幸福。心怀感激，生命便有了阳光和温馨；心怀忠诚，灵魂便有了责任和宁静；心存真爱，生活便多了自然和天真；心能上进，旅途便有了灵动和风景。

江苏省特级教师凌宗伟在序言中这样评论：在“心灵突围”一辑中，我们看到的是一个不断挖掘和激发自我的读书人。他对书籍的情感，正如同对阳光雨露的渴求，从书的精神世界中突破时空的限制，思接千里，文载古今，从苏格拉底、老子、孔子，到苏霍姆林斯基、陶行知，这些哲人或学人构建的教育哲学、伦理学，以及行为学、心理学等，渐渐融汇通衢，令一个人的心灵具有了某种穿透力，以“个体行为”的方式让自己和家人幸福。

至于“理念突围”“课堂突围”“学校突围”，因篇幅所限，这里就不赘述了。有兴趣的朋友，可以去看看我的这本著作。该书在当时可是有一定影响力的，曾入选中国教育报、中国教师报的“年度双百”。

《卓越教师的成长特质》：剖析教师成长逻辑

有人说《卓越教师的成长特质》是《乡村教师突围》续集，单从书名上看，似乎有点像；若从内容看，也许更像。

《乡村教师突围》一书，写的是四个“突围”——心灵突围、理念突围、课堂突围、学校突围。用今天的话来说，该书“治愈”了很多乡村教师。十年后的今天，网上还有数以百计的读后感。因为读者青睐，该书在清华大学出版社共印了五次。这对于作者而言，是深感荣幸也深感意外的。

《卓越教师的成长特质》一书，主要是把我最近几年关于教育的思考、关于教师的成长等相关文章进行整合。其中较大部分是我被评为“特级教师”之后、“正高级教师”之前的作品。自我认为，这些文章有一定的普遍性。

封面的左下角有两句话，指出了此书的两大功能：“剖析教师成长逻辑”“助力教师走向卓越”。这正是作为作者的我的一种期待。

封底的一段话，较为具体地解说了此书的内容、特点，援引如下：

> 特级教师吴再柱以自身从乡村教师到特级教师的成长经历为蓝本，系统总结近40年的从教经历和观察思考，从自我突围不设限、创意课程勤开发、从经师走向人师、做个研究型教师、持续读写助成长这五个方面，剖析了卓越教师的成长特质，为一线教师实现自我突围，从新手教师走向优秀教师、卓越教师，提供了成长发展的路径指导和支架。本书不仅从思想层面为教师打破成长束缚，更在实操层面提供具体的实实在在的指导，助力一线教师快速成长！

这里，略作举例。

关于“自我突围不设限”。《教师成长要有“三线”战略》一文中讲道：如何在琐碎的事务中持续发展，在平凡的岗位上脱颖而出，这需要教师有“战略意识”，而不是临时抱佛脚。其“三线”战略包括：“主线思维：教好书，育好人，养好心”“长线投资：勤阅读，勤写作，勤积累”“曲线发展：拿得起，放得下，望得远”。从教师的专业发展来看，既要有战略上的宏观把握，也要有战术上的行为跟进。若能如此，职称的问题便不成为问题，顶多只是一个暂时性问题。

关于“创意课程勤开发”。《在名著阅读中培植爱国情怀》一文中，我结合《新时代爱国主义教育实施纲要》及初中语文教材要求学生阅读的部分名著，比如结合《世说新语》，传承和弘扬中华优秀传统文化；结合《长征》，弘扬革命精神，传承红色基因；结合《创业史》，感受吃苦耐劳、艰苦创业的精神……用名著来浸润学生的心灵、塑造学生的人格、培植学生的爱国情怀，这是一条可行之路，也是一条可为之路，还应当是一条必经之路。

关于“从经师走向人师”。《鲁迅先生的“儿童三维立场”》一文中，笔者认为，这“三维立场”包括“空间立场：回归自然”“精神立场：顺乎天性”“人权立场：尊重生命”。其中，保存生命，延续生命，发展生命，这是鲁迅先生关于生命的三个关键词。

“文章组合式”出版：闲备急用，集腋成裘

个人认为，“文章组合式”出版需要注意以下几点：

一是累积的高标性。在日常写作中，通过不断积累和提升，逐渐达到高标准、高质量的写作水平。这需要作者不断积累教学经验和知识，不断积累教学案例、教学心得和教学策略，为写作提供丰富的素材和灵感；不断提升语言表达能力，注重提高自己的语言修养，使文章更加生动、形象、易懂；不断追求高标准和高质量，这不仅要满足教学需求，还要具有较高的学术价值和教育意义；不断学习和借鉴他人经验，关注教育领域的最新动态和研究成果，拓宽自己的视野和思路，让自己有更多元、更优质、更充足的教育文章。

二是主题的一致性。要确保选定的文章能够形成一个完整的体系，避免文章之间主题跳跃过大或重复，以确保读者能够连贯地阅读和理解。在选择文章时，要平衡内容的深度和广度，既要有一些深入探讨某个主题的文章，也要有一些涉及更广泛话题的文章，以满足不同读者的需求。

三是前后的连贯性。虽然文章是独立的，但在组合成书时要注意其连贯性，可以通过适当的过渡语句或章节标题来连接不同的文章，使读者能够更容易地理解和接受。文章之间可能存在某种关联，在编辑过程中，可以尝试找出这些关联，并在必要时进行适当的整合，以形成一个更完整、更有深度的阅读体验。

四是风格的和谐性。虽然是将多篇文章组合在一起，但要确保文章风格的和谐统一。如果文章风格差异过大，可能会给读者带来阅读上的困扰。一个好的书稿，无论是语言、叙述方式还是用词都应该保持和谐。这能够使得读者更好地理解和接受书稿的内容，同时也能让书稿更具吸引力。

五是内容的可读性。文章的内容应该易于理解，语言要清晰、简洁，避免使用过于复杂或晦涩的词汇和句子结构，以确保大多数读者都能轻松阅读和理解。尽量选择一些新颖、独特的内容，以吸引读者的注意力。这可以包括最新的研究、新的观点、独特的案例等。文章的内容应该具有一

定的实用性，能够为读者提供实际的帮助或指导。

总之，只有全面考虑并妥善处理这些因素，才能打造出一本高质量的“文章组合式”出版物。

致评审专家

尊敬的评审专家：

您好！我很荣幸，这两本附件材料今天能够呈送到您面前。与其说它是我任现职以来的教研成果，不如说是我在乡村学校从教 36 年来的攀登足迹。

乡村教育这块土地，说不上丰沃，也谈不上贫瘠。在这块热土上，我犁土播种，浇水施肥，在45 岁那年收获了一枚硕果：我被评为中学语文高级教师。

任现职以来，我一如既往地耕耘于乡村教育一线。在语文教学特别是在“整本书阅读”方面，我有了较为深入、系统的思考。我的整本书阅读个性化攻略得到了《中国教育报》《语文报》《语文教学通讯》等媒体的传播，我受邀在黄冈师范学院文学院等院校作专题讲座。

任现职以来，我在《初中语文教与学》《语文教学通讯》等核心期刊，在《中国教育报》《中国教师报》《语文报》《未来教育家》等国家级报刊以及其他纸媒，发表了约 70 篇文章（累计 160 余篇，详见附件材料中的《出版、发表清单》)，其中不乏较为成熟的课例。截至今日，中国知网收录了我的近 70 篇作品。

任现职以来，我又出版了三本专著：《公民教育与现代学校》《乡村少年成长密码》《特级教师陪你读名著》。而此前出版的《乡村教师突围》一书，被选入“中国教育报 2014 年教师喜爱的 100 本书”和“中国教育新闻网、中国教师报 2014 年影响教师的 100 本书”。该书于 2021 年又有了第五次印刷。五本著作（另一本是《我教语文的感觉》)，代表了我五个阶段的思考要点和研究重点。

任现职以来，我参与了省市两级课题，均有论文或论著发表；指导教师，在省市级“三优”评选中捷报频传；辅导学生作文，有多人次获省市级奖，而我个人荣获作文辅导全国一等奖。

任现职以来，我有幸被评为湖北省特级教师，被黄冈师范学院聘为教育硕士研究生兼职导师，被湖北师范大学聘为国培专家，受邀在多所高校以及省内外数十所中小学作专题讲座，并都受到了与会者不同程度的好评。

任现职以来，我先后荣获中国教育新闻网、湖北教育报刊社、《教育名家》杂志社等媒体颁发的荣誉，受市、县教育局和总工会所表彰，这都将激励着我脚踏实地、克难奋进。

我的第三本著作《公民教育与现代学校》（清华大学出版社，2016 年 12 月出版），比较完整地表达了我的教育思想：

> 我理想中的学校，她规则意识强，行为举止美，文化氛围浓，教育质量高；
>
> 我理想中的校长，他有着忠实的法治意识，丰厚的人文素养，出色的科研能力，坚韧的创业精神；
>
> 我理想中的教师，他心中有“梦”，眼中有“人”，教育有“道”，管理有“术”；
>
> 我理想中的课堂，她生命在场，生活在线，生长自然，生态平衡；
>
> 我理想中的家长，他有童心之乐，有陪伴之趣，有榜样之力，有帮助之慧；
>
> 我理想中的学生，他是自立的“自然人”——健康独立，富有情趣；自律的“社会人”——遵纪守法，合作互信；自主的“学习人”——崇尚科学，主动求知；自强的“成功人”——勇于创新，百折不挠。

而已经交付大夏书系的另一本著作——《卓越教师的成长特质》，则比较系统地阐释了我对教师成长的理解，它包括：“自我突围不设限”“创意课程勤开发”“从经师走向人师”“跟着大师学哲思”“做个研究型教师”“持续读写助成长”。

书稿中有一篇《每位教师都可成为“第一线的教研员”》（原载《未来教育家》）的文章，对于教师成长需要“研究什么”这一问题，我将其概括为儿童研究、教材研究、教法研究、课堂研究、考试研究、专题研究、课程研究、德育研究、管理研究、概念研究、名家研究、自我研究等方面。这是我从教以来所走过的漫漫长路，因而“别有一番滋味在心头”。

回顾过往，从初登讲台到高级教师，我用了29年；从高级教师到特级教师，我用了4年；而今，我又将抖擞精神，向更高的目标迈进。

岁月在这种平静而平凡的日子里流逝着，也是在这种不断突击和持续突围的日子里奔腾着。无论结果如何，我将继续在我的一亩三分地里耕耘、播种、生长、收获着……

尊敬的评审专家，我始终相信您的评审和您的为人一样，充满着善良与仁慈、公平与正义、慧眼与大爱。

祝您身体健康、家庭幸福、工作顺利、万事如意！

吴再柱

2021年10月

专题研修式

最富有意义的快乐，莫过于学习，特别是围绕某个专题投入一种有深度且高质量的研修式、探究式学习之中。将学习成果以文字的形式、书稿的形式呈现出来后，这种快乐便加倍增长了。尽管其过程非常艰辛，甚至令人痛苦。

《我和我的著作（二）》讲述了笔者《公民教育与现代学校》《从语文课标到语文课堂》的成书过程。当然，这也是艰辛而又快乐的研修过程。同时，本文针对“专题研修式”出版提出了一些建议。

我和我的著作（二）

《公民教育与现代学校》：基于学生成长和学校发展的一种教育思想

如果说《我教语文的感觉》《乡村教师突围》两本书，是一种“著书”，那么，我的第三本书《公民教育与现代学校》，应当就是一种“立说”。

“七年求索，五易其稿，三十万字，一个梦想”，这是本人对于此书形成的一个真实概括。

“七年求索”。2009 年暑期，我在武汉大学参加农村教师素质提高工程校长培训，聆听了一些专家关于办学理念的讲座。这种讲座打动了我，我当时就在想：我们该办怎样的学校呢？我们该培养怎样的学生呢？

经过几个日夜的苦思冥想，在武汉大学期间，我终于诞生了“公民教育”这一“理念”。此后，我便长期投入这一课题的研究，一直到 2016 年书稿交付印刷，整整七年过去。在这期间我阅读了大量文献，也写出了几十万字的文章。

“五易其稿”。这不是夸张。最初的书稿，名曰“我的中国梦：公民教育之梦”，约40万字；之后更名为“我的公民教育之梦”；再后来，我又重新完成了一本《从好学生到好公民》的书稿，约25万字；最终定稿为《公民教育与现代学校》。其间，较大的修改和调整其实不止五次。

“三十万字”。当然指的是该书的字数。

“一个梦想”。那就是“公民教育”。其主要包括以下这些内涵：

我所提出的“公民教育”，是基于学生成长和学校发展的一种教育思想。学校实施“公民教育”的目的，是为社会主义和谐社会、美丽中国培养合格公民。为达到这样一个教育目的，我们应当不遗余力地建设“公民学校”，锻造“公民校长”，培训“公民教师”，打造“公民课堂”，引导“公民家长”，培养“公民学生”。

当然，这些意涵的形成是一个渐进的过程，一个不断完善的过程，也是一个不断论证的过程。

余向红老师读了这本书后，写了一篇《他的高度你也可以企及》的文章，并发表在《中国教育报》（2017年4月10日）上。我认为，迄今为止，她是最懂我也是最懂这本书的一位读者。这里援引其中的几段话吧——

> 在读此书的过程中，我们可以感受到，他真是读了很多书，而不是像大多数人那样读过就算。他读书、做笔记、再践行，书籍成了他进步的阶梯……
>
> 他爱思考，却不像职业评论员那样，热衷于对教育现象和热点问题说正确的废话。书中涉及的教育教学问题，几乎全部来自自己的学校、自己的课堂、自己的学生、自己的专业成长。
>
> 写作应该是吴再柱走到今天这一高度的通行证，但他的起点甚至过程，却并不奇崛。在这本书里，有大量他自己的课堂教学片段、教育学生片段以及对教育问题思考、评论的片段，这些文字简单、真实、短小，支撑这些文字的是两个字：有心。

《从语文课标到语文课堂》：与课标同行，与素养为伍

新书《从语文课标到语文课堂》，在2023年金秋这个美丽而欢庆的时节，带着墨香，带着腼腆，带着期待，飞奔而来。

2022年4月22日，《课程方案和课程标准（2022）》正式发布。几乎是在第一时间，我便从网上下载了《课程方案（2022）》和《语文课程标准（2022）》，并将其打印出来，以便学习。

此后不久，我便投入以读带写、以写促读的研学之中。因为在我看来，这么新颖、这么精练、这么深奥的《语文课程标准（2022）》，如若没有及时将学习心得写下来，那种理解终究是肤浅的、碎片化的。唯有将其变成文字，才可能是相对深刻而系统化的。

就这样，即便是春节期间，我也是马不停蹄，一直写到2023年3月底，16万字的《从语文课标到语文课堂》终于完成初稿。之后，我怀着几分忐忑将书稿交付给济南出版社；再之后，就进入紧张而有序的三审三校出版周期。

还是在出版社口头同意出版时，我便斗胆向《语文教学通讯·初中刊》彭笠主编求序。彭主编二话不说，便爽快地答应了。一两个星期后，彭主编将序言发给了我。作为全国知名的语文核心期刊主编，能拨冗读我书稿、费神给我题序，想必更多的是为了鼓励我这位一线语文教师吧。我受宠若惊。

我迫不及待地阅读序言。然而，开头的几段话就让我汗颜不已——

> 鲁迅先生说："我们从古以来就有埋头苦干的人，有拼命硬干的人，有为民请命的人，有舍身求法的人——这就是中国的脊梁。"我所认识的柱子老师就是"埋头苦干"且"拼命硬干"的"中国的脊梁"之一。

彭主编在序言中还写道——

> 柱子老师一直在一线耕耘、教学、写作，他的关注点始终未曾离开学生、离开讲台。应该说，他的关注点，很大程度上能够代表中国绝大多数的一线教师（尽管可能绝大多数的一线教师并没有输出给我们看到）。因此当我看到《从语文课标到语文课堂》的开篇即文化自信的时候，另一层欣慰与喜悦油然而生。
>
> 这种欣慰与喜悦，跨越对吴老师个人成就的达成，跃升为以柱子老师为代表的一线教师的文化觉醒带来的对中国教育乃至中国未来的信心——如果每一个在学校受教育的孩子都能够在语文老师潜移默化的文化自信引领中明白自身对文化构成的重要性，在基础教育阶段对中国文化产生根深蒂固的信赖与尊敬，那么他将燃起为国为民学习的热情，而这样的热情，将为语文学习、终身学习打开坚实而牢固的基础，为民族血脉延续注入生生不息的活力。

进入作者校正环节后，出版社给我寄来了纸质样稿，也发来了电子稿，标明了需要注意的事项。我知道，仅仅依靠我的眼睛，是难以发现更多问题的。于是，我把电子稿发给了武汉的朱晓蝶老师，请她帮我一起订正。晓蝶老师不愧是科班出身，而且心细如发，帮我揪出来了许多我未发现的小问题。这里，我真诚地感谢这位美女博士。

大体而言，这本书主要讲述了四个方面的问题。一是“语文教育与核心素养”，二是“中华文化与语文教育”，三是“学习任务群与语文教育”，四是“学业质量与教学评价”。个人认为，这些问题应当是2022年新课标的几个核心问题，也应当是当下语文教师比较关注的几个现实问题。

第一章“语文教师与核心素养”，我从文化自信、语言运用、思维能力、审美创造、综合体现等五个角度作了简要阐述。

第二章“中华文化与语文教育”，我从中华优秀传统文化、革命文化、社会主义先进文化、外国选文等四个方面来谈“文化与语文教育”的关系。

第三章“学习任务群与语文教育”，我首先谈了对“学习任务群”的理解，然后分别对“语言文字积累与梳理”“实用性阅读与交流”“文学阅读与创意表达”“思辨性阅读与表达”“整本书阅读”“跨学科学习”等六个任务群进行了一一解读。

第四章“学业质量与教学评价”，我对语文课程应有的质量观、如何创设语文学习情境，以及学段视角、单元视角、单篇视角、习作视角下的“教—学—评”一体化分别进行了例谈。可见，“让‘教—学—评’一体化成为常态”是可以落地生根的。

我认为，本书的内容切合了新课标的重点、难点，也是一线教师关注的焦点、痛点。我希望本书能够成为大家新课改的锚点、着力点。

我将书名定为“从语文课标到语文课堂”，也正是基于上述这些现实问题。同时，为了能将课标的理念进行尽可能通俗易懂的解读，在几乎每篇文章里，我都融入了个人的原创课例。我期待能以这样的方式，帮助读者将语文课标落实到语文课堂。

在封面的左侧还有这样的一句话：“让‘教—学—评’一体化成为常态”。“教—学—评”一体化，是2022年新课标的一大亮点，也是当下教育教学的一大难点。因而，在本书的第四章里，我从学段视角、单元视角、单篇视角、习作视角等四个层面，进行了较为详细的论述。当然，论述中课例自然少不了。其中，关于习作视角的“教—学—评”一体化相关文章，还发表在全国中文核心期刊《中学语文教学参考》上。

每次拿到新书，作为作者，我总是既欣喜又不安。欣喜的是，长时间的劳动付出终于有了结果；不安的则是，因为学养不足、时间仓促，书中难免有浅薄、谬误之处。好在当下信息畅通，而且许多读者学识广博、慧眼识金，就当本书是新课标的一碟开胃菜吧。

“专题研修式”出版：在撰写书稿中提高专业素养

《公民教育与现代学校》《从语文课标到语文课堂》两本书的出版，我将其称为“专题研修式”出版。这种出版方式以专题研修的形式，将书稿创作与个人专业成长紧密结合，并通过深入研究和探讨特定主题，为读者提供更深入、更专业的知识和技能。且其专业性和针对性强，能够更好地满足特定领域读者的需求，提高出版物的市场价值和影响力。

在专题研修式出版中，出版物的内容通常包括对特定主题的深入解析、案例分析、实践指导等，同时也会提供一些学习资源和工具，以帮助读者更好地理解和应用所学知识。这种出版方式通常适用于专业性强、需要深入学习的领域。

在创作专题研修式出版物时，需要注意以下几个方面：

一有明确的主题。确保书稿内容围绕该主题展开。主题的选择应该具有针对性和实用性，能够满足读者的需求；主题应有创新性和前瞻性，能够引领行业的发展趋势。在创作过程中，应该关注最新的研究成果和趋势，结合实际需求，提出新的观点和解决方案。

二有深入的研究。专题研修式出版物需要深入研究和探讨特定主题，提供更深入、更专业的知识和技能。因此，在创作过程中，需要充分调研和收集资料，确保内容的准确性和权威性。在创作过程中，必然会遇到专业方面的许多难题，这需要作者能集中精力、心无旁骛地进行专业研修，能坚韧不拔、百折不挠地克服创作困难。

三有典型的案例。专题研修式出版物应该提供实际案例和应用指南，帮助读者将所学知识应用到实际工作中。这些案例和应用指南应该具有针对性和实用性，能够满足读者的需求；应提供具体可行的操作方法和技巧，能够帮助读者解决实际问题，提高工作效率和质量。

四有严密的逻辑。书稿的结构应该清晰，逻辑严密。各章节之间应该有明确的联系和过渡，形成一个完整的体系。

五有简明的语言。专题研修式出版物应该使用简洁明了、生动形象的语言风格，避免使用过于专业或晦涩难懂的词汇和句式。同时，应该注重语言的流畅性和准确性，让读者能够轻松阅读和理解。

做好了以上这些，既可较快地提升个人专业素养，还有助于提高书稿的质量和市场价值。

《从语文课标到语文课堂》自序

总有一种期待，让人望眼欲穿；总有一种遇见，让人怦然心动；总有一种“标准”，让人热血沸腾。

我为何如此盼望“标准”

《课程方案和课程标准（2022）》终于在2022年谷雨时节正式颁布。

我对“方案”和“标准”的盼望，主要源于四点：

一是统编本语文教材使用了几轮，但在很长时间里依托的课程标准，还是2001或2011年的版本，其中关于“整本书阅读”几乎没有表述；

二是《高中语文课程标准（2017年版）》也已使用多年，其中的“核心素养”“任务群”等名词术语，很新鲜，很诱人，但与义务教育又有一定的距离；

三是从2021年下半年开始，网络上便陆续有专家教授在谈论着“2022新课标”，这很是吊人胃口；

四是2022年开年后，我网购了一整套《于漪全集》，21本，我想以此作为参照，作为铺垫，作为辅导读本，以便更好地理解最新版本的课程标准。截至我作此文之日，这套《于漪全集》我已经阅读了一大半。

于是，当《课程方案和课程标准（2022）》一经公布，我几乎是在第一时间便迫不及待地下载、打印，之后便如饿狼扑食般地阅读《课程方案（2022）》和《语文课程标准（2022）》。

《课程方案（2022）》和《语文课程标准（2022）》给我带来的冲击波，远远超过我的期望值。它虽不至于让我“怀疑人生”，但却是让我一阵阵地“热血沸腾”。

这种“热血沸腾”，最重要的就是其中的“文化自信”。

关于“文化自信”，《语文课程标准（2022）》在“核心素养内涵”一节中，这样提出：“义务教育语文课程培养的核心素养，是学生在积极的语言实践活动中积累、建构并在真实的语言运用情境中表现出来的，是文化自信和语言运用、思维能力、审美创造的综合体现。”

关于语文课程“核心素养”的这一定义，让我们看到，“文化自信”与另三项素养之间，不仅仅是一种并列关系，更是一种统领与被统领的关系。

高中语文的核心素养也包括四项，但其表述是：“主要包括‘语言建构与运用’‘思维发展与品质’‘文化传承与理解’‘审美鉴赏与创造’四个方面”。

两种表述的关键词都是“文化”“语言”“思维”“审美”，但除位置做了调整外，“文化自信”四字更有冲击力，更有自信心，也更让我们有了使命感。

培养“有理想、有本领、有担当”的时代新人

这种“文化自信”在《语文课程标准（2022）》里，从前言到正文，几乎是每一章节都有充分体现。下面，笔者结合具体条文，略作说明。

在“指导思想”中，《语文课程标准（2022）》旗帜鲜明地指出：“以习近平新时代中国特色社会主义思想为指导，全面贯彻党的教育方针，遵循教育教学规律，落实立德树人根本任务，发展素质教育。”还有“以人民为中心，扎根中国大地办教育”“努力构建具有中国特色、世界水准的义务教育课程体系”“聚焦中国学生发展核心素养”等表述，让人心潮澎湃。因为，其中的每一句话，都充满了文化自信。

新时代党的教育方针是什么？《中华人民共和国教育法（2021 修正）》第五条指出：“教育必须为社会主义现代化建设服务、为人民服务，必须与生产劳动和社会实践相结合，培养德智体美劳全面发展的社会主义建设者和接班人。”党的教育方针从根本上回答了“为谁培养人”“怎样培养人”“培养什么人”这“教育三问”。

关于“培养什么人”，《课程方案（2022）》和《语文课程标准（2022）》进一步明确，要培养担当民族复兴大任的时代新人，培养有理想、有本领、有担当的时代新人。

要培养有理想、有本领、有担当的时代新人，而不是培养“分数满当

当、脑袋空荡荡”的信仰空虚者，也不是培养“长着中国脸，不是中国心，没有中国情，缺少中国味”的异类接班人，因此，义务教育必须在“坚定理想信念、厚植爱国主义情怀、加强品德修养、增长知识见识、培养奋斗精神、增强综合素质”上下功夫。这将成为新时代教育的重大命题，也将成为新时代教育的神圣使命。

何谓“文化自信”

何谓“文化自信”?《语文课程标准（2022)》这样阐释：

“文化自信是指学生认同中华文化，对中华文化的生命力有坚定信心。通过语文学习，热爱国家通用语言文字，热爱中华文化，继承和弘扬中华优秀传统文化、革命文化、社会主义先进文化，关注和参与当代文化生活，初步了解和借鉴人类文明优秀成果，具有比较开阔的文化视野和一定的文化底蕴。”

简单地说，文化自信，就是要增强和保持“中华优秀传统文化”“革命文化”“社会主义先进文化”这三类文化的自信。

关于“文化自信”，在《语文课程标准（2022)》的“总目标”和“学段要求”中均有具体说明。比如“总目标”这样描述：

> 1. 在语文学习过程中，培养爱国主义、集体主义、社会主义思想道德，逐步形成正确的世界观、人生观、价值观。
>
> 2. 热爱国家通用语言文字，感受语言文字及作品的独特价值，认识中华文化的丰厚博大，汲取智慧，弘扬社会主义先进文化、革命文化、中华优秀传统文化，建立文化自信。
>
> 3. 关心社会文化生活，积极参与和组织校园、社区等文化活动，发展交流、合作、探究等实践能力，增强社会责任意识。感受多种文化，吸收人类优秀文化的精华。

笔者尝试将上面三项目标，分别用一个短语来概括，这便是“语文学习与文化自信”“语言文字与文化自信”“文化生活与文化自信”。

继承和弘扬中华优秀传统文化、革命文化、社会主义先进文化，并不意味着拒绝“外来文化”，而是“初步了解和借鉴人类文明优秀成果”，海纳百川，取其精华，像鲁迅先生在《拿来主义》一文中所说的那样，“运用脑髓，放出眼光，自己来拿”；拿来之后，“或使用，或存放，或毁灭”。这样，我们便有了更为开放的文化心态，更为开阔的文化视野，更为丰厚的文化底蕴。

这同样是一种“文化自信”，一种以我为主的文化自信，一种兼容并蓄的文化自信，一种与时俱进的文化自信。

从课标，到课本，到课堂

《语文课程标准（2022）》在“课程内容”里，对中华优秀传统文化、革命文化、社会主义先进文化的主题与载体形式，有明确的指导意见。

比如关于中华优秀传统文化，其确定的内容主题有三大方面：一是弘扬讲仁爱、重民本、守诚信、崇正义、尚和合、求大同等核心思想理念；二是弘扬有利于促进社会和谐、鼓励人们向上向善的中华人文精神；三是弘扬自强不息、敬业乐群、扶危济困、见义勇为、孝老爱亲等中华传统美德。

教育是什么？教育就是“教天地人事，育生命自觉”（叶澜）。如何将“三大文化”从课标、走向课本、再走向课堂，《语文课程标准（2022）》按照内容整合程度，分三个层面设置6个任务群。具体如表所示：

层面	学习任务群
第一层“基础性学习任务群”	语言文字积累与梳理
第二层“发展型学习任务群”	实用性阅读与交流 文学阅读与创意表达 思辨性阅读与表达
第三层“拓展型学习任务群”	整本书阅读 跨学科学习

针对每个学习任务群，每个学段，《语文课程标准（2022）》均有明确的指导意见，并在“课程实施”一章提出了四个方面的教学建议：

一是立足核心素养，彰显教学目标以文化人的育人导向；

二是体现语文学习任务群特点，整体规划学习内容；

三是创设真实而富有意义的学习情境，凸显语文学习的实践性；

四是关注互联网时代语文生活的变化，探索语文教与学方式的变革。

“纸上得来终觉浅，绝知此事要躬行。”若要将语文课程理念、核心素养、学段要求等一一落实到位，并切实提升学生的语文素养，需要我们学习学习再学习、探索探索再探索。

文化自信，首先是教育自信

于漪老师曾多次呼吁，“坚持有中国特色的教育发展道路”“创建有中国特色的教育学”“以教育自信创建自信的教育”等等。

于漪老师说，从教以来，这种想法越来越强烈，那就是：“中国一定要有自己的教育学，在世界上要有教育的话语权。”创建有中国特色的教育学，要“彰显中国教育工作者的志气，中国教育的尊严”。笔者深以为然。

今天，摆在我们面前的《语文课程标准（2022）》，在我看来，这就是一种文化自信，也是一种教育自信。

扎根中国办教育，坚持自信搞教学，需要我们立足当下，一眼看历史，一眼看未来。也就是说，我们要善于从中国历代教育名家身上吸收思想养料，并切实“面向现代化、面向世界、面向未来”进行教育教学。比如，以人为本，因材施教；不愤不启，不悱不发；思想自由，兼容并包；为天地立心，为生民立命，为往圣继绝学，为万世开太平；等等。

自我感觉，从教三十多年来，我最为受益的是陶行知“教学做合一”教学理念。无论是听说读写，还是核心素养——“先生的责任在教学生学”“先生教的法子必须根据学的法子”“先生须一面教一面学”①“教的法子要根据学的法子，学的法子要根据做的法子”②——这与《课程方案

① 方明．陶行知教育名篇．[M]．北京：教育科学出版社，2005：3.

② 方明．陶行知教育名篇．[M]．北京：教育科学出版社，2005：133.

(2022)》所提出的“做中学”“用中学”“创中学”育人方式，不正好是异曲同工么?

标准有何用?从社会学来说，有什么样的标准，就有什么样的服务;从制造业来说，有什么样的标准，就有什么样的产品;从教育学来说，有什么样的标准，就有什么样的课程，什么样的学生，什么样的人才。

我想，只要我们带着责任学好课标，带着自信用好语文，带着感情教好语文，浇花浇根，育人育心，我们将一定能够培养出一大批有理想、有本领、有担当的时代新人。

任务驱动式

“任务驱动”是当下比较流行的一种学习方式，它以任务为核心，驱动学生主动探究、实践和思考。在这种方式下，学生不再是被动地接受知识，而是通过完成任务的过程主动地建构知识，形成解决问题的能力。

带着某种任务去撰写书稿，比如《乡村少年成长密码》便是笔者和学生一起完成的一部书稿，《特级教师陪你读名著》则是服务名著导读教学需要而完成的书稿。这样的书稿创作起来，目的明确，效率较高，独创性高，实用性强。

本节内容，对“任务驱动式”类专著出版提出了一些浅见，供读者参考，并附上《教育家精神赋能，教科研行稳致远》一文，期待你我能收获更多的教研硕果，收获更丰富多彩的教育人生。

我和我的著作（三）

《乡村少年成长密码》：揭秘成长之道

“我希望它能成为一套鲜活的教育学，一座温馨的连心桥，一本别样的作文选，甚至是一册常翻常新的案头书。”

这是我在《乡村少年成长密码》一书的序言所写的一段话，也是我对这本书的一种期待。

我为什么要写这本书呢？2017 年元旦前夕，不知是心血来潮，还是酝酿已久，总之，一节语文课上，在我当时所任教的八（1）班宣布了一个决定：我们全班 52 名同学一起来写一本书。写什么呢？就写我们自己。书名暂定为《乡村少年说》。

学生们先是不相信，但很快地，他们就投入了十二分的热情。哪个孩子不想把自己写进书里？哪个孩子不想知道同龄人有何念想？

课后，我把这个话题大致分为六个部分：说课业、说课外、说师友、说家庭、说成长、说远方，并设计80多个子话题，还就家庭情况、课外阅读、兴趣爱好等方面进行了许多问卷调查。

全班分为三组，每组每周写一个话题，然后我分别进行整理。当我把整理好的一些文章放在公众号里时，一位不知名的朋友给我留言："做这件事，有历史价值。"看到这句话，我越发感到这个课题、这本书稿的价值所在。

八年级，本来就是生命成长中的一个敏感的节点——进入青春期、面临中考——也即所谓的"初二现象"：这个课题的价值又一次陡然提升。

其实，我们还可以这样理解这种价值。"乡村少年说"不仅仅属于这个班级，它还应当属于一个区域，一个群体，一个时代。这也许正是它的历史价值所在。

热情，对于少年来说，从来都只能维持三分钟。当课业负担重了，当所写的话题多了，当自己的玩心又上来了，当一些坏习惯又开始作祟了……这些时候，他们的惰性也往往会悄然而至。

这是意料之中的事情。但作为一个"资深"的语文教师，我自信能从容应对这一切——展示加提醒，遥望加凝视，萝卜加大棒。这样，这个所谓的超级工程完成起来其实并不繁重，也就一年时间的持续劳作而已。

乡村少年们在诉说着，作为老师的我在记录着、思索着，并不时提出一些常识性建议。

事实上，我最初的一些想法都实现了。比如"我希望它能成为一本别样的作文选"。我们知道，"无话可说"常常是一些学生写作的第一道门槛。他们每天都重复着寝室、教室、食堂的三点一线，每天都过着读书、听讲、刷题的单调生活。于是，写起作文来，一些学生便双手摸白纸、两眼望青天，天南海北、胡拼乱凑。但是，该班这些乡村少年，话匣子打开后，每个孩子都总有说不完的话。原来，自己的眼睛、自己的思想，才是最好的作文选。这种"生活化作文"，写起来尤为轻松。

"让乡村少年看到自己，让城里孩子看到乡村，让家长和教师读懂儿童"——我想，我的这本《乡村少年成长密码》真的是一座连心桥。

《特级教师陪你读名著》：教学实践和读写苦功凝聚而成

主攻名著导读，我是从 2017 年秋季开始的。因为工作岗位的调整，带语文学科已经不太可能。在苦思冥想之后，我主动向校长请缨，在七年级开设“名著阅读”这门课，我来专做“名著导师”。

之后，我自己先读，学生后读；写成讲义，以此导读。那一个学年的讲义，其主要方式是内容介绍，我将其命名为“点面式导读”，也就是以点带面地向学生讲解书中的情节。我为此写下了十余万字的文稿。两三个月后，我将导读心得写成一文，投稿至《中国教育报》。很幸运的是，2018 年 1 月 3 日，《中国教育报》将《没有合格“导师”，何来“名著导读”》一文全文刊发，同日，人民网、光明网等媒体纷纷转载此文。

2018 年秋季，我想在原有的“点面式”阅读上进行升级改造。也就是根据不同的名著采用不同的导读方式，即“一书一式”，重在阅读方法的指引。于是，我又开始另起炉灶的探索之路。一边读，一边写，一边上课，一边打磨。很快，关于《白洋淀纪事》《西游记》两本名著的导读文稿被《中国教育报》和《语文教学通讯》看中，这又极大地增强了我的读写信心。

2019 年 4 月，七年级 12 本书的读写任务即将完成时，《黄冈师范学院学报》的《名师谈教学》栏目负责人付老师向我抛来橄榄枝，约我写一篇文章。我尝试将已经写好的单本导读文稿发给她。可能是她觉得这样的文章分量不够，让我再写，并说希望能上“人大复印资料”。当时，我也正想把已经完成的相关文稿进行整合提炼，于是在“五一小长假”写就了一篇《师生双重视角下的“整本书阅读”个性化攻略例谈——以统编本七年级名著导读为例》的长文。付老师采用了此文。而且没想到，后来此文果真上了“人大复印资料”《初中语文教与学》杂志。

这本书的冲刺阶段令我终生难忘。我头年腊月二十三去武汉，准备和孩子们一起过春节。去时特意把尚未完成导读文章的几本名著装到一个袋子里带过去，想趁着寒假时光写完书稿。刚去的一两天，我还是坚持读写、锻炼两不误，傍晚时分到附近散散步、健健身。然而，随着新冠肺炎疫情的形势日益紧张，我完成书稿的心情也越发急切。我生怕万一染上病毒，住院或是不幸，我的这本书稿便半途而废了。我甚至还想到，在书稿后头的联系方式里，把女儿或女婿的信息也一并写上，以防不测。

此后，我除了不出家门外，还加快了读写节奏。其间，我根本不管是大年三十还是正月初一。我只顾读写，不问疫情。终于在正月初十那天，我完成了初中阶段 36 本名著的全部导读文章。这一天，我的外孙小寻常刚好出生。可谓是“双喜临门”。

2020 年元宵节前夕，我尝试给清华附中特级教师王君老师求序。王老师在整本书阅读方面有许多独到的见解，发表了许多重量级的文章。她通读书稿后，给予了很高的评价：

> 他站得很高，故能窥斑见豹，帮助学生俯瞰整体，心怀全书。他站位很巧，故能别开生面，授人以鱼，更授人以渔。他下盘很稳，但又并不固执，故能腾挪跌宕，灵活多变。
>
> 我觉得，这本书，真是作用多多：可以把她当作“钥匙”来读，一把钥匙开一把锁。一篇文章打开一部书，很轻巧。可以把她当作“镜子”来读，一面镜子辉映一种阅读思想，足以反观自省，很深刻。也可以把她当作“渡船”来读，一艘船有一个节奏，既可从流飘荡，也可激流勇进，很自由。而且这本书，老师读，学生也可读，一册在手，名著之阅读地图在胸也！

“任务驱动式”出版：特别关注内容的独创性

我的这本《教育家精神与教学研究》以具体任务为驱动，通过完成写作任务来推动书稿形成的方式，我将其称为“任务驱动式”出版。

在这种出版方式中，出版机构或作者会根据市场需求、读者需求或作者需求等，设定具体的出版任务，如策划一本新书、修订一本旧书、推出一个系列作品等。这些任务通常具有明确的目标和时间限制，需要出版机构或团队投入人力、物力、财力等资源来完成。

在“任务驱动式”出版中，创作书稿是整个出版过程的重要环节之一。笔者认为，创作书稿时需要注意以下这些问题。

一是明确任务目标。在开始创作之前，要明确任务的目标和要求，包括书稿的主题、内容、结构、读者群体等，确保对任务有清晰的认识和明确的方向，避免偏离主题或浪费时间。

二是做好市场调研。在创作书稿之前，要进行充分的市场调研，了解目标读者的需求和兴趣，以及同类书籍的市场竞争情况。这样可以更好地定位自己的书稿，制定更加符合市场需求的创作方案。

三是注重内容创新。书稿的内容是吸引读者的关键，因此要注重内容的质量和深度。要确保书稿的内容与任务目标相符，同时具有独特性和价值性。在创作过程中，要不断推敲和修改，提高书稿的质量和水平。要注意保持创新性。要尽可能避免与同类书籍雷同或类似，挖掘新的角度和观点，或者在原有的基础上进行改进和创新。这样可以提高书稿的独特性和市场竞争力。

四是关注语言表达。书稿的语言表达是影响读者阅读体验的重要因素之一。要注重语言的准确性和流畅性，尽可能做到简洁明了、生动有趣。同时要注意文风和语言风格符合任务要求，如科技类书籍需要严谨，学术类书籍需要规范等。

五是及时反馈调整。在创作过程中，要根据任务目标和市场反馈，及时对书稿进行调整和修改。同时，要积极与团队成员、读者等进行沟通和交流，获取反馈和建议，不断改进和提高书稿的质量和水平。

六是做好推广营销。任务驱动式出版需要关注书稿的推广营销。在书稿完成之后，要制订相应的推广营销计划，包括宣传渠道、营销策略、促销活动等。要积极与读者、书店、网络平台等进行沟通和合作，提高书稿的知名度和影响力。

这些问题的处理能够直接影响书稿的质量和市场效果，因此需要在整个创作过程中给予充分的重视和实践。

教育家精神赋能，教科研行稳致远

“心有大我、至诚报国的理想信念，言为士则、行为世范的道德情操，启智润心、因材施教的育人智慧，勤学笃行、求是创新的躬耕态度，乐教爱生、甘于奉献的仁爱之心，胸怀天下、以文化人的弘道追求”，谓之教育家精神。

教育家精神是古往今来中国师者优秀人格、优良作风、优质育教的高度凝练。它就像一座灯塔，指引着教育的方向，赋予教科研深厚的内涵，为教科研工作注入源源不断的活力。

下面，笔者将从教育家精神的六个方面，简要谈谈教育家精神如何赋能教科研，如何引领教学研究。

理想信念，是教科研的定盘星

理想信念是指教育者对于教育事业和学术研究的执着追求和信仰。它是教科研的定盘星，为教育者提供方向指引和精神支撑，确保我们在复杂的教科研中始终保持清醒的头脑和坚定的立场。它不仅激发教育者的热情和动力，还帮助我们克服困难和挫折，始终保持对于教育事业的忠诚。

心有大我、至诚报国的理想信念，让教育者以国家为重，致力于培养有爱国情怀和民族精神的新一代。具体而言，便是：“教育必须为社会主义现代化建设服务、为人民服务，必须与生产劳动和社会实践相结合，培养德智体美劳全面发展的社会主义建设者和接班人。”在教科研中，它让我们始终把爱国主义和民族精神融入课程设计，通过丰富的教学内容和实践活动激发学生的家国情怀，培养学生的民族自豪感和责任感。

爱学生—爱家庭—爱家乡—爱祖国—爱母语，这是笔者一以贯之的思想主线。从教材解读到教学设计，从课堂互动到课下交流，从名著领读到习作指导，从论文撰写到书稿创作，笔者始终胸怀中国梦、弘扬主旋律。“居天下之广居，立天下之正位，行天下之大道”，笔者坚信，中华优秀传统文化必将与日月同辉。

立好“定盘星”，追求“真教育”。十多年前，关于真教育，笔者曾写下50条微博。这里摘录其中四条，以此表达本人的教育初心和教研情怀。

真教育呼唤真教研。教学研究是提高教师素养、提高教学效率、提升学校品牌的必由之路。真教研，一是真心投入，而不是做表面文章、搞作秀工程；二是真研学生，学习内容、学习兴趣、学习方法要始终成为教研主课题；三是真为教学，而不是为了功利性地撰写论文，教研的问题应当是基于教学、为了教学、优化教学。

真教育呼唤真情怀。何谓真情怀？就是在最失意时，还能够满面春风地对待学生，还能够谈笑风生地站在讲台，还能够一丝不苟地批阅作业，还能够宁静沉稳地思考教育问题。校长的真情怀表现在把学校当作自己的产业来经营，教师的真情怀表现在把学生当作自己的孩子来教育。有真情怀，便有真投入真快乐。

真教育呼唤真奉献。教育是一种事业，做真教育则是一种志业，真教育需要真奉献。真奉献者，他即便是放假过年，想到的也是教育；真奉献者，往往无须他人命题，他也会主动作文；真奉献者，所有的学生在他的眼里都可爱；真奉献者，他会用尽更多的办法让学生热爱学习、健康成长……为此，他不知疲倦。

真教育呼唤真教育家。教育家办学，中国教育一个不太遥远的梦。真正的教育家，应当是一个真办教育的理想主义者，是一个勇于进行教育改革和创新的有创造性的实践者，是一个有着思想体系的学者，是一个教育、教学或办学富有影响力的卓越教师或卓越校长。与其呼唤教育家，不如培育适合其成长的土壤。

在教科研中，理想信念让我们始终坚守教育的初心和使命，为培养新时代的合格公民、卓越人才而努力奋斗，激励我们将个人的理想与国家的未来紧密相连，用自己的智慧和力量为民族的复兴贡献力量。

道德情操，是教科研的奠基石

道德情操是指教育者所具备的高尚道德品质和情感素养。它是教育者进行教科研的基础，确保我们在研究过程中遵循道德规范和伦理原则。自古以来，教师被誉为“人类灵魂的工程师”，承担着为社会培育人才的重要使命。这一使命要求教师不仅要有扎实的专业知识和教学技能，更要有高尚的道德情操。

从学校教育来说，“言为士则”指的是教师的言语应当成为学生的楷模。教师的言辞不仅是传授知识的工具，更是影响学生思想、情感和价值观的重要媒介。因此，教师的言语必须准确、规范、有启发性，能够激发学生的思考和创新；还应当具有积极向上的情感色彩，为学生传递正能量，帮助学生树立正确的人生观和价值观。“行为世范”则强调教师的行为应当成为社会的表率。教师的行为对学生起着示范作用，影响着学生的道德品质和行为习惯，因此，我们必须以身作则，用自己的行为践行社会主义核心价值观，为学生树立良好的道德榜样。

“言为士则、行为世范”的道德情操，是教科研的奠基石。具备这种道德情操的教科研，从选题到立意，从选材到表达，往往超凡脱俗、卓尔不群。比如，笔者的《大写的人》《以学生角度设计德育方案》《教育情怀，最为珍贵》《在阅读中渗透感恩教育》《重拾阅读：亦初心，亦使命》《愿每位教师都能被教育家精神“点燃”》等文章，从不同角度表达了本人的价值观和教育观。相反，一个言不及义、行不及礼的人，一个言不守信、行不务实的人，教科研一定做不好、走不远。

“言为士则，行为世范”的道德情操，要求教师在进行教科研时应该注重实践性和创新性。我们应该将自己的研究成果应用于实际教学中，通过实践来检验研究成果的可行性和效果；还应该大胆创新，不断探索新的教学方法和手段，以适应时代发展的需要。“创为天下先，新诗入梦园”，经验告诉我们，唯有创新，才能与时俱进；唯有创新，才能更好地教书育人，收获更好的教研成果。

育人智慧， 是教科研的发动机

育人智慧是指教育者在教学和科研中所展现的智慧和创造力。它是教科研的发动机，为教育者提供源源不断的动力和灵感，推动教师在教育科研中不断创造和发展。

启智润心强调的是激发学生的思维能力和创造力。教师在教科研中应该注重研究如何通过课堂讲解、互动讨论、案例分析等方式，引导学生主动思考、发现问题并解决问题。同时，教师还应该关注学生的情感需求，通过关心、鼓励和支持帮助学生建立自信心和积极向上的心态。

因材施教强调的是根据学生的个性、兴趣和能力，采用不同的教育方法和手段，例如小组合作学习、任务驱动式学习、项目式学习等。同时，教师还应该关注学生的学习需求，根据学生的学习进度和能力水平，调整教学策略，帮助学生更好地掌握知识和技能。

在教科研中，教师应该注重研究如何通过实践活动，引导学生将文化知识与生活实践相结合，提高解决实际问题的能力。这里，笔者将当年写的一些“教我语文”微博奉上，以此表达自己的“小智慧”。

教我语文1。新学期第一节语文课，我让学生写一写他们心目中的语文课。大体来说，有三个关键词：幽默，公平，减负。大家都希望语文课堂是快乐的，有的希望不要冷落他们，同时还希望少布置点作业。我一边浏览，一边把每个同学的纸条读给大家听，同时指出了一些错别字。这一点本身就有点幽默，笑声不断。

教我语文2。早饭后，我在黑板上用方格工整地写上八个字：“居中，平正，适中，匀称。”并告诉同学们，这是汉字书写“八字方针”。学生们果真工整地抄写在语文书的扉页上。晚自习写作文时，我又把这八个字用楷书写在黑板上，但环绕教室一周，真正能按这“八字方针”去写的同学并不多。光说无用，必须强化训练才有收效。

教我语文3。习作课：从一个侧面写人。我朗读了自己的一篇同步作文——《母亲的手》。该文是2008年写的。那次我回家看望老母亲，她正生着病，手打针打得肿得厉害。回来后，我想起一些往事，便衔着泪水写了该文。每次读起，我总是强忍着不让自己哭出来。每次读起，学生们都沉浸其中。

笔者曾围绕这些“小智慧”深入研究，写成了相关文章，比如《学生给我 100 分》《教我语文》《从学情出发，把语文教“活”》等。

躬耕态度，是教科研的防护服

躬耕态度是指教育者在教学和科研中所持有的勤奋、踏实、认真和负责的态度。它是教科研的防护服，能为教育者提供应对挑战和困难的勇气与力量，使我们能够克服各种困难并取得成果。具备躬耕态度的教育者通常具备高度的责任感和使命感，能够坚持不懈地追求学术卓越，为个人的专业成长、学校的学科建设贡献出自己的力量和智慧。

勤学笃行、求是创新的躬耕态度，意味着在教科研中注重理论与实践相结合，不断探索新的教育理念和方法。同时，敢于挑战传统，勇于突破，推动教育的改革和创新。

许多年前，笔者发现，农村学生的阅读现状令人担忧，其表现是阅读方法滞后，阅读习惯较差，无效阅读、低效阅读、肤浅阅读者比比皆是。为此，笔者经过研究、尝试，逐渐形成了一种比较有效的“层进式阅读”，通过“随意性浏览”“指向性勾画”“探究性阅读”“欣赏性批注”四个层级，丰富语文实践活动，培养良好的阅读习惯，提升学生的阅读能力。比如，在“欣赏性批注”这一环节，我让学生通过朗读和批注，对“人生的有益启示”和“富于表现力的语言”等方面进行一定的赏析，以此“丰富语言的积累，培养语感”，促进“学生语文素养的形成与发展”，并“逐步形成积极的人生态度和正确的价值观”。

近年来，“大单元教学”风靡于各类教育报刊、各种教研会务。笔者抱着一种怀疑、负责的态度，针对其概念和做法，在中国知网及其他媒体上进行追根溯源、分析比较，发现关于“大单元”的表述就其本质特征而言并没有统一的认识。这便让“大单元教学”推广起来存在着难度较大、容易混乱、随意性强、风险性高等问题。鉴于此，笔者认为，关于“大单元教学”，专业学者可以充分论证，先行教师可以不断摸索，而更多的一线教师则可采用“单元整体教学”（“单元统整教学”），也就是把教材单元作为一个整体单位，在“教材课标的解读”“核心任务的确立”“学习目标的制订”“学习活动的设计”“评价量规的开发”等方面进行统筹安排、不断完善。

在教科研中，勤学笃行、求是创新的躬耕态度，能让我们在学术研究的道路上不断前行、大胆突破，并获得更有价值的教研果实。

仁爱之心，是教科研的通行证

仁爱之心是指教师在教科研中所展现出的关爱和情感。它体现了教育者的人文关怀和社会责任感，使教师能够更好地与学生、同事和社会建立良好的关系。具备仁爱之心的教育者能够关注学生的成长和发展，关心同事的需求和利益，积极参与社会公益事业。这种关爱和情感不仅有助于提高教育者和学生的幸福感，还能够促进社会的和谐与进步。

在笔者看来，教科研的仁爱之心，应包括爱自己、爱生活、爱职业、爱团队、爱公平五个方面。

爱自己。只有对自己有足够的关爱和尊重，才能保持身心的健康和积极的态度，从而更好地投入工作。如果没有对自己的一份爱，很容易在繁重的工作中迷失自我。这份自爱，也让我们在追求学术的路上始终保持清醒的头脑，坚守自己的学术道德和原则。

爱生活。教科研并非脱离生活的象牙塔，它恰恰源于生活中的点滴。当我们带着对生活的热爱去观察、去体验，生活中的每一个细节都可能成为研究的灵感。只有对生活充满热爱，才能敏锐地捕捉到生活中的教育现象和问题，从而进行深入的研究。这份热爱，让我们的研究更加接地气，更有实际意义。

爱职业。教育科研，是对教育事业的献礼。我们只有深爱自己的职业，才能全身心地投入其中，不畏艰难，不怕困苦。这份职业之爱，是我们坚守岗位、追求卓越的动力源泉。也只有对教育充满热爱，才能不断追求教育的本质和真谛，从而更好地为教育事业做出贡献。

爱团队。教科研工作往往需要集体的智慧、团队的力量。一个充满爱的团队，成员之间互相信任、互相支持，能够创造出更多的学术价值。同时，一个有爱心的团队，更能给予每一个成员足够的关心和爱护，让每个人都能够在学术的道路上走得更远。

爱公平。作为教育工作者，要秉持公平公正的原则进行研究。只有对所有参与者一视同仁，才能保证研究的客观性和公正性。在教科研工作中，公平公正是我们的底线。对所有参与者都充满爱心，才能确保研究的公正性，让每一个参与者都得到应有的尊重和机会。

“仁爱之心”是教科研的通行证，它让我们在研究的过程中，始终保持清醒的头脑、积极的态度、公正的原则。带着这份仁爱之心，我们能够创造出更多的学术价值，为教育事业做出更大的贡献。

弘道追求，是教科研的坐标系

弘道追求是指教育者应该具备的追求和目标，它是教科研的坐标系，为教育者提供明确的目标和方向指引，确保我们在教育科研中能够保持正确的道路和前行方向。

弘道追求需要视野广阔。教科研的视野不应局限于一隅之地，而应如同一座高塔，能够鸟瞰四面八方。这要求我们不仅要有深入的学术研究，还要关注广域的教育动态，理解不同文化背景下的教育理念。教科研就像一张地图，我们要用它来寻找最佳的教育路径，通过比较和研究探索适合本土本人的教育改革之路，为推动教育进步贡献智慧。

弘道追求需要人文关怀。教科研并非生冷的学术研究，我们要关心每一个学生的成长，研究如何通过教育培养学生的品格、价值观和综合能力。这就像在一张白纸上画出温暖的色彩，为学生的未来描绘出更加美好的图景，以人文精神为导向，引导学生追求真、善、美，进而提升人类社会的精神文明。

弘道追求需要传承创新。教师要像一位巧匠，精心雕刻传统与现代的完美结合。传统是我们的根基，是我们的灵魂；而现代则是我们的翅膀，带领我们飞得更高更远。在教科研中，我们要注重传承传统文化，挖掘其中的教育价值；同时，也要勇于创新，探索适应新时代的教育理念和方法。在传承与创新中，寻求教育的平衡发展，为人类文明进步提供动力。

弘道追求需要实践探索。教科研的成果不应只是停留在纸面上，而应像春雨滋润大地一样，渗透到每一天的教育教学中。这就像一片试验田，经过精心培育和改良，最终结出丰硕的果实。同样地，我们要通过实践探索，不断优化和完善教育理论，以此丰富和发展教育科学。

弘道追求需要跨界融合。教科研要像一位跨界的艺术家，将不同领域的知识和技能融合在一起，创造出独特的艺术作品。我们要借鉴其他领域的先进理念和技术，将其融入教育教学中，为教育改革注入新的活力和创意。因此，我们要关注不同领域之间的联系与互动，通过跨界交流与合作，拓展教科研的思路和方法，推动教育的多元化发展。

胸怀天下、以文化人的弘道追求，是教科研的坐标系。它为教育者提供明确的指引和定位。具备弘道追求的教育者，通常具备远大的理想和高度的目标意识，能够清晰地认识到自己的发展方向和职责使命，并通过不断努力和追求在教科研领域取得卓越的成就，成为学术界的佼佼者和领军人物。

在教科研的海洋中，我们以理想信念为定盘星，指引前行的道路；以道德情操为奠基石，稳固内心的世界；以育人智慧为发动机，推动专业的发展；以躬耕态度为护身符，守护内心的宁静；以仁爱之心为通行证，展现人性的光辉；以弘道追求为坐标系，指引我们不断前行。愿我们在教科研的道路上始终保持内心的坚定与执着，用智慧和热情书写教育的美好篇章。

跋：与时代同行，将会有许多“顺风车”

——致年轻教师

教育，不仅是一份可供养家糊口的职业，也是一份值得托付青春的事业，还是一份需要用智慧与心血来浇灌的志业。近四十年的从教生涯，特别是最近几年，让我对教育有了更深的感悟。

重新认识教育的意义。近年来，西方国家对我国进行全方位的打压、制裁。从科技战，到舆论战，到贸易战，每一次挑衅都无所不用其极。作为一个基层教师，我越来越体会到教育的重要性。基础教育，关乎国家命运，关乎民族未来。当我们认识到这一点，我们的教育教学、为人处世的格局就更大了，情怀就更深了，视野就更开阔了。

专业发展之路，只会越走越宽。没有人天生就会讲课，没有人天生就会搞教学研究，没有人天生就会写论文、做课题。只要有一颗上进之心，一种研究之行，处处都有可研的课题，天天都有可写的文章，时时都有可收获的果实。“没有比脚更长的路，没有比人更高的山。”困难困难，把自己给困住了，一定很难；出路出路，把自己豁出去了，一定有路。路是自己走出来的，而且只会越走越宽广。

与时代同行，将会有许多顺风车。没有哪一个时代，能让所有人都觉得十全十美。作为一个青年教师，我们应当用智慧屏蔽愚蠢，用信任驱赶怀疑，用光明照亮黑暗，用希望替代失望。从教育角度来看，我们当下正处于素养时代。德育为先，立德树人，发展学生的核心素养，培养担当民族复兴大任的时代新人，这是新时代教育的最强音。这些重任，国家交给了我们每一位教师。如果我们能够紧跟时代节奏，乘上时代的顺风车，在教育教学、教研教改上与课标为伍，与素养同行，我们将一路开挂、一往无前。

坚持原创，从写教案开始。复制粘贴，永远都是在嚼别人嚼过的馒头，永远体会不到刚出笼馒头的香甜。唯有坚持原创，吃自己亲手和粉揉面、发酵蒸熟的馒头，才能熟悉流程、掌握技术、把握火候、体验艰辛、获得快乐。或许，刚开始做的馒头并不好吃，甚至没有蒸熟，但经历了一个周期的摸索和完善后，我们将逐渐成为一个白案大厨。写教案如此，做课件如此，写论文也是如此。没有原创，就没有生命力；没有原创，就无法走远。

奋斗的人生，所遇所见，所感所获，将比你想象得精彩万分。“纯真而不欠闻达，善良而不失坚强，把生命高举在尘俗之上，又融化于社会之中，这应当是我们这一代人的共同追求。”今天读来，倍感洞见。躺平者，永远没有高光时刻；奋斗者，每天都有大小收获。经验告诉我们，最迷茫的只会在山脚下，最拥挤的只会在半山腰，最惬意的只会在山顶上。正所谓，无限风光在险峰。在山脚下或半山腰，无法想象那“会当凌绝顶，一览众山小”的快意。世上无难事，只要肯攀登。

进入天命之年后，我常常忧虑：精力充沛的时候，身体健康的时候，心情舒畅的时候，不太忙碌的时候，乐意进取的时候，能有感觉的时候——或许，这样的日子没几年了。

“一万年太久，只争朝夕。”读有建设意义的书，写有建设意义的文章，思考有建设意义的问题，让研究和写作有方向、有节奏、有成效，这会让不太长的青春和人生更有成果，更有价值。

“星光不问赶路人，时光不负有心人。”愿我们在教育家精神的引领下，踔厉奋发，勇毅前行。